国家广告研究院品牌实践专家委员会出品
《中华品牌年鉴》专家著作

# 咖啡很忙：
# 角逐万亿市场的品牌大战

关 键 朱丹蓬 著

南開大學出版社
NANKAI UNIVERSITY PRESS
天 津

**图书在版编目(CIP)数据**

咖啡很忙 ：角逐万亿市场的品牌大战 / 关键，朱丹蓬著. -- 天津 ：南开大学出版社，2025. 6. -- ISBN 978-7-310-06708-4

Ⅰ. F726.93

中国国家版本馆 CIP 数据核字第 202535WD25 号



咖啡很忙：角逐万亿市场的品牌大战

KAFEI HEN MANG: JUEZHU WANYI SHICHANG DE PINPAI DAZHAN

---

南开大学出版社出版发行

出版人：王　康

地址：天津市南开区卫津路 94 号　　邮政编码：300071

营销部电话：(022)23508339　营销部传真：(022)23508542

https://nkup.nankai.edu.cn

---

河北文曲印刷有限公司印刷　全国各地新华书店经销

2025 年 6 月第 1 版　　2025 年 6 月第 1 次印刷

240×170 毫米　16 开本　13 印张　2 插页　211 千字

定价：65.00 元

---

如遇图书印装质量问题，请与本社营销部联系调换，电话：(022)23508339

“我们不是在经营那种卖咖啡给客人的生意，
我们是在经营一项提供咖啡的人的事业。”

——霍华德·毕哈

# 序

一杯咖啡，流淌着180多年的中国近现代史；一粒咖啡豆，生长出3000多亿元并向万亿元迈进的大产业。

2023年，我国年人均消费咖啡16.7杯，比起日本的200杯，美国的300杯和北欧国家的800杯甚至1000杯，我们人均咖啡消费量还不大。但是，我们人多，总量大，市场大，四万家咖啡店已经超过美国门店数量，跃居全球第一。一年230多亿杯的咖啡消费，吸引了100多万人就业。在云南，光是咖农就有40多万人。以喝咖啡为"腔调"的上海，已成为世界第一咖啡城。真的是褐色浪潮惊涛拍岸，咖啡时代已经来临。

读罢《咖啡很忙：角逐万亿市场的品牌大战》的书稿，让我这个以喝茶为主的"咖盲"，有了去喝一杯咖啡，品一品香浓味道的冲动。也有了为这本书写点感想，权且滥竽充"序"的勇气。

作者关键、朱丹蓬是品牌界的知名专家，在广告业、食品业浸润多年，学术成就和行业经验都很丰厚。由他们合著的书，专业性强，鲜活生动，深入浅出，读来还挺"潮"的。这本书有四个焦点引起我的格外关注：

第一，主题、主线突出，那就是品牌。全书紧扣咖啡产业在中国的品牌大战，用简洁生动的文笔展示了外来咖啡品牌的开拓史，本土品牌的成长史，消费者对咖啡品牌的认知史。市场经济从一定意义上讲，就是品牌经济。

据联合国相关组织统计：占全球品牌3%的知名品牌，占有全球市场份额的40%，全球销售总额的50%。我国咖啡产业的成长史，是品牌经济的典型代表。抓住品牌兴衰成败，提出“什么是真正的品牌？”“品牌如何才能行稳致远？”这样的灵魂拷问，是本书的一大亮点。

第二，市场竞争。企业要面对市场，面对竞争。在品牌的背后是质量、价格、服务、便利性和营销策略等要素的竞争。在咖啡产业成长期，价格竞争尤为激烈。以瑞幸、库迪为代表的低价竞争策略，在扩大消费人群，增加门店数量方面获得了成功。而以星巴克为代表的品牌企业，则更注重高性价比、长期盈利、人本理念和服务。孰优孰劣，见仁见智。

日本著名品牌专家冈崎茂生在读到星巴克的价格策略时讲道：追求提高生产率、收益率和品牌价值，是企业和行业成熟的标志。而作为新兴企业，需要超越市场占有率至上主义。因为一味追求市场占有率，必然会导致大批量生产、商品同质化、利润率下降、品牌力下降的恶性循环。最终，使竞争各方掉入价格大战的陷阱。价格战可能会使消费者一时受益，但在质量、服务、体验方面也可能会受损。

第三，消费者、需求与价值共生。咖啡是舶来品，咖啡产业在我国180多年特别是近30年来爆发式的生长史，近乎完美地阐述了供给创造需求，需求拉动供给，厂商与消费者共同创造价值的“萨伊经济学”原理。

从名牌引领、广告传播、消费者认知、市场需求扩大、产品价值、功能深化、规模效益扩大，到市场竞争洗礼、产业链和供应链以及价值链的逐步完善。以至于咖啡这个年仅180岁左右的年轻产业，与我国3000多年的古老茶产业，在规模上已经不相上下，甚至有超越的可能。

这是为什么？消费者的培育、消费市场的拓展、消费文化的塑造、有效的供给、良性的竞争、不断的创新——出于我的简单直觉！反观我国茶叶的出海、中药的出海、白酒的出海、中餐的出海，在外国似乎鲜有哪种形成这样的规模、品牌和产业。推而广之，其他产品、产业又如何呢？这里有没有值得思考、总结、借鉴的经验呢？

第四，城市化与消费升级。咖啡产业的快速发展，还让我们看到了中国城市化加快和消费升级的身影。“旧时王谢堂前燕，飞入寻常百姓家。”在一杯咖啡里，寻常百姓已经是消费升级的百姓，王谢之堂已经是城市化的大厦高楼。从魔都上海雄踞全国之首，到北京、上海、广州、深圳、成都五朵“咖花”绽放，从沿海城市门店密布，到三四线城市的下沉，咖啡产业的布局选址，折射出中国经济梯度发展的全景图。

城市化与消费升级成就了咖啡产业，咖啡门店的数量似乎也成了城市化与消费水平的标志：陆家嘴、王府井、天河路、福田中心、春熙路，五大商圈也成为“咖啡有点忙”的晴雨表。能否抓住这些重大历史机遇，或乘势而上，或逆风飞扬，企业、产业、城市、社会的发展，都需要智慧的选择与坚持。

聚焦以上四个维度，我阅读到了两位作者的专业深度、流畅文笔和智慧思考。研究品牌，研究产业，思考城市化、全球化、现代化，这是一本值得一读的好书。

最后，回到作者关于品牌的灵魂之问。

什么是真正的品牌？品牌如何才能行稳致远？这是极难解答的问题。我想简单地说：真正的品牌是基于信任——值得信任、持久信任的品牌。美国著名政治学者弗朗西斯·福山教授曾讲，信任是市场经济的灵魂。成熟的市场大都是高信任度市场。巴菲特的挚友查理·芒格先生说：世间最好的制度，是一张无缝衔接的信任之网。品牌传播易，而品牌信任获客难，持久信任，持久获客，更是难上加难。做到了，就是真正的品牌！

品牌如何行稳致远，换言之，就是如何打造长寿品牌？这正是当下中国品牌要面对的难题。2023 年，世界品牌 500 强（世界品牌实验室发布）平均寿命 98.57 岁，百年以上品牌多达 225 家，中国只有 5 家。怎样做长寿品牌？著名管理学家阿里·德赫斯写了一本书《长寿公司》，他总结了长寿公司的四个特征：学习型公司与超强的适应变化能力；公司内高度一致的认同感；宽松、包容的环境与持续性创新；稳健与灵活的经营方针。这样的公司，就像一条流淌之河会长盛不衰！换言之，坚持长期主义哲学、终身学习、不断创新、顾客至上，以员工为本、共创价值，就可能打造百年品牌，实现可持续发展，成为受人尊重的伟大企业！

有点小建议：本书如果有不同国别的咖啡产业比较分析，或跨产业的品牌比较，就更有味道了。

总之，本书是一部精品之作，高水平之作。祝愿两位作者取得更多丰硕成果！

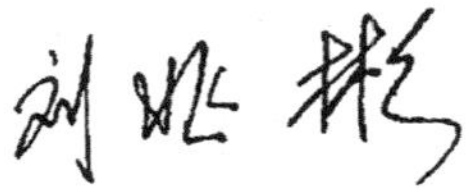

**原国家质检总局总工程师**
**中国质量万里行促进会原会长**
**北京大学法治与发展研究院高级研究员**
2024年7月18日

# 联合推荐

记录市场变迁，聚焦品牌发展——与《中华品牌年鉴》的编纂视角不谋而合。《咖啡很忙：角逐万亿市场的品牌大战》从一个品类的视角，记录了一场酣畅淋漓的商场大博弈，从众多品牌的维度，为我们揭示了市场演变的底层逻辑与胜出竞争的顶层设计。

**《中华品牌年鉴》编委会常务副主任兼执行主编**
**凤凰年鉴编辑服务（北京）有限公司董事长**

每个行业的发展与演变，其背后都蕴含着从产品到市场，从市场到品牌的转化逻辑，都会折射出从市场到竞争，从优胜到劣汰的客观规律。因此，非常需要有识之士对这样的历程进行梳理、总结，提炼，乃至凝练出其中的底层逻辑和顶层设计，为行业发展书写历史的见证，同时也为今天的，乃至明天的从业者提供宝贵的参鉴。

**广东椰泰生物科技有限公司董事长**

关键与朱丹蓬两位老师，一位是品牌研究者，一位是行业分析师，联袂为我们记录和展现了中国咖啡市场鲜活、生动的市场演变与品牌纷争。就像书末的两篇“寄语”，关键老师说的是，基于品牌特征的底层逻辑；朱丹蓬老师说的是，基于时代特征的顶层设计。前者是万变中的不变，后者是不变中的万变——可谓“珠联璧合”。

**财经头条智库特约研究员**

**总裁读书会广州读享空间领读人**

# 前言

## 透过热闹，看看门道

咖啡进入中国的整个历程，就是一部完整的市场演变史。在其背后，蕴含着以价值为核心的商业的底层逻辑，也体现了以竞争为核心的市场的顶层设计。与此同时，也一再地告诉我们，什么是真正的品牌，一个品牌又如何能行稳致远。

咖啡，对于改革开放前的中国市场，几乎是一个空白。既然是空白的市场，首先要完成的是两件事情，一个是消费者的教育，一个是品牌的市场导入。而这两项使命，是由速溶咖啡的两大品牌联手完成的，一个是麦斯威尔，一个是雀巢。

前者是全球第二大的食品企业美国卡夫旗下，顶着"美国速溶销量冠军"的头衔，以麦氏咖啡的译名而来的品牌，后者是当年（1988 年）已经走过 114 年发展历程的世界著名食品品牌。前后相隔四年，在中国市场上演了一场火星碰地球的品牌大战。

为什么是速溶咖啡作先锋？是因为，对于任何新兴市场的导入，都必须最大程度地降低消费者的认知和应用门槛。在咖啡的品类中，这个任务无疑非速溶咖啡莫属。随后，当咖啡仅仅是以产品的姿态呈现在中国市场的时候，消费者最初的感受就是基于产品本身的体验——口味。

喝惯了茶香的中国人，如何能接受舶来品咖啡的那份苦涩，这是摆在这两大品牌面前的第一道难题。在以损失几百万为代价的探索中，两大品牌终于明白了这个“症结”，于是，纷纷打出了以口味为诉求的广告，一个是：雀巢咖啡，味道好极了；一个是：滴滴香浓，意犹未尽。

随后要解决的问题，便是品牌认知与选择的问题。在这一点上，雀巢显然是先声夺人。在广告投放上，雀巢一上来就采取了高举高打的策略，从电视广告做起，然后，买下大量的车厢广告，让印有“雀巢咖啡”醒目画面的面包车，一辆又一辆地穿梭在北京的大街小巷。

借此，雀巢清晰传达了产品的美味口感，以及品牌背书下的可靠质量。于是，广告轰炸下的品牌传播力价值、影响力价值和行销力价值很快就立竿见影般地显现了出来，雀巢咖啡的销售量仅在上海就猛增到500吨。随后，麦斯威尔也推出电视广告，主打“美国最畅销的麦氏咖啡”。

对消费心理诉求的精准把握，加上大量广告投入的心智影响，终于让雀巢和麦斯威尔撬开了中国市场，初步完成了市场教育与市场导入的两项基本任务，为咖啡的中国之行，创造了一个良好的开端。这两个品牌也成为无数中国人关于咖啡的时代记忆。

那是一个改革开放初见成效的时代，也是国门真正洞开的时代。彼时的国人对于外来的所有东西，都怀有一份好奇，一份仰视，一份渴望，一份追求。而咖啡，恰恰在这个阶段走进了国人的视野和生活，成为离自己最近的一种体验，一种象征。

从那时候开始，咖啡就被赋予了基本功效之上的一种心理价值：炫耀和标榜。许多消费者将雀巢咖啡的包装都保留下来，在另做他用时，成为向周围人表明自己富有和时髦的媒介。于是，为迎合这种心理，雀巢咖啡开始在包装上做足文章，以进一步赢得消费者的心智。

咖啡与茶一样，在“口感 + 提神”的基本属性和功效之外，还极具社交属性。而承担这一项市场教育和导入任务的，是两个分别来自中国港台地区的品牌：上岛咖啡和太平洋咖啡。是它们将咖啡馆带到了一个又一个的城市，将“咖餐 + 商务”的模式呈现在国人的面前。

那是一个机会无限的年代，每个行业都方兴未艾，无论是商务会晤，还是人际社交都呈现出前所未有的需求。人们开始走出家门，走出单位，走进一个叫咖啡馆的地方，去会面、洽谈，去聊天，去体验。

时间到了2000年的前后，彼时的国人生活水平有了大幅的提高。那时的人们，人生视野越来越开阔，生活态度越来越开放。人们对物质和精神的需求也随之上升到了一个崭新的阶段。正是在这个背景之下，国人开始在消费动机方面有了更高阶化的境界，对消费体验的追求有了更精致化的要求。

于是，代表更高品质、更优体验的星巴克开始登场了，为中国的消费者带来了更精致的现磨咖啡，更经典的浓缩咖啡，以及更高雅、大气的“第三空间”。由此，人们开始拥有了一份完全不同的咖啡体验和空间享受。“星巴克自由”也成为许多人为之努力，乃至奋斗的“小目标”。

从教育到导入，从初级到升级——至此，各大咖啡品牌在中国市场1.0阶段的任务已经圆满完成，市场的演变也开始进入2.0阶段，新一轮的品牌介入和行业竞争的浪潮开始再次席卷中国市场。

率先向传统势力树起“王侯将相，宁有种乎”之挑战大旗的，正是那个如今已经是后来者居上的瑞幸咖啡。它所剑指的是更为广阔的市场，是更为广泛的群体；它打破的是高附加值、高溢价的“贵族”模式；它让咖啡体验走进更为大众的生活，让咖啡消费走进更为便捷的场景。

而这个阶段，正是国人面临越来越大的生存竞争的阶段，是各行各业都开始“卷”起来的阶段。由此而催生出的成千上万的“打工人”，急需一种“续命”神器来为他们提神醒脑，为他们加油鼓劲。而咖啡，便成了这一必然的选择。

为迎合和满足这些人的需求，瑞幸从四个方面迅速打开了局面：一是用高补贴送去低售价，让更多的人，特别是年轻人实现“咖啡自由”；二是借助互联网技术，以广覆盖实现多场景，让买上一杯咖啡，成为一种随时随地、轻松便捷的消费；三是用不断焕新的口味，满足人们对口感的多元化和个性化的需求，赋予咖啡更为丰富的口感体验；四是通过一个又一个的联名和周边产品，赋予营销更多的内涵与新意，给粉丝带去更多的愉悦与开心。

这无疑是一个划时代的演变，它为中国的咖啡市场拓展出更广的空间，撬动出更大的人群，提供了更新的选择，赋予了更多的可能……让咖啡从最初的舶来品，后来的轻奢品，变成了唾手可得的必需品。

但，超越并不代表替代。无论是在门店规模上，还是在业务覆盖上已经超越了星巴克的瑞幸，依然无法替代星巴克。因为，需求永远是多元的，诉求永远是递升的，市场永远是有层级的，竞争永远是变化的。

偌大的中国市场，完全容得下面向年轻人、“打工人”的瑞幸和库迪，也完全容得下面向精英和中产的星巴克；完全容得下面向大众的传统速溶，也完全容得下面向精致主义者的精品速溶；完全容得下高端大气上档次的“第三空间”，也完全容得下个性十足的独立咖啡馆们……

竞争的终极不是唯我独尊，而是达到平衡——在不同的人群之间，在不同的需求之间，在不同的场景之间，在不同的业态之间，都有以用户至上、价值制胜为长期导向的，以高品质、优体验为竞争取向的品牌，为消费者不断输送出更优、更便、更惠、更美的利益。

只是作为品牌，如何在价格的竞争中还能为企业带来高附加、可持续的长远发展；如何在消费者不断变化的需求中，不让产品创新成为一种机械的排列组合；如何在规模的此消彼长中，把握好自身能力的边界；如何在短期利润与用户长期利益之间，破解好生存与发展的辩证命题……这些都是我们要持续探讨的问题。

最后，借用关键老师的八字箴言，作为中国咖啡市场演变历程的注脚：平则匡正，衡乃至恒。

朱丹蓬

2024 年 7 月 8 日

# 目录

# 第一章

# 褐色浪潮，谁与争锋

“上岛咖啡后来经历了分裂，各地方原有的上岛咖啡演化为两岸咖啡、迪欧咖啡、欧索米萝咖啡、法牧牛排咖啡和UBC咖啡……宣告‘台咖’疯狂时代的结束。

遗憾的是，2010年以后，一些无良‘韩咖’风云而起，通过假‘托管店模式’继续上演圈钱招商，又留下一地鸡毛。

除去野蛮招商的问题，台咖、韩咖失败的根本原因究竟是什么？系统性回答这个问题的，正是1999年来华的星巴克。”①

在万物皆可“卷”的中国，现制咖啡这个细分领域是今天难得一见的整体增速高，渗透率仍在继续的行业。庞大的人口基数，尚未普及的咖啡文化，容易让人产生依赖的产品特性，光是这些就足以让人对现制咖啡市场心潮澎湃了。

在40年前，国人从邓丽君的一首被称作“靡靡之音”的歌中，第一次听到“咖啡”这个词。那首歌就是后来被广为传唱的《美酒加咖啡》。那时的我们，对于咖啡有着苍白的体验，空白的市场，“小白”的消费者。

而在2023年的中国咖啡市场，一股积40年之势席卷而来的浪潮，愈“卷”愈烈。从一二线城市，到三四线城镇；从精英金领，到平民草根；从第三空间，到店铺柜台；从价格大战，到终端肉搏……

真的犹如哪吒闹海一般威力无穷，搅得神州大地波谲云诡。

是何方神圣，竟有如此之魔力？其实，这位“哪吒”不过是一颗颗直径最大8.5毫米，长度最长25毫米的小豆豆——咖啡豆。

而为它加持法力的，不是风火轮，也不是混天绫，更不是乾坤圈，而是简单的两个字：烘焙。

① 陈斌：《咖啡中国简史：从雀巢入华，到瑞幸IPO元年》，载《商界评论》2020年第1期。

何为烘焙？就是“在物料燃点之下通过干热的方式使物料脱水变干变硬的过程”。表面上这是一个物理演变的过程，其实质却是一个化学反应的过程。咖啡豆在高温之下，会从淡绿或是浅黄色焕颜为茶褐色，其内在的成分也开始发生转化，使得原本没有任何香气的咖啡豆焕发出浓浓的，集香、酸、苦于一体的芳香。

而这个神奇的小豆豆，曾经离我们很远，很远，它在中国的种植可追溯到 140 年前。

先是在 1884 年，英国人将咖啡带到了中国台湾；1892 年，法国传教士又将咖啡从越南带到中国云南的宾川县——这就是中国最早的关于咖啡种植的记载。因为这两个地区与拉美以及印度、印度尼西亚等地的地域特征接近，具备种植咖啡的先天条件。其中，尤以云南在地势与气候方面最为适宜。

然而，让咖啡豆真正走进中国人生活的，却不是中国的台湾，也并非中国的云南，更不是英国和法国，而是中国的广州和上海，是北欧的丹麦。

据说，一名丹麦人于 1836 年前后，在广州十三行附近开设了广州乃至整个中国第一家咖啡馆。只是，当时的官方禁止国民沾染洋人习气，使得这家咖啡馆内并没有中国客人。

在十年之后的 1846 年，第一家有中国人光顾的咖啡馆才开始出现。但它并不是独立的咖啡馆，而是设在礼查饭店（现在的浦江饭店）里面的一间咖啡室。

1851 年，广东人“胜仔”在上海虹口老大桥直街第三号门，开设了一家夜宵店。1876 年，这家餐馆改名为“生昌架啡馆”，也就是“生昌咖啡馆”。至此，中国人自己开的第一家真正意义上的咖啡馆才正式诞生。

在早期开办的咖啡馆中，能保留至今的有 1934 年由苏籍犹太人开设的马尔斯（Mars）咖啡馆，即现在的东海咖啡馆。这家咖啡馆至今仍在开门纳客，令很多上海老一辈人还能记忆犹新。因为，这是很多上海人第一次学会喝咖啡的地方。

当然，很快就不仅仅是上海。《父母爱情》中，远在青岛的安杰一家不仅已经“学会”了喝咖啡，还已经有了非常精致的杯具。而主人公江德福，正是通过请安杰到部队特供餐厅去喝进口现磨咖啡，才开始能够走近“大小姐”的生活，为自己打开了一扇美好之门。

但不管怎样，作为以喝茶为习惯的中国人，最初喝咖啡的确是需要“学”的。因为，最初的咖啡是以“药”的面目出现的。据《上海通志》记载，在英国人劳惠霖创设的老德记药店里，曾经出售一种“咳嗽药水”，这种药水正是如今大名鼎鼎的咖啡。正如马未都在有关咖啡的视频中所说的：“只要是喝不惯的东西，就都跟药有关。”的确，要想让国人接受“苦不拉唧”的咖啡，还真的需要一段“学”的过程。

而如今的上海，已经拥有了8000多家咖啡馆，在全球也是独占鳌头。而这，需要“感谢”的，却是远在广东的、曾经的小县城——东莞。人们现在对东莞的印象，貌似与咖啡八竿子也打不着。但是，在改革开放后越走越远的咖啡之旅，的确是从东莞起步的。

这首先要从第二个进入中国的咖啡品牌——雀巢说起。

## 雀巢：味道好极了

早在1908年，雀巢公司就在上海开设了它在中国的第一家销售办事处。1982年，在中国黑龙江双城的农村，一批陌生的技术人员走访当地的每一家农户，号召他们饲养奶牛，并承诺提供技术，保价收购牛奶。这些技术员正是来自雀巢。

然而，直到1986年，雀巢的中国传奇才正式开启。

那一年，雀巢亚太总裁、瑞士人孙总经香港去了一趟东莞。刚刚因为撤县设市而升格的，时任东莞市的市长，找遍了全东莞，拿出了最好的一台车招待客人。当时，正是荔枝成熟的时节，东莞市的领导把雀巢公司的人请到东莞常平镇吃荔枝。

随行的孙总太太说：“公司就定在东莞吧，以后每年的董事会就定在这个时候开，到时候把我带来这里吃荔枝。”在后来的许多年里，当时的市领导在回忆当年的情形时，都笑谈是“东莞的荔枝把雀巢公司吸引来了东莞”。而那时的东莞，还是一个不折不扣的农业县市。

东莞不仅把雀巢的生产基地引进自家的大门，还将种植基地“引荐”到了云南，从此开启了云南种植咖啡豆的新纪元。当雀巢确定好工厂之后，下一步就是在中国寻找一个咖啡种植基地。但是，通过自身渠道，打听了好几个地方都觉得不很满意。

知道雀巢的需求后，东莞派人四处打听，确认了云南普洱适宜种植咖啡之后，他们引荐雀巢工作人员到普洱实地考察。雀巢公司的瑞士总部化验了云南出产的咖啡豆后，认为该地咖啡豆的质量很好，云南可以作为原料产地发展。

最终，东莞促成了雀巢咖啡种植基地在普洱落地。可谓一举两得，惠及两地。而 30 多年后的今天，云南已经成为拥有 40 万“咖农”的咖啡种植大省。

从那以后，伴随着“雀巢咖啡，味道好极了”这句曾经风靡全国的广告语，雀巢的速溶咖啡开始走进中国人的生活，并很快成为一种都市时尚和时代品位的象征。作为改革开放后，率先接触到的咖啡品类，速溶咖啡成为培养中国人饮用咖啡习惯的先头兵。

而它们直击中国消费者（专指中国内地的消费者，下同）心智的利器便是电视广告。在 20 世纪 90 年代，电视刚刚走进千家万户，不仅频道不多，广告也很少。因此，电视广告的效应完全可以用“轰动”这样的词来形容。一条简单易记的，长时间反复重复的广告语，能够迅速让人们形成记忆，迅猛地撬动市场——雀巢咖啡正是那个时代的弄潮儿。

对于饮料来说，口味对于消费者心智的影响始终是第一位的。加之咖啡这种饮品是以“苦”为主要口感的，因此，雀巢咖啡首先要改变的是人们对“苦咖啡”的先入之见。于是，“味道好极了”就成为它最先要传递的产品价值主张。

2008 年，在《华夏时报》主办的评选中，雀巢咖啡被评为“30 年改变中国人生活的品牌”——可谓“实至名归”。

为什么说雀巢咖啡是进入中国的第二家咖啡品牌？因为 1985 年，在雀巢之前，世界食品巨头之一卡夫旗下的“麦氏”咖啡就已然进入了中国市场。到了 1997 年，才改名为“麦斯威尔”。它的广告语也同样是以“味道”作为突破口：“滴滴香浓，意犹未尽。”

一个来自美国，一个来自瑞士的两大世界级品牌，先后成为最被中国消费者熟知的速溶咖啡品牌，同时也一起拉开了咖啡品牌在中国市场殊死相争的序幕。

最终，作为后来者的雀巢咖啡，凭借着在云南种植咖啡豆的成本优势，以及与麦斯威尔大力发展像家乐福、沃尔玛这样的大型连锁零售终端的做法反其道而行之，全力开发经销商的渠道威力，终于将曾经在市场份额上两倍于自己的对手“斩于马下”。

值得一提的是，在渠道竞争上，当年的雀巢经销商与对手展开过一场“贴身肉搏”大战。即，在麦斯威尔的商场柜台旁边，布局相同规模的雀巢柜台，陈列出更多的咖啡单品，标示出更为优惠的价格。于是，从2004年开始，雀巢的速溶咖啡就已经占据了中国市场70%的份额，而麦斯威尔却只有10%。从此，麦斯威尔咖啡开始淡出了中国消费者的视野。

回望这一段品牌之战，雀巢可谓是赢在天时、地利、人和。怎么讲？天时：从2002年至2003年，国际咖啡豆价格暴涨。原本就没有成本优势的麦斯威尔，被迫转而向云南咖农采购原料。而此时，雀巢早已“掌控”了上游市场，完全掌握了量价先发的绝对优势。地利：那些盘踞各级市场的经销商就是雀巢的“本地之利”，使得雀巢在面对强敌时可以“撒豆成兵”。人和：便是价格。与麦斯威尔始终坚守“高端、高价”的定位相反，雀巢的成本优势带来了价格的“优惠”，让更多的中国消费者可以优雅地端起咖啡杯。

所谓的“优惠”，对于当时的大多数消费者来说，也是“不菲”。据报道，雀巢咖啡初入中国市场时，一杯的价格高达20元，相当于当时上海一名大学教授月收入的1/10。但不管怎样，正是“在外资食品巨头的攻防交错间，中国人通过速溶咖啡，进入”了“全球咖啡市场的大家庭里”①。

前瞻产业研究院发布的《2018—2023年中国咖啡行业市场需求与投资规划分析报告》数据显示，2018年，中国速溶咖啡占据着84%的市场份额，现磨咖啡的市场份额仅约16%。雀巢速溶咖啡在中国速溶咖啡市场占比超过70%，综合市场占比超过50%。

这个成绩也得到了来自雀巢官方的印证。在2022年举行的雀巢投资者大会上，其咖啡品牌负责人大卫·伦尼（David Rennie）介绍说：“凭借丝滑拿铁系列，我们占据了超过50%的中国（即饮咖啡）市场。”他进一步强调道：“雀巢已成为中国第一大即饮咖啡企业，并且这个巨大的新兴市场还在迅速增长。”正因为如此，雀巢大中华区才于2022年，正式升级成为大中华大区，成为雀巢集团全球五个大区之一。

据分析师杜永芳在前瞻网上的《洞察2023：中国咖啡行业竞争格局及品牌矩阵》一文介绍，线上渠道为速溶咖啡及即饮咖啡的主要销售渠道，其中速溶咖啡凭借其价格、方便快捷等优势，规模占比远超其他细分品类。该文特别指出：“淘宝销量数据显示，雀巢咖啡排名咖啡品牌线上

① 陆文斌：《咖啡中国简史：从雀巢入华，到瑞幸IPO元年》，载《商界评论》2020年第1期。

销售首位。”

对于咖啡是“香”的并不是“苦”的，这个认知的改变，有一首歌功不可没，就是来自宝岛台湾的歌手千百惠在1998年推出并迅速传唱大江南北的那首《走过咖啡屋》：“每次走过这间咖啡屋，忍不住慢下了脚步，你我初次相识在这里，揭开了相约的序幕……芳香的咖啡飘满小屋，对你的情感依然如故……”

而让越来越多的中国人走进“咖啡屋”的，正是在这首歌发行的前一年来到大陆的，同样来自宝岛台湾的“上岛咖啡”。由此，中国人开始了解和感受到了咖啡的另外一个非常重要的属性与价值：社交。

换言之，中国人开始逐渐地接受和习惯了到咖啡厅里，一边喝着咖啡，一边“见面儿”“谈事儿”“聊天儿”。其实，从雀巢咖啡开始，中国人已经懂得品牌的社交背书了。很早就有人开始热衷将雀巢专门推出的瓶装咖啡的玻璃瓶，带到办公室继续用作水杯，以“炫耀”自己与世界品牌的关系。

也许，这就是中国消费者最早的“炫耀性消费”。

如果说，消费者对于消费的体验所追求的，首先是产品本身的“里子”，如功效性、安全性、生理性（口感、体感）的话，那么，对于社交的体验，所追求就是产品之外的“面子”。

而率先对于咖啡馆这样极具社交属性的“产品”有需求的，主要是两个群体：一个是已经富起来的“中产阶层”，一个是想富起来的商务人群。而这两种人群共同的特征，就是开始有了所谓“炫耀性消费”的需求。

美国经济学巨匠、制度经济学鼻祖托斯丹·邦德·凡勃仑指出：“当消费者的一般生理需要满足后，他们将趋向于‘心理消费’，购买更具品质的产品和服务，以彰显其身份地位，感受尊贵的体验。”

在美国著名社会心理学家亚伯拉罕·马斯洛提出的“人类需求层次理论”中，社交被排在了生理、安全之后。这就是说，当生理需要和安全需要被基本满足以后，社交需要就成为人们的强烈动机。

而人们对于“炫耀性消费”的需求，往往体现在商务社交之上。这是因为，“炫耀”是手段，换来更大的商业利益才是目的——无论是雀巢咖啡，还是上岛咖啡，正是分别从咖啡体验和社交体验上，为那些刚刚“先富起来”的人和正“想富起来”的人，提供了这样的一种场景，满足了这样的一种需求。

如果我们从传播与营销的逻辑上分析，雀巢咖啡完全符合了一个处在市场导入期的品牌，从撬动心智到建立关系的底层逻辑和顶层设计。

无论是出于中国消费者对咖啡的不甚了解，甚至从习惯或文化上的排斥，还是从咖啡这种具有饮料特质的产品属性，对咖啡的体验，直至接受的第一步，就是要从解决“口味”的问题着手——这是最重要的问题点，同时也是最直接的切入点。

因此，雀巢咖啡打出了“味道好极了”的广告语。其目的就是，首先要纠正中国消费者对“苦咖啡”的先入之见和刻板印象。其次，就是树立起“咖啡好味道，就要选雀巢”的品牌联想。

进而，改变中国消费者对咖啡的认知，抢占他们对咖啡品牌从认识到认同，从认可到认定的消费心智，尽快地与他们建立起从消费动机到购买意愿，从产品体验到口碑推荐的品牌关系。

被改变的还有对竞争的认知。雀巢最终能够后来者居上，在中国市场压倒麦斯威尔的致命一击，就是在产业链头部的优势——控制了上游的本土咖啡原料和下游的渠道经销商，使其能够以更低的价格“硬刚”对手，直至笑到最后。

如今，尽管中国消费者对咖啡的诉求，已经从最初的跟风变成了习惯，从“味道”转变为了“口粮”，从提神转变为了“续命”，但品牌竞争的火力点，依然是价格和渠道——低价、低价、再低价，开店、开店、再开店。

只是，在价值与价格之间，在规模与效益之间，看谁最先找到那个平衡点。因为，从增量市场下的机会化生存，到存量市场下的专业化生存，单要素的成长模式都不足以为企业带来高附加值和可持续的长远发展。只有系统性地建设品牌要素体系，系统性地构建市场竞争体系，才能长治久安，行稳致远。

## 上岛：“上”也勃然，“倒”也忽然

如果说，中国人学会“泡”咖啡，是从麦斯威尔和雀巢开始的，那么，中国人学会“泡”咖啡馆，则无疑就是从“台咖”——来自宝岛台湾的上岛咖啡开始的。

宫廷式的仿欧装饰，圆拱形的浮雕门面，高高在上的水晶吊灯，硬皮菜单和白色咖啡杯，以及“咖啡饮料 + 西式简餐 + 背景音乐”的服务模式——上岛咖啡在气质拿捏方面堪称教科书级别。极具商务感的氛围，浓郁的文艺“范儿”加上小资格调，都让刚刚拥抱世界的中国消费者耳目一新。上岛咖啡迅即被奉为一种高端时尚的场所，顾客在进出之间，仿佛整个气质都发生了转变。

但令人匪夷所思的是，上岛咖啡在大陆开办的第一家咖啡馆，竟然位于海南岛，时间竟然还选在 1993 年房地产热退潮之后，海南还在元气大伤之际的 1996 年，落地公司的名字竟然叫“海南上岛农业开发有限公司”——名字如此朴素的一家公司，竟然在做一件那么时尚的事情。

别看公司名字朴素，但上岛咖啡品牌的定位却是集“大、豪、高”于一身。“大”是指营业面积大，一般都要在 300—500 平方米，主打一个有气势；“豪”是指装修一定要欧式宫廷风格，主打一个豪华洋气；“高”是指价格高，顾客瞄准高端商务人士，在此消费主打一个“有面子”。

“上岛咖啡设计了一套很对大陆中产胃口的单店模式”——《咖啡中国简史：从雀巢入华，到瑞幸 IPO 元年》一文的作者陆斌一语中的。的确，这个被台湾地区的先行者引进到大陆的咖啡店品牌，曾是很多都市青年最初的西餐启蒙。“因为看起来就贵到消费不起，经过时总有一种‘这不是我的世界’的敬畏心态。”《风靡一时的贵价咖啡厅，怎么“沦落”到卖盖浇饭了》一文中如是说。

上岛咖啡对大陆咖啡市场的贡献，不仅仅是培养了第一批咖啡社交者，更为重要的，是培育了第一批咖啡馆的连锁竞争者。而正是这波“敢为人先”的弄潮儿，先是将上岛咖啡高高地“举起”，然后又将其重重地“摔下”。正所谓：成也萧何，败也萧何。

在社交需求和尊重需求之上，便是人类需求的塔尖：自我实现需求。而刚刚富起来的中产阶层，恰恰需要一种能够体现自我实现的载体和标志。这种方式最好是外在的，可以“炫耀”的，既是物质的——能够彰显财富层级，又是精神的——能够表达人文特质。而能承载这所有的，当时莫过于一件事：经营一家咖啡馆。

在“小资”的情调中炫富，在时尚的格调中赚钱，在附庸风雅中实现自我……上岛咖啡为那些正处在尊重需求和自我实现需求之间的人们提供了这样的一种可能和机会。于是，上岛咖啡打开了授权加盟的大门，加盟商们便蜂拥而至。

尽管，上岛咖啡不给予任何经营辅导支持，原料的内部进货价也要高出市场一半，但仍然挡不住一干弄潮儿的勃勃兴致。到了 2004 年，3000 家的上岛咖啡旗下的门店，就开遍了中国大陆的大街小巷，也至少让整整三代人将对咖啡馆的初体验贡献给了上岛咖啡。

上岛咖啡绝对称得上是当时国内最大的连锁加盟企业。要知道，星巴克中国在 2017 年时，门店数量才只有 2936 家。由此可见，当时的上岛咖啡是多么的风光无两，独领风骚。

但是，规模的泛滥，注定会导致竞争的惨烈。而惨烈的竞争，一定会导致经营的异化和品质的分化。当同质化竞争成为一种广泛的常态时，差异化就成为经营者突围红海的本能选择。只是，有的是在核心价值上精耕细作，力争在产品 / 服务品质上脱颖而出；有的是却是剑走偏锋，走上了邪门歪道。

到了后期，曾经以“阳春白雪”著称的，无数小镇青年心中的“白月光”上岛咖啡，已经开始以“炒菜模式”“麻将模式”，甚至是“洗脚模式”，彻底告别“上流社会”，开启了它的“下里巴人”模式……

正如《风靡一时的贵价咖啡厅，怎么“沦落”到卖盖浇饭了》一文所表达出的诧异：“世界上有哪个地方，最能证明市井中餐文化的博大精深？当类似问题开始在网上出现的时候，谁都想不到最后的胜者会是上岛咖啡。”

当初对上岛咖啡仰视的人们，万万想不到，在今天的上岛咖啡你经常会看到这样的场景：某个老板模样的人，一边吸溜着疙瘩汤，一边跟对面的客户寒暄：“合作愉快，一起发大财。”曾经的精致绣花桌布、白瓷盘里的牛排、鹅肝和各类甜品……都已成为过眼云烟。多少还与西餐有一点血缘关系的，也只有老火汤、小米辣的芝士土豆，以及糯米蒸排骨——这“JQK”老三位了。对此，《风靡一时的贵价咖啡厅，怎么“沦落”到卖盖浇饭了》一文中的一段话，写得非常到位且风趣：“在这个连东北菜都能做成西式 bistro（小酒馆）的年代，我们县城西餐界的老祖宗居然回归了最原始的口味。从木桶饭到大锅菜，从中式小炒到韩式火锅，基本上除了咖啡什么都卖。”接着，该文的作者还感慨道：“其本土化的程度之深，连肯德基看了都要扔掉手里的螺蛳粉汉堡。”因为，“这是前人从未设想过的道路”。

设想之外的道路竟然走出了意想不到的价值。如果打开点评网站，人们会发现：卖牛排比萨的店面评分 3.2，卖干锅肥肠、飘香鱼头、沙姜猪手的店面评分 4.8。这难道是“适者生存”这个道理发挥出的作用吗？

既然生存选择了中餐作为适者，那就要将其做到极致，直至将餐厅做成中餐的“菜式博物馆”，将菜单做成《康熙字典》。正如一位网友在某点评网站所分享的：“假期结束了要离开鞍山了，（在上岛）四个人点了 20 个菜，简直太丰富了。这大概是我见过的全世界菜单页数最多的店了，厨师也够厉害的，中餐西餐都能做。”

正所谓，任何的存在，背后都有其“合理性”，今天旧貌换新颜的上岛咖啡也是概莫能外。

对于加盟商，上岛咖啡疏于管理。既没有前期开店的选择指导，也没有服务标准与技能的辅导，更没有后期品质水准的评价——如此无标准化的加盟体系，纯粹就是在拿“上岛咖啡”这块招牌吸金敛财。

如此一来，加盟店各自为政，不仅装修和产品品质参差不齐，甚至出现偷工减料，卫生状况堪忧的问题。加盟店们八仙过海各显神通，经营的品类五花八门，餐食比例不断增大，咖啡竟然沦为成“配角”，极大地影响了顾客的消费体验和对品牌的认知。

其实，从品牌战略的角度看，上岛咖啡进入中国大陆，绝对是一个非常正确的决策。从对战略机会的判定上看，无论是越来越开放的社会，还是十几亿人的需求空白点，都使得大陆的咖啡市场蕴藏着巨大的潜力。对于任何一家企业，都是一个绝好的战略机会。

从对市场空间的界定上看，中国台湾地区的上岛咖啡源于日本（“上岛咖啡店”的店名，就是由其创始人上岛忠雄先生亲笔所书），那是一个早就非常成熟的咖啡市场。而后，其被引入中国台湾地区后，虽然发展得一直不温不火，但毕竟也是运营了将近 30 年，开了 20 多家的连锁店。

因此，对于大陆这样的一个空白市场，上岛咖啡无论是在运营能力上，还是在产业资源上，都具有大陆任何一家企业都无法比拟的优势。毕竟，在那个时候，像星巴克和 Costa（咖世家）咖啡这样的欧美品牌，还“不屑于”进入中国市场。

从对价值共鸣的确定上看，那时候的中国大陆消费者对一切外来的新鲜事物都充满了好奇，都有尝试与体验的冲动，对于咖啡，乃至咖啡厅也是如此。特别是刚刚形成的中产阶层，无论是出于对生活品质的追求，还是出于对商务社交的需求，都非常容易对“咖啡”“咖啡厅”形成价值的共鸣。

此外，那个时候的中国餐饮行业正处于“青黄不接”的阶段。曾经的老字号正从荒废的十年中慢慢苏醒过来，而新的品牌才刚刚上路。上岛咖啡的价值主张——创一流的餐饮品牌，正逢其时，令人仰止。因此，在这个绝佳的“空档期”中，上岛咖啡得以迅速崛起，就是情理之中的事情了。

只是，在野蛮式的发展和无序的扩张中，在股东之间狗血般的内斗内耗中，上岛咖啡渐渐背离了自己的价值主张，将上天赐予的“先入为主”的千载难逢之良机挥霍，甚至是糟蹋殆尽了。就这样，上岛咖啡自己将自己带到了悬崖边缘，只差后来者轻轻一推了。

但没人能否认的是，那个繁复的欧式标识和黄色字体，至今依然能引发人们记忆深处的悸动。即使，那个“后来者”很快就出现在了人们的面前。

“后来者”的故事，都与一座位于美国西北部太平洋沿岸的美丽城市西雅图有关——一个是太平洋咖啡，一个是星巴克。

话分两头，各表一方。

上岛咖啡在后来的所作所为，如前所述都是犯了品牌之大忌。从“价值、利益、心智和关系”的品牌认识论角度看，品牌价值一定要在普适性和必要性的基础上，具备独特性和持续性。中餐倒是具备普适性和必要性，但面对众多的中餐馆，上岛咖啡的品牌价值则完全不具备独特性——让自己从曾经的一片蓝海，陷入到了血雨腥风的红海。

没有独特性的价值，就很难做到持续性。连锁商业的特质就是标准的一致性、品质的一贯性、管理的规范性和定位的长期性。如此，才能最大程度地保证品牌的价值水准，进而实现消费者利益的最大化和持久化。

从品牌心智的形成看，品牌一定要有清晰且长期的品牌内涵，以提升自身的知名度和识别度。其中，“我是谁”“我有何不同”“我能做什么”“能带来什么”是必须要讲清楚，让消费者听清楚、记清楚的。

那么，后来的上岛咖啡，还能跟消费者说清楚自己吗？

我是上岛咖啡，我是“高端咖啡馆”，我能做各式中餐，能给消费者带来中西合璧的美食享受——混乱不混乱，拧巴不拧巴？

如果，价值的品质无法保证，消费者的利益无法保障，消费者的心智无法影响，就不可能再与消费者建立起亲密且长远的关系，被消费者抛弃就是一种必然。

因为，消费者忠诚的不是品牌本身，而是自身的利益获得。

从上岛咖啡的兴衰我们还深刻地体会到，无论连锁品牌采取怎样的加盟方式，对母品牌的核心价值观的坚守，对品质至上的坚持，都是不可忽视、漠视，乃至无视的。

不然，加盟者就等于“掘墓人”，扩张就是一道“催命符”。毕竟，没有了品牌的共生，就再也没有生意的共荣了。

## 太平洋：市场没有“太平”洋

1992 年，从西雅图远赴香港工作的汤姆·尼尔（Tom Neir）夫妇，在香港著名的银行家、律师以及会计师聚集地香港金融中心中环开了一家咖啡店，名字就叫：太平洋咖啡[①]。

2005 年，太平洋咖啡就被其士泛亚有限公司收购了。到了 2010 年，太平洋咖啡已经是香港第二大咖啡连锁公司，规模仅次于星巴克。但危机也已经开始显现。在香港金融危机的冲击下，太平洋咖啡在 2009 年出现了同店销售倒退及亏损状况。

于是 2010 年 7 月，华润创业以 3.266 亿港元向其士泛亚收购了太平

① 至于，为什么叫这个名字，能够检索到的说法是，它们的咖啡豆最初都来自太平洋地区。而如今，除了夏威夷之外，太平洋咖啡也在非洲、南美等范围内精选最优质的咖啡豆。特别是高原地区的咖啡豆，也已成为他们的优品之选。

洋咖啡连锁 80% 的股权，并和其士泛亚结为战略合作伙伴，携手提升品牌在中国消费市场的占有率。2013 年 6 月，华润完成了对整个太平洋咖啡的收购。尽管是首次涉足咖啡连锁业务，但华润信心满满。在华润看来，凭靠着手中 2000 多个超市零售店，将咖啡业务铺向全国，难道不是手拿把攥，分分钟就能搞定的事情吗？

正如收购完成时华润创业总经理兼首席财务官所宣布的：在 3 年内开设 200 家咖啡分店，在 5 年内将太平洋咖啡拓展为中国最大的咖啡连锁店。从此，太平洋咖啡“中国人自己的咖啡连锁品牌”的形象，真正进入了国人的视野中。

其实，这个所谓的“中国人自己的咖啡连锁品牌”，在很大程度上，也仅仅是停留在资本的层面上。其内涵，还是源于西雅图的咖啡文化，其形式，还是意式浓缩的美式咖啡。其调性，也是“中西文化交融且带有浓浓的书卷气息”——这一切，又似乎与中国的消费者并没有天然的内在关联。

虽然，其价值主张也定位于“好咖啡、好服务、好环境”，但这种仅仅是属于“放之四海而皆准”的广义品牌定位。虽然，也符合品牌价值的普适性和必要性，但依旧缺乏独特性。尤其是在咖啡市场竞争者纷纷涌入的背景下，像“好咖啡、好服务、好环境”这样的泛化价值，就愈发地不具备核心的竞争力和持续的发展力了。

因此，很难让消费者迅速形成个性化的品牌认知，以及差异化的品牌区隔。再加之，太平洋咖啡始终将自己定位于较高的价格带，因此，就无法很好地赢得消费者的心智，更无法与消费者建立起从价值到利益，从卖点到买点的品牌关系。

当星巴克不断通过“杯子”和“节庆”进行花式营销的时候，当瑞幸不断通过联名推出出圈产品的时候，太平洋咖啡就显得与时代渐行渐远了。这也许与它始终将“高端商务”作为自身的定位有一定的关系。

但是，无论是聚焦商务人士的定位，还是单一的产品线，抑或是传统呆板的营销，太平洋咖啡都无法更好地在经营方式和业态上与时代接轨，都无法更好地满足年轻人在产品及社交方面的新需求和新要求。

总而言之，一个品牌如果在价值定位上不具备普适性，在利益输送上不具备必要性，在心智影响上不具备独特性，那么，在品牌的发展上，就注定不会具备持续性了。

黑格尔说："存在即合理。"其实反之亦然，不存在也同样有其"合理"性。截至 2017 年，太平洋咖啡在全球开出近 500 家门店，而同期的星巴克，仅仅是在中国市场就拥有了 3124 家门店。

窄门餐眼数据显示，截至 2023 年 8 月 3 日，太平洋咖啡在全国有门店 309 家，其中处于营业中的有 265 家，暂停营业的有 44 家。大部分门店位于香港，共有 123 家，其次则是广东，有 57 家。如此说来，太平洋咖啡已然仅仅是一家区域性的品牌了。

极海品牌监测数据显示，截至 2023 年 3 月 28 日，太平洋咖啡在营门店数量为 166 家，相比于 2020 年的 443 家，足足减少了将近 63%。"有些品牌活着，但它却好像'死'了"。——《3 年关店 100 多家！瑞幸和星巴克打架，卷死"老二"！》的作者如是说。

情急之下，太平洋咖啡开始寻求市场转型。在 2018 年，先是推出了全新的茶饮产品线"太茶"，并在上海新业坊开出独立门店；同年 12 月，精品咖啡品牌 BREW BAR 首次亮相在深圳湾万象城。可这些似乎都没有形成新的增长点……

但无论结果怎样，太平洋咖啡在中国内地咖啡市场的贡献还是值得称道的，也注定会载入中国咖啡行业发展的史册。

从规模上看，太平洋咖啡在 2016 年前后取代 Costa，成为中国市场第二大咖啡连锁品牌；从业态上看，其首创银行咖啡、医院咖啡店等新型业态；从模式上看，其引入会员服务制，推出"太卡"，并加入华润通会员体系，实现积分通积通兑；从营销上看，其通过活动联名、咖啡主题工坊、演出赠票等方式，实现跨界出圈……

最值得一提的是，太平洋咖啡开创了"三位一体"的业务形态。即，咖啡直营店、特许加盟业务和企业咖啡服务业务——三驾马车，并驾齐驱。以企业咖啡服务为例，太平洋咖啡通过与中粮、平安信托、绿地集团、恒生银行的合作，为 300 多家企业提供咖啡服务。当时可以说是拿着一手好牌。

但好景不长。根据前瞻产业研究院的数据，截至 2017 年底，太平洋咖啡在中国内地市场的占有率为 2.5%，相比上一年仅增长 0.2%。而随后纷至沓来的新品牌，上演了一轮又一轮的市场争夺大战。在激烈的市场竞争中，太平洋咖啡很快就“掉队”了。

据《太平洋咖啡，没落的“贵族”？》一文的介绍，大众点评的信息显示，太平洋咖啡在深圳万象城的一期店、深圳银湖蓝山庄店、汇邦名都店等均已关门歇业；而太茶，也在深圳激烈的茶饮竞争中销声匿迹了。

另据“2020年中国现磨咖啡品牌市场分布”中的数据，截至2020年，太平洋咖啡就已经排在了星巴克、瑞幸和Costa的后面，市场占有率仅为1.7%。

品牌体验的“四维度模型”包括产品体验、消费体验、服务体验和文化体验。从产品体验看，尽管太平洋咖啡从一开始就打出“好咖啡”的品质主张，但在消费者看来，并没有“好”得脱颖而出，“好”得新奇独特。而据《太平洋咖啡，没落的“贵族”？》一文的介绍：“从大众点评来看，太平洋咖啡的评价并不高，深圳门店的评分基本都不到4分。”

在消费体验上，从价位来看，太平洋咖啡约30元/杯的价格，妥妥地是在精品贵价的区间里。而在这个价位，可替代的品牌甚至也有很多，如星巴克、M Stand、Costa等。性价比更高一些的咖啡品牌也有不少，如瑞幸、Manner、麦咖啡等。因此，太平洋咖啡在价格上是缺乏竞争力的。

消费体验除了价格以外，还有便利。在各品牌纷纷疯狂开店的背景下，极海品牌监测的数据显示，截至2022年10月31日，太平洋咖啡在52个城市都布局有门店，在营门店数量也只有214家，并且主要集中在大湾区。

令人难以理解的是，作为华润旗下唯一的连锁咖啡品牌，其终端布局并未分享到华润商业项目的红利。倒是它的老对手星巴克，总是与华润项目如影相随。

从文化体验上看，无论是“充满书卷气的咖啡品牌”，还是“一杯、一念、一世界”的品牌使命，乃至“给生活注入静谧和温馨”的利益承诺，都不能很好地形成与消费者的痛点问题和刚性需求相契合的消费场景和品牌联想。

太平洋咖啡的“掉队”，体现在对年轻消费群体的影响上。在当下的年轻人越来越需要用咖啡来“续命”的背景下，能否抢占更多的年轻人的心智，与其建立起更为亲密的品牌关系，直接关乎品牌的生死存亡。

## 星巴克：一个真正的品牌

那么，我们就看看星巴克是如何系统性地回答这个问题的。

面对偌大一个空白市场，作为世界级咖啡品牌的星巴克，为何要在中国改革开放整整 20 年后才正式进入中国市场呢？正所谓：思维定式害死人啊。这是因为，在美国人的眼里，中国人与日本人不同，我们是喝茶的。

即使是在决定一试的情况下，最初也是小心翼翼，谨慎万分的。这个过程依然与宝岛台湾有关：台湾地区商人孙大伟——第一个将麦当劳引进到台湾地区的“麦当劳之父”，第一个将星巴克引进到中国大陆的“星巴克之父”。

1999 年，孙大伟的美大咖啡得到星巴克总部授权，开始在中国北方地区开店。而第一家就是在北京国贸一期开设的旗舰店。7 年之后的 2006 年，星巴克才从美大咖啡的手中收回了 90% 股权，将华北地区全部变为独资直营。

星巴克在 1995 年进入日本市场时，直接持股 40%。等到进入泰国市场，直接持股的比例就已经高达 100% 了。作为对比，到 2000 年，和统一合资进江浙沪的时候，星巴克怎么就将持股比例直接降为 5% 了呢？

其实，这是星巴克开发全球市场的一个主打套路——5% 策略。何为 5% 策略？就是在星巴克绝大部分的海外投资中，最初投入的比例基本上都是 5%。其目的有二：一是让当地企业掌握大部分运作和资本，而星巴克则规避了在市场导入期的风险；二是可以等到逐渐了解了当地市场，且在政策允许的情况下，再逐步将授权变为直营。

在 1995 年，星巴克进入日本市场时，就与当地的企业成立了合资公司。在花了足够的时间学习并了解日本市场后，才在近 20 年后，以 9.135 亿美元的代价，收回了对方手中的股份。其间，星巴克学会了每年的一月份要推出日本式福袋，赠送咖啡券和保温杯等礼品；学会了与三得利（Suntory）合作推出联名咖啡，进入在日本随处可见的便利店……

如出一辙的是，当年星巴克选择与统一合作，看中的依然是统一集团旗下的统一商超。正如时任统一超商总经理的徐重仁在与星巴克达成合作时指出的："统一超商拥有连锁经营的成功经验，因此有信心在咖啡连锁市场上创造另一个成功经验。"

从星巴克在中国最初的发展来看，星巴克的担心与谨慎完全是必要的。所有这些，也是非常值得中国企业在品牌出海时学习和借鉴的。这是因为，在进入中国后的10年里，星巴克走了一段长长的弯路——始终处于亏损的状态。

当初的星巴克完全照搬了还处于志得意满阶段的"台咖"路线：走高端和轻奢的定位。与北京国贸店一样，星巴克在中国的第一批门店，都开在一线城市的CBD（中心商务区），以白领、商务人士作为目标客户。并全面复制西方的小资调性，定价与当地人均收入的比重也远高于欧美市场。

尽管，这与当初上岛咖啡与太平洋咖啡的定位一致，也与自身已被成功验证过的商业模式完全契合，但结果却是：几乎所有的门店都一直在亏损。这种状况延续了近10年，直至2009年10月，星巴克的灵魂领袖霍华德·舒尔茨的到来，才获得了转机。

与太平洋咖啡一样，当时的星巴克在中国市场也是"三驾马车"的模式，即：直营、授权与合作三种类型，门店数也已有几百家之多。因此，如何盈利，成为从上到下亟待解决的课题。而最终问题的解决是一个系统性的工程。包括，品牌本地化，成立"星巴克中国"，由中国团队直接操盘，任命中国人做首席执行官，以及不再注重传递西方的生活方式，开发适合中国的场景和产品，等等。

但最为重要的，是找到了一个与以往完全不同的盈利模式。而这种模式，其实也是出于"模仿"。只是这次模仿的不是"台咖"，而是麦当劳——就是我们常说的，麦当劳不是做汉堡的，而是做房地产的。正所谓，外行看热闹，内行看门道。

据媒体报道，麦当劳一般先是寻找新兴冷门商圈，借租金低廉之际，或直接买断，或从30年起租。麦当劳入驻后，沃尔玛便默契而来……在各大品牌纷至沓来之后，冷门商圈变成了热门商圈，地租也就水涨而船高了。

随后，麦当劳将其中的一部分按市场价租给加盟商，其余的则租给其他入驻品牌。这样一来，麦当劳就成了大房东，或是二房东，赚到了高额的租金差。最终，实现了高达 40% 的利润所得。而无论是麦当劳还是星巴克，单靠店面的营业收入是永远实现不了这样的利润率的。

线下连锁咖啡企业，特别是在早期的红利期后，来自房租的压力就会与日俱增，甚至成为压垮骆驼的最后一根稻草。以一家普通的咖啡馆为例，来自原材料、租金、运营、人工的成本分别为 15%、35%、40%、10%，如此算下来，盈利空间几乎为负。

而“台咖”的咖啡 + 简餐的模式，更是因提升了供应链运维的难度，而导致成本进一步增高。最终，使得咖啡门店的经营大多难以为继。尤其，是在大打价格战的“9.9 元”阶段，没有“功夫之外”的盈利点，要想活下来就完全要靠资本的输血了。

其基本逻辑与麦当劳如出一辙——索求房租“特权”。作为一个极具影响力和号召力的全球性品牌，完全可以跟开发商或是物业公司，谈下一个理想的房租价格，或是“流水倒扣免租金 + 业绩分成”合作形式。正是在这种情况下，我们才从 2010 年开始看到了：从一线到三线城市，所有的万达广场都“标配”星巴克的“哥俩好”模式。

根据美国房产数据公司 Zillow 的统计，在 1997—2014 年的 17 年间，距离星巴克 400 米内的房价上涨 96%，而整体房价上涨 65%。有如此之魔力，哪个房地产开发商不愿意对星巴克“屈身”以待，远接高迎呢？

为什么会这样？首先因为星巴克是一个世界级的品牌，受到全球消费者的喜爱。更为重要的是，星巴克拥有规范、科学、系统、稳健的开店选址模式和策略，可以有效提升门店的商业预期。甚至，星巴克的开店数量，都可以作为衡量一个城市消费能力的可比指标。

在找到真正的盈利秘诀后，星巴克在中国开启“暴走”模式。

首先，体现在砸重金收获股权上。2017 年，星巴克以 13 亿美元的代价收回华东市场合资企业的剩余 50% 股份，从此实现了 100% 的直营。

接着，就是大规模开店。据刊发在中国新闻网上的《星巴克 2023 财年第四季度在华新开门店数创新高》一文的介绍，“至 2023 财年末，星巴克在中国的门店数已超过 6800 家”。

2024 年 1 月 31 日，星巴克发布 2024 财年第一季度财报显示：截至

2023 年 12 月 31 日的前三个月，星巴克中国实现净收入 7.35 亿美元（约合人民币 52.78 亿元），同比增长 18%。时任星巴克首席财务官瑞秋·鲁杰里（Rachel Ruggeri）将其归功于两大方面：新店增长 15% 和同店销售增长 10%。

而在 2024 年第一季度的一开始，星巴克就又净增了门店 169 家，门店总数已经达到 6975 家。因此，第一季度星巴克在中国市场的店数可突破 7000 家。对此，时任星巴克首席执行官纳思瀚（Laxman Narasimhan）表示：有信心实现至 2025 年在中国市场开设 9000 家门店的愿景。

这种“信心”还来源于星巴克对于选址和开店的科学、成熟的管理机制。正如星巴克原首席执行官霍华德·舒尔茨（Howard Schultz）曾说过的：“一下子在那么多地区铺开店面，看上去有点儿冒险。但我们已建立了一支成熟的管理团队，在每一个地区都能有效地控制进程。”

对此，在美国的竞争对手“泰利咖啡”的负责人汤姆·奥基夫曾无奈地说：“星巴克房产部门的员工要比我们全体员工都多。”其实，星巴克的成熟与成功远远不仅是因为伴随大型商业地产项目和团队人多势众这么简单。

众所周知，星巴克的门店审批是由美国西雅图总部直管的。那么，一个连中国人自己都不太熟悉的县城，远在地球另一端的美国人是怎么判定和决策的呢？当然，他们自会有一整套机制来确认目标县域的价值。

《星巴克在中国 69 个县的布局逻辑，甩了地产商几条街》的作者就指出，今天的中国已经发生了巨变，原来那些用来分析城市的经济学模型都已经过时和失灵了。对此，星巴克有着超前且清晰的认识与预判，兼顾了长期与短期的发展。我们可以从以下几个例子管中窥豹，看看能否看出点儿门道出来。

星巴克在上海最初选择新天地店和滨江店的店址时，并没有固执于周围是不是一个成熟的商圈，而是看重前者所具备的独特的娱乐方式以及后者所拥有的临江观景的地理优势。后来，这两家门店果然逐渐摆脱了刚开始的“冷清”，成为上海星巴克主要的利润点。

星巴克在南京店首拨旗舰店的选址，则是一个对于远期与近期效益兼顾的案例。当时有两个选择：一个是在客流密集，商场聚集的新街口商圈，目标就是经营高档商品，目标消费者的层次与星巴克类似，消费水准稳定的东方商城。另一个是北极阁地区，这里与上海的滨江店一样以景色见长，不仅风景优美，环境也不嘈杂，还是省市政府机关的工作区域，正在修建的地铁就从那里路过。最终，星巴克采取了兼顾的策略，即第一家开在东方商城，第二家开在北极阁。前者看中的是营业额的快速提升与经营的稳定。后者则是着眼于以几年后因地铁开通所带来的增长以及因景致而带来的独特且持久的联动效应。

不仅如此，星巴克还抢先一步领会到了当下中国县域的独特消费逻辑。我们从下面的数据中便能窥见一二：在星巴克布局的69个县域中，有56个分布在江浙两省，占比超过了80%。由此可见，星巴克是基于省域的市场水平来判断其辖下县域的商业价值的，这是星巴克在门店开发及管理半径和城市价值判断模型上最为重要的部分。

在这个逻辑指导下，星巴克在中国则是在强省强县（如江苏昆山市）、强省弱县（浙江常山县）以及弱省强县（如云南安宁市）这三个维度的资源上与竞争对手展开争夺。

原来，星巴克的门店选址真的是有门道的！

尽管，在星巴克的发展历程中，也有在开店方面疯狂而失控的阶段。而正是这些经验和教训，才使得星巴克具备了超前且清晰的认识与预判，才能做到对长期效益与短期发展的兼顾。正如星巴克门店东进发展项目副总裁罗布·索普所强调的：店址的选择通常是艺术与科学的结合，是战略与机遇的交锋。

对此，笔者一再强调，星巴克在全球的成功，完全是一个系统性的成功。因此，笔者也一再指出，中国本土的咖啡品牌，要想真正赶上，乃至超越星巴克，注定还有一段很长的路要走。这绝对不是单纯靠门店数量这一个维度上的指标就能一决高下这么简单。

更为重要的还有品牌本身。

笔者（关键）在撰写《品牌系统性建设：沿循消费心理与行为的轨迹》一书时，了解到了不少有关星巴克品牌成长与建设的内容——这让笔者这个连拿铁和卡布奇诺都分不清的咖啡“小白”，对星巴克产生了最初的好奇：这家企业是如何将一个无论是在本身的技术含量上，还是在市场的竞争力上，都如此“低”的咖啡产品推向全世界，继而成为世界餐饮品牌的龙头老大的？！于是，笔者便开始广泛了解和深入研析。最终，串珠成链，出版了《正确的星巴克：从人本主义到关系法则》这本专著。在成书的过程中，笔者越来越深刻地领悟到：人本主义就是品牌的底层逻辑，关系法则就是品牌的顶层设计，二者合璧就是品牌的“道”之根本。

在写这段内容的时候，正好有一个业界的朋友发过来一篇题为《普通品牌难有价值，强势品牌才有意义》的文章，说请笔者“斧正”。笔者回答说：“所谓的普通品牌，只是‘商标’而已，就是我们常说的‘牌子’。只有那些有‘品’的牌子，才能叫品牌：产品上的品质，精神上的品格，内涵上的品位。”

下面，我们就借此来观照星巴克，看看它是不是属于具备这三方面特质的强势品牌。先说品质。在此通过两个例子，来管中窥豹，看一看星巴克对品质的坚守。

第一个例子：

1994 年 6 月，巴西遭到霜害侵袭，灾情惨重，导致咖啡生豆价格一路暴涨。当时咖啡豆现货市场报价已从每磅 1.26 美元，跳升到 1.8 美元，要比星巴克当年年初 80 美分的进价高出一倍以上。更为严峻的是，原料价格大涨还使得星巴克的股价应声下挫。

而在 1994 年初，星巴克门店已经增长到了 350 家，如果原料价格再暴涨两倍，对于星巴克来说，后果不堪设想。尽管，星巴克与咖啡商实行的是长期合约机制，一般都会先预订十个月内所需的生豆。这是因为，星巴克坚持采用的极品咖啡豆产量稀少，货源常常匮乏。

谁料，到了 7 月份，巴西再度遭遇霜害。这样一来，导致咖啡生豆在几天内就跳涨到每磅 2.74 美元，这已比 3 个月前报价高出 2.3 倍以上。甚至还有专业分析师预测，价格可能会飙升到每磅 4 美元的新高。于是，世界三大烘焙企业便又开始宣布调升售价。

随即如何应对，像一道难题一样摆在了星巴克决策层的面前。即，是否应该加码买进生豆？现在买了，担心日后跌价，要是不买，日后再涨价，损失会更大。经过董事会讨论，星巴克决定以极高的价格买进数千袋哥伦比亚咖啡豆，总价高达数百万美元，以确保星巴克始终能够以最高端的咖啡豆来保障产品的品质。

但是，担心真的变成了现实。7 月过后，炒家退出市场，生豆价格应声回跌，几个月后回到每磅 1.1 美元的正常水平。这让星巴克蒙受了巨大的损失。由于高档买进大量生豆，星巴克 1995 年的产品售价普遍偏高，这对忠实于星巴克的消费者来说，无论怎样都是不公平的。但是，星巴克在这场疾风暴雨中，一直坚持采用顶级咖啡豆的品质信念，又的确是很难能可贵的。

经济上的损失肯定是令人痛惜的，但星巴克没有因此而改变自己的初心。即使是在 1997 年，咖啡豆的价格在一年之内几乎是翻了三番，但时任 CEO 霍华德・舒尔茨依然强烈要求购买最好的咖啡豆，只是希望团队能用其他的方法来弥补损失。对此，星巴克国际部创始总裁霍华德・毕哈在他的《星巴克一切与咖啡无关》的书中坚定地说道："这种想法无疑是正确的，而且我们也没有别的选择。"

其实，选择还是有的。在两次原材料价格危机中，星巴克完全可以采用其他公司的那种压低成本的方式来度过危机。例如，在高级咖啡豆中掺杂低价咖啡豆，或购买低品质和低价格的罗布斯塔咖啡豆。

然而，星巴克为了让消费者能一如既往地喝到顶级咖啡，继续享受到最佳的咖啡体验，最终还是不惜砸下重金，甘冒风险，以确保高端货源的供应，没有走上用牺牲自己的咖啡质量来换取短期利润的道路。而是通过提高经营绩效，节约开支来完成当年的盈余目标。

正如霍华德・舒尔茨在《从头开始》一书中所断言的："在近 40 年的历史之中，星巴克从来没在我们的产品中使用过一磅罗布斯塔咖啡豆！即使在星巴克始终坚持采购的'阿拉比卡'咖啡豆中，全世界也只有 3% 的，属于最高品质的那部分才有资格进入星巴克。"

第二个例子：

在 2008 年，星巴克步入了高速成长期。快速扩建门店带来了经营业绩的迅猛增长，但同时也在很大程度上导致企业忽略了产品品质和顾客体验。当顾客对品牌的依恋和信任被肆意破坏之后，巨大的经营危机随之而来，最终造成饮品质量大面积的持续下滑。

时任 CEO 霍华德・舒尔茨的应对是——让 7100 家星巴克都关上了大门，在接下来停业的 3 小时里，135000 名咖啡师将重新接受一次培训。这次培训的目的只有一个——重返高标准，去完善那些顾客看不见，但体验得到的环节。

单从企业的立场上，这对于星巴克来说，就意味着需要承担 600 万美元的损失，意味着会有来自媒体、竞争对手等各个方面的质疑和压力。如果站在用户的立场上，就是要"为顾客煮好每一杯咖啡"。对此，霍华德・舒尔茨义无反顾。

再说品格。许多企业都以"顾客至上"作为品牌的宗旨。但是，无论是商业，还是企业，毕竟都是一场人性与人心之间的博弈。企业追求利润最大化，顾客追求利益最大化。在这两者之间的博弈中，考验的就是企业的信念，以及信念支撑下的品格。

约瑟夫·米歇利博士在《星巴克体验》中指出，星巴克通过让伙伴们真心为顾客服务，并渴望自己的付出能够超出顾客的期望来创造出传奇式的服务水平，并让这种卓越的体验在星巴克反复上演。下面，就让我们看看星巴克是如何通过“传奇式服务”给顾客带来“卓越体验”的。

来自加拿大的安大略省的咖啡师弗朗辛·布罗德曾经介绍说，他们经常会遇到顾客不小心将饮料弄洒的状况。在这种情况下，咖啡师都会为顾客再点一杯同样的饮料，然后告诉他们：这一杯由我们来付账。这种做法貌似“不可思议”，但对于星巴克的伙伴来说，道理却很简单：我们并不希望顾客为没有尽情享受的饮料而付款。

难道，这不是在增加公司的成本吗？普通店员有这种权利来做出这样的决定吗？对于第一个问题，星巴克认为，一切都以给顾客带来快乐为原则；对于第二个问题，星巴克规定，只要是为了满足前面的那个原则，员工可以去做自认为正确的事情。

曾有一位顾客对星巴克咖啡师说，他不喜欢刚刚买的那种饮品，想换一份新的。听罢，咖啡师先是退了款，然后又为顾客重新冲煮了一份新的饮品。其实，如果按照规定，咖啡师仅仅做到道歉和重做一份饮品就可以了，并没有规定要退款。

但是，对于这种“超常规”行为，霍华德·毕哈却“点了赞”。在他看来这种解决方式显然要比其他任何方式都好。因为，这种方式能够获得顾客最大的满意和欢心。他说，其实一切就是这么简单。更令他高兴的是，这位咖啡师真正懂得了“自己为什么要来这里”。

可想而知，“当一个公司使人们之间交往的优先权与其产品和服务质量的优先权相称的时候，将会获得什么样的益处”。因此，约瑟夫·米歇利博士随之而断言：“当人们遵照这个原则去工作时，好运似乎随人同行。”

最后，说品位。针对这个方面，我们从星巴克对“第三空间”的精心打造中，就可窥见一斑了——从味觉、嗅觉、听觉、视觉和触觉五个方面，全方位地构建星巴克的艺术品位。而这一切，又都不是止于场面，而是抵达心灵，让艺术成为体现星巴克品牌人本主义与关系法则的重要呈现与体现。

其一，是味觉体验。这是作为咖啡经营者要关心的重中之重。

将咖啡豆烘焙得淡一些可以获得更高的产出，可以有更客观的产出比，这对于以盈利为目的的企业来说，似乎天经地义。但是，星巴克采用的却是深度烘焙工艺，将咖啡烘焙至黑色可以让咖啡的味道完全散发出来。特别是对于最优质的“阿拉比卡”咖啡豆，被烘制得越黑，它的味道就越浓郁。

为了保障每一杯咖啡能够保持纯正的味道，星巴克制定了细致入微的流程，例如，每杯浓缩咖啡要煮 18–23 秒，意式咖啡的牛奶至少要加热到华氏 150 度，但是绝不能超过 170 度等。还有，不同种类的咖啡要求配有蒸煮不同时间的奶泡。

再有，五种中杯咖啡都分别要求过秤，以保证每一杯都在规定重量范围内。同时，在门店柜台的后面，都会安装专门的水过滤装置，以避免不同地域的水质对咖啡口感的影响，确保了咖啡品质的一致性。

其二，是嗅觉体验。人们只要走进全世界任何一家星巴克店面，就都能闻到熟悉的咖啡香气，马上产生放松和愉悦的感觉，这种效果正是源于星巴克的特别设计。为了保有这份咖啡香气的魅力，霍华德·舒尔茨曾在自传《一路向前》中喊出“让三明治滚出星巴克”。与三明治一起被“嫌弃”的，还有香水、香烟、含化学香精的调味咖啡豆以及其他食品和羹汤——这就是传说中的星巴克“四禁”。

其目的就是担心这些东西的气味，会影响到店内重烘焙极品咖啡豆所散发出来的浓郁的“星巴克味道”，保证顾客在任何时候走进店内，闻到的只有咖啡的香味，以最大程度地强化其对星巴克咖啡的嗅觉记忆——久而久之，顾客的鼻子会记住星巴克。

霍华德·舒尔茨曾经一度取消过星巴克门店的早餐食品。在效益与产品品质以及顾客体验的博弈中，星巴克主动放弃了早餐销售的巨额收益。直至他们掌握了能够大大减轻门店内食物加热味道的新技术，确定所有加热食物的异味（烤面包或者奶酪的味道）不会掩盖咖啡香气，才重新开放早餐业务。

其三，是听觉体验。这是星巴克打造“第三空间”的重要“法门”之一。星巴克利用“音乐作为一种最没有沟通障碍的世界文化”载体，为顾客们在“第三空间”中带来非常独特而惬意的体验。

一开始，星巴克通过与 AEI 唱片公司节目网的合作，从他们提供的每月节目内容中进行筛选，然后在门店中播放。特别是那些“蓝调音乐”与星巴克有着相同的“酷”的调性，顾客对此赞赏不已。特别是那些带着孩子的中年顾客，他们在平日里几乎没有时间听音乐或是逛唱片店，而星巴克恰好给了他们一个在闲暇时间欣赏音乐的机会。

再后来，星巴克将音乐与咖啡紧密地结合在了一起，为顾客带来了极其美妙的双重体验与享受。例如，推出“蓝调什锦咖啡”以配合美妙的音乐，被顾客评价为“又顺滑又刺激”；在纽约格林威治村阿斯特广场星巴克店开业的同时推出《蓝调集锦》，许多音乐大腕到场庆贺；在西雅图举办“热咖啡 / 冷爵士”专场活动，邀请当地高中爵士乐队前来演奏。

渐渐地，音乐已经成为星巴克“第三空间”体验中不可或缺和不可替代的组成部分，已经上升到了仅次于咖啡，或是与咖啡相得益彰的位置。虽然对于很多音乐，顾客们未必能说得上名字，但依然会感觉很舒服。这是因为，星巴克已经建立了具有自主知识产权的音乐沟通体系，逐渐确定了介乎“另类独立”和“主流”之间的星巴克音乐风格。

在曲目上更多的是选用轻松的民谣、爵士、摇滚等古今中外各流派的音乐，逐渐替代掉那些经典歌剧和古典音乐。像重金属、金属、电音、嘻哈这样的“侵略性”比较强，会影响顾客舒适感的音乐，更是会坚决地被排除在外。星巴克希望顾客能够在店内拥有品位稳重、韵味醇厚、舒适愉悦的音乐体验。

随后，星巴克在 2004 年 3 月推出了位于美国加州圣莫尼卡市的第一家“赏乐咖啡厅”。在这里，顾客除了可以现场试听别处听不到的最新专辑外，还可以购买这些专辑，也可以付费在数码音乐库的 20 万首歌曲中自由挑选自己最喜欢的音乐，并将其刻录在 CD 上，做成自己独家出品的唱片专辑。因而，“赏乐咖啡厅”大受年轻顾客欢迎。

2005 年，星巴克又在西雅图的 10 个咖啡厅中安装了可以制作个人 CD 的音乐欣赏台，借此可以给顾客提供更为自由和快乐的音乐体验。对于星巴克而言，音乐已经成为品牌美学中不可或缺的一部分。

当咖啡遇上音乐，便产生了非常奇妙的效果。对此，霍华德 · 舒尔茨给予了高度的评价：“更重要的是，它向顾客传递了这样的信息——我们将继续以独特的方式在咖啡豆里推出人们意想不到的产品，给他们以惊喜和快乐。”

其四，是视觉体验。星巴克在店门的视觉上也是用尽“心机”。以至于有人直接调侃星巴克不适合卖咖啡，更适合做空间设计。室内以咖啡色、原木色、黑色为空间色彩基调，简约而不失格调。硬装材料多以亚光材质为主，通过诸如洞石、锈感金属、原木、水泥质料等光反射率低的材料，构建一个对比适度，视觉丰富，既有炫酷感，又高冷，且亲和的精致社交空间。

同时，还将咖啡制作的四大阶段所衍生出的色彩含义——以绿色系代表“栽种”；以深红和暗褐系代表“烘焙”；以蓝色为水，褐色代表咖啡的“滤泡”；以浅黄、白和绿色系诠释咖啡的“香气”，设计成店面的四种装饰风格。然后，依照店面的位置，结合天然的环保材质以及灯饰和饰品，打造风格独特的门店形象。

在光照方面，不同店面的灯光和采光途径也不同，有的是靠自然采光，有的是靠人为采光。例如，在风景区的店主要是靠自然采光。在年轻人多的区域，光线一般不会给得太充足；但在金融区，到店顾客年龄会偏大些，他们对光的敏锐度有所下降，因此光照会适当增强。

通常在店内更多地会采用点光和暖色光。星星点点的射灯位置都很有讲究，可以 360 度旋转调整方向。同时，每盏灯之间的距离都经过精细的测算，以区分出阴影区和明亮区。无论坐在哪一个方向，灯光都不会直射在脸上，确保了顾客不受眩光干扰。但灯光大多会在需要强调的软性装饰上形成聚焦，譬如墙体上的手绘、艺术画等。而需要被长久观看的招牌则采用不会刺眼的霓虹灯。

与此同时，讲究的光照再搭配干净整洁的陈列，由内而外地散发着舒适美好的气息。在整体明亮的基础上又有适度的明暗反差，利用灯光和阴影间隔，制造天然区隔，方便顾客出入。

曾有一位署名为“灯光设计 RISE”的专业人士在《灯光设计之星巴克》一文中，以一张就餐区的具体效果图，对星巴克的空间分布和灯光设计进行解读：

> 浅色的地板砖，木色圆桌，和四张环绕的沙发椅子，整齐地分布在空间中，左侧的老虎壁画，右侧木色墙面，木色的天花板。同时按照基础照度、重点照度（桌面）和环境照明的专业配

比，以 15°、24°、36°、60° 为主的光束角，搭配上暖色温低照度的照明基调，营造一个温馨浪漫，轻松舒适的氛围环境。

在灯具的选择上，是以轨道灯为主要光源，灯带为辅助光源，层高在三米左右，需根据不同的场景，如圆桌、座椅或壁画来选用不同规格的轨道灯。例如，壁画选择的是大角度的轨道灯，可以均匀分布洗亮墙面，重点部位要用小角度灯具去打光。由此可见，在星巴克的就餐区一般会有三条灯轨，用轨道灯来解决空间的光环境需求。然后，再通过吊顶上的隐藏式灯带来增加空间层次感和增强氛围。

真的是讲究到了极致！

其五，是触觉体验。无论是装饰还是家具，星巴克都尽量采用木质的材料，让顾客触摸其上有一种触摸大自然的感觉的。而在《星巴克的感性营销》的作者看来，为方便顾客拿取而在高温度的咖啡杯子外面加上的保护套，除了保温和护手的作用外，其实也给予了顾客一种触摸的体验——在感受到咖啡的温度之外，还触摸到星巴克的温馨。

其实，还有一种特别的“触觉”就是“坐”——人体与座位的接触感受。星巴克的座椅都是基于人体的最佳感受而设计的。首先，100 多种样式的椅子，根据高度被分为了 4 个档次和 3 种等级，从低到高为：休闲用椅、固定式椅、咖啡馆式椅、吧台椅和长条凳。桌子也分为三种高度：30 英寸（约 76 厘米）、36 英寸（约 91 厘米）和 42 英寸（约 107 厘米）。

同时，根据早、中、晚三个时段来的顾客对座位的不同要求而提供不同的座椅。在早上，也许会有顾客在门店里开一个小型会议，那么，社区桌最为合适；在中午，也许有顾客想小憩一下，那么沙发椅更为舒适；下午，有顾客想静静地看看书，那么一张舒服的扶手椅会令人更惬意；晚上，如果有人想跟咖啡师聊上一会儿，那么吧台椅的高度正好让顾客可以与对方面对面。

……

剩下的就是坚守和坚持。我们的先哲荀子曾说过：“天行有常，不为尧存，不为桀亡。应之以治则吉，应之以乱则凶。”因此，对品牌之道的坚守与坚持，对于星巴克也是一份永恒的考验。也一样是顺之则昌，逆之则亡。

举一个小例子。在现在的星巴克店内，声音分贝数有可能都高达 70，甚至 80。要知道，在 10 年前，这个数字仅为 30 左右。那么，如何在广揽客源的同时，还能坚守对环境品质的追求，还能坚持对顾客体验的保证？所有这些，都在考验着星巴克的价值定力与经营能力。

恰好，最近有一个事情，的确像一个“难题”一样摆在了星巴克人的面前——一家星巴克门店被“占领”了，成为围棋爱好者的“天堂”。

事情的原委是这样的。这家星巴克位于上海中潭路地铁站附近，每周一、四、六下午都会有人在这里组织围棋活动。澎湃新闻记者曾特地到这家门店亲访，果然，二楼的大部分座位都被棋友们占据，目测约 30 人，整体还算安静。

对此，星巴克的员工并没有予以“劝离”，只是向棋友们提醒了两个注意事项：一是保持安静，二是尽可能点个单。但尽管如此，也只有一半多的人有消费行为。在我们看来，店家已经表现得相当克制了。

从棋友的角度讲，咖啡馆本来就是一个社交场所，允许在这里看书会客、开会工作、相亲聊天，怎么就不允许下棋呢？再说了，店家也没有提前进行相应的告知啊。可以不消费这件事，也不是从棋友才开始的。不来下棋的人，不也一直可以进来白占座吗，还能免费要上一杯白开水呢。

从商家的角度讲，店面是经营的核心资源，特别是对于以提高翻台率为业务导向的餐饮企业来说，每张桌子、每个座位都寸土寸金。高租金的经营资源被人们白白占有，无疑给商家带来了或大或小的收入压力。尤其是这种，定期而至的，成帮结队的，大打持久战的，无论怎样对于商家都是不公平的。

这种“客者见仁，商者见智”的事情，如何正确看待，又如何妥善对待，对于星巴克这种经营成熟的品牌来说，也是个考验。截至目前，星巴克官方对此还没有特别的表态，只是按照一般的顾客来对待。后面会有怎样的进展，还得让我们拭目以待。

星巴克在中国市场的成功，还远不止这些。

同样是从人本主义出发，星巴克的经营理念就是：品牌背后是“人”在经营。因此，星巴克严格要求自己的伙伴们，要认同“以人为本”的核心价值观。然后，通过强调动作、纪律、品质的一致性来不断优化和强化与顾客的关系。

正如霍华德·舒尔茨曾经自豪地说道：“星巴克是一家基于门店体验而打造的品牌，靠的是我们的伙伴和顾客之间通过服务的情感连接所带来的体验。身穿绿围裙的伙伴才是星巴克营销的核心。”

对于加盟商，也是如此。星巴克没有像上岛咖啡那样，对加盟商“大撒把”到放任自流的地步，而是始终遵循“加强纪律性，革命无不胜”的至高原则。

“星巴克对授权方的要求非常苛刻。”时任美大咖啡公司执行副总裁的王朝龙曾经这样说道。《“第一人”加盟经验》一文的作者，在文中列举了几个例子来印证王朝龙的看法。

其一，出于降本增效的考虑，许多加盟店的老板都不愿意一直增加成本报废。但是，为了保障品质，星巴克绝不会吝啬报废物料。因此，这就要求加盟者要绝对服从总部的相关标准。

其二，对于“第三空间”环境价值的打造和维护，总部要求加盟者，不仅每个门店的设计都要通过美国总部的审批，甚至连“每个杯子的摆放”这样的细节都要遵照相关规定。

其三，是对经销商的培训机制。“如何让地区授权方及其员工充分了解星巴克文化”，是星巴克非常重视的环节。因此，星巴克会为加盟商输出全面的培训体系和专业支持，通过不同层级、不同方面的培训，不断提升他们的文化认同，强化他们的服务能力，优化他们的职业水准。

……

正是基于星巴克丰富且深厚的品牌内涵，笔者（关键）才能够撰写出 25 万字的《正确的星巴克：从人本主义到关系法则》——从人本主义和关系法则两大主题出发，全景展现与深入解读星巴克品牌发展的底层逻辑和顶层设计，为国人能够很好地了解和参鉴星巴克，提供了一份完整的素材。

该书内容分为四篇：第一篇以人本主义为主线，分析星巴克是如何在满足人性需求的基础上，从价值、利益、心智、关系四个层面，持续夯实品牌建设之根基的；第二篇以关系法则为主线，剖析星巴克是如何在构筑起共同体关系的基础上，从员工、顾客、行业和社会四个维度，不断优化品牌生存之生态的；第三篇以品牌系统性建设“八大要素”体系为主线，解析星巴克是如何发展壮大和行稳致远的；第四篇以作者长期的品牌实践和研究为主线，从文化基因、经营理念、竞争策略、营销实践四个方面，研析星巴克是凭借怎样的与众不同的品牌战略，从西雅图走向全世界的。

星巴克自进入中国市场以来，都是在与自己竞争——都是在考验自己面对这样的一个全新的、庞大的、复杂的市场环境，面对巨大的发展空间和利益诱惑，还能不能恪守既定的价值观，能不能坚守既定的经营理念，能不能坚持对消费者、对社会的承诺……

直到 2017 年的 10 月，出现了一个前所未有的挑战者。

而正是这个挑战者的出现，就此在中国市场掀起了一阵又一阵的竞争浪潮，引发了一场又一场的品牌大战。让已经风平浪静了许多年的咖啡江湖，出现了一拨又一拨的“搅局者”，让做了老大好多年的星巴克，感受到了一次又一次的紧逼和冲击。

这个挑战者，就是瑞幸。

通过研究我们发现，星巴克成功的合理性恰恰是体现在人本为先和关系为要两个方面：一是以满足人性需求为核心的人本主义，二是将以人为本作为宗旨的关系法则。前者是指引星巴克成长方向的认识论，后者是星巴克成长路径依赖的方法论。

在星巴克有一个响当当的人物，他是后来才加入星巴克的，最终成为星巴克最高管理层的“三驾马车”之一，他便是霍华德·舒尔茨。在他加盟星巴克后，指出的第一个问题便是：“为什么星巴克手册翻到第三页还看不到‘人’这个词？”“难道不应该把‘人’放在优先的位置吗？”因为，他始终认为，星巴克不是在经营那种卖咖啡给客人的生意，“我们是在经营一项提供咖啡的人的事业”。

随后，在星巴克推出的新版《使命宣言》中，我们看到了越来越被置于至高无上地位的“人”的存在：激发并孕育人文精神——每人，每杯，每个社区。积极贡献社区和环境；我们全身心地投入，我们和顾客真诚沟通，分享快乐，并提供振奋人心的生活体验，哪怕只是片刻时光……

霍华德·舒尔茨在一次接受《新知》杂志采访时更是强调：“我们是以人为本的服务公司，只不过刚好为人们供应咖啡。我们一直发现，人们对人性接触和归属感有着相当大的需要和渴望。因此，扎根于社区里的人和亲密感是星巴克品牌的核心。”

正是这些基于以人为本的认知，才造就了星巴克以人本主义与关系法则为核心的企业信念和经营理念。就是，重视人，以及人与人之间的接触与连接——是星巴克人本主义的起点，满足人的归属感，及其带来的亲密感——是星巴克关系哲学的终点。

我们常说要做正确的事，将事情做正确。对于星巴克，坚守人本主义，就是在做“正确的事”，而践行关系哲学，就是在“正确地做事”。

尽管，这一切无时无刻不在被现实考验着，被市场考验着。

# 第二章

# 价格混战，血雨腥风

各大咖啡品牌在2023年下半年打响了价格战，瑞幸力推“每周9.9元”；库迪高喊“一元拉新”“全场8.8元、第二杯半价”；幸运咖甚至做到了“9.9元两杯”。在“砸钱送券”的背后，其实是咖啡品牌契合中国本土消费偏好的促销策略，以及出于让咖啡这个品类变成国人常规、高频的消费饮品的长远考量。

## 后浪拍前浪，“低价”大潮一触即发

据《2023中国城市咖啡发展报告》调研数据，以及美团外卖近3年的数据，在中国，已经有很多的消费者养成了每周喝咖啡的习惯。其中，约有25%的消费者每天至少饮用一杯。同时，根据“京东超市”发布的咖啡品类趋势洞察，过去一年里，三线以下城市咖啡消费增速显著。

而形成这种现状的主要且重要的推动力，非“价格”莫属。换言之，咖啡市场的“低价”趋势，正是引发咖啡消费浪潮的“核动力”。这股强劲的驱动力的背后，是两大“引擎”的作用：瑞幸与库迪。

想当初，在中国市场揭竿而起，率先向星巴克发起挑战的瑞幸，手中高高举起的，正是“价格”这个撒手锏——凭借小店快取的互联网营销策略，以及烧钱补贴的获客方式，瑞幸迅速在国内咖啡市场“卷”出了一条生路。

首先，作为“后浪”的瑞幸，想要与已经在中国的咖啡市场深耕长达20年的“前浪”迅速形成对抗之势，进而在咖啡市场争得一席之地，就必须与星巴克在全方位上形成差异化的竞争态势。

首先是在目标人群上，要下沉到对咖啡本身有需求，而对环境没有要求的人群。而这种人群首要的共同特征就是对价格敏感。

同时，无论是在品牌的竞争力和影响力上，还是在“第三空间”的打造和咖啡门店的经营业态上，在短时间内瑞幸都还无法有底气向星巴克打出“第一枪”。因此，放眼望去，也只有“价格战”这“华山一条路”可走。

如果我们放眼世界零售商业发展历史就会发现，后来者对领先者的逆袭，都是通过“价格破坏”来实现的。的确，一个新兴零售品牌，在绝大多数竞争场景下，也只能通过“低价”来吸引更多的消费者，进而在市场中迅速抢占一席之地。

这是因为，价格上的实惠，是人们的消费心理中，最先希望得到满足的浅层需求，也是后进品牌最可以主动发起市场争夺战的利器所在。而产业的优势、产品的优势、心智的优势……都需要空间的积淀和时间的积累。

因此，瑞幸从一开始就打出了“好的咖啡，其实不贵”“国外的街头饮品，何必要卖成国内的奢侈品”“你喝的是咖啡，还是咖啡馆”这样的价值主张，剑指星巴克的高溢价和第三空间。

据刊发在《咖啡之家》上的《瑞幸咖啡与星巴克价格对比》一文的介绍，在美式黑咖啡方面，中小杯（220ml）的售价：星巴克为 22 元 / 份，瑞幸为 13 元 / 份；大杯（350ml）：星巴克为 27 元 / 份，瑞幸为 16 元 / 份。我们从中可以管中窥豹，瑞幸在价格方面具有相当的优势，瑞幸也因此在短期内迅速赢得了一定规模的市场份额。

与价格相应的是人群、应用和场景。

尽管，瑞幸提出“高品质、高性价比和高便利性”的价值承诺，在高品质上，瑞幸与星巴克还一时分不出高低上下。但是，不同层级的消费者——那些“只为喝上一杯咖啡”的消费者，与追求“咖啡 + 环境 + 社交”体验的消费者，对性价比的认识与评价却是不同的。

正如《瑞幸咖啡宣言》中所强调的：你喝的是咖啡，还是咖啡馆——我卖的是咖啡，而不是咖啡馆。如此，瑞幸与星巴克在经营定位上形成了明确的差异，将消费者的消费焦点，引导到咖啡本身上来——你只需为咖啡，而不用为环境付钱。

因此，针对那些“买一杯就走”，单纯就只想喝杯咖啡的消费者，瑞幸将门店开在写字楼或是商超的前厅，只有极少数门店提供极少量的座位，更多的“门店”只是一个档口。再加之店面较小，装修简单，在成本上也形成了较大的优势，其低价策略才得以实施。

而且，瑞幸始终坚持不接受顾客与店员的面对面点单，而必须通过小程序或 App 进行交易。其目的就是，充分利用移动互联网，在实现其“高便利性”的利益承诺的同时，通过降低自身的运营成本，支撑其低价优势的持续，并支持它快速完成市场导入。

因为，只有“低价”，才能够让处于导入期的品牌，在较短的时间内吸引一定规模的消费者入场，形成最初的产品体验和品牌传播。特别是对于零售服务品牌，从当年的麦当劳、肯德基到沃尔玛、亚马逊，从日本的唐吉诃德到中国的拼多多……无一例外。

如前所述，放眼世界零售商业发展历史，后来者对领先者的逆袭，都是通过“价格破坏”来实现的——这条“铁律”在中国的咖啡市场，也是如此。而这又一位后来者就是“库迪”，逆袭的方式依然是，也只能是“低价”。

2022 年 10 月 22 日，曾经瑞幸咖啡的两位创始人重归咖啡战场。除了这两位灵魂人物，库迪的核心团队中有 50% 来自原瑞幸团队。据媒体介绍，两位灵魂人物在发朋友圈时的配文充满热血：“咖啡梦想家团队再启征程！集结号吹响！”

当年，瑞幸正值迅猛发展之际，二人因为众所周知的瑞幸财务造假事件而被踢出了局。但其主营业务的模式和架构并不存在什么致命之处。因此，当新的团队将瑞幸由“前传”带到“后传”时代时，依然能够获得应有的成长。正是看到了这一点，作为“同根生”的库迪索性决定再复制一把。

因此，在随后的进程中，人们就看到了，库迪对瑞幸在核心产品、整体店面规划、市场渗透路径等种种方面，几乎复制到了“像素级”的地步。正如民生证券在研报中所指出的，库迪能够在短期内实现快速扩张，主要在于：“以瑞幸创始人为切入点打造‘声量’，并以有流量红利的抖音为核心阵营，辅之以小红书、微博、微信自媒体等渠道，在短期内实现品牌的快速曝光；跳过自营门店的模型打磨阶段，模仿瑞幸的联营加盟模式快速‘切入’咖啡赛道；产品方面尽量向瑞幸靠拢，App 及小程序等设计与瑞幸高度相似……”

然而，咖啡还是那个咖啡，但市场早已“面目全非”。

从天时、地利、人和来讲，库迪首先就是“生不逢时”。近几年来，整个咖啡市场几近红海，星巴克、瑞幸、幸运咖、挪瓦、Manner 等一众品牌，将咖啡市场上上下下、左左右右瓜分殆尽。这就意味着库迪的市场导入成本将是巨大的，生存的空间反而是狭小的。

“天时”已失去先机，就得求“地利”。但“地利”也只有三四线城市还有些许的空间。正是为了将这部分仅有的市场空间抢夺到手，库迪一上来就延续瑞幸过往的模式，开店、开店、再开店。

从其官方公众号发布的推文中可以获知，从2022年10月22日首家门店开业，到2023年10月23日，其门店数量达到了6061家。在一年的时间里，相当于每月开店500家。再到2024年2月2日，库迪在全球的门店数已近7000家——正可谓是快马加鞭，如此开店速度大有八百里加急的一路狂奔之势。

在“人和”方面，似乎也只有低价这一条“捷径”可走了。因此，库迪的创始人们在重返沙场时，振臂高呼的第一份“宣言”，就是以石破天惊之势告诉人们：中国咖啡市场的9.9元时代已经开启——库迪所有定价在18元至32元之间的产品，在试营业期间，优惠定价均为9.9元。

这是中国的咖啡消费者第一次听到“9.9元”——这个足以震撼灵魂的“破天价”；中国的咖啡市场也从此开启了“9.9元”的竞争时代。而价格大战，也从此成为中国咖啡市场竞争大戏中，不断被加重的“戏码”之一，刺激了一批批的消费者下载软件，来薅优惠券的羊毛。

由此可见，自2022年10月成立以来，与瑞幸同出一门的库迪，从一开始就试图以其人之道，还治其人之身——一边疯狂开店，一年的时间门店数超过6000家，扩张速度达到瑞幸当年的3倍；一边依旧祭起“低价”这个撒手锏。

2023年2月，库迪宣布开启“百城千店咖啡狂欢节”，70多款饮品都卖9.9元。接下来的几个月，库迪把9.9元降到了8.8元，甚至是7.7元。甚至，有座落在瑞幸隔壁的库迪门店，在自家店门口拉起了“瑞幸创始人8.8元请你喝咖啡”的横幅；2023年6月，库迪又推出了“1元任饮券”……

这种以烧钱补贴、跑马圈地为核心的互联网打法，与当年的瑞幸如出一辙。只是，在竞争策略上更为简单粗暴。例如，在产品方面，库迪直接复刻了瑞幸的核心大单品生椰拿铁，以及生酪拿铁、Dirty等，省去了产品开发的时间成本——在确保能够快速进入成熟市场的同时，也让客流量获得一定的保障。

这也难怪，在竞争已经相对饱和的市场里，特别是对于像咖啡这样的价值创新属性极低，靠技术迭代无法实现弯道超车的赛道中，要想快速赢得消费者的心智，建立起品牌关系，低成本下的低价格是不可或缺，也同样是无可替代的，那是撬动市场的“支点”。

对此，所有的咖啡品牌后来者都无法回避，也没有选择。尽管如此，库迪一上来就将“价位”拉低到了“9.9 元”，甚至以下，并始终摆出一副血拼到底的架势——还是超出很多人的意料的，更是勇气可嘉的。库迪的战略意图是，通过先烧钱补贴迅速获得市场占有率，然后依靠复购再涨价盈利。

如前所述，价格之外，还是人群、应用和场景。

从门店业态和市场策略上看，库迪与瑞幸面对的目标人群没有多大的差异，都是那些在咖啡体验上，对价格非常敏感，同时追求简单便利的消费者。而两者的不同，更多地体现在应用与场景上。即，与瑞幸主营咖啡不同，库迪偏重为消费者营造一种泛咖啡的生活方式，而不只是经营一家咖啡店。

正如库迪咖啡首席策略官李颖波在接受外界采访时所表示的：库迪的底层逻辑不只是做咖啡，就像很多综合性品牌公司的业务不会集中在某一产品线上，大家也可以把库迪看作一家“快消品品牌公司”。在这种定位之下，库迪将自家门店定位为：主打“全时段餐饮”。

即，早上为顾客提供咖啡、意式饼干等佐食，中午提供餐食，下午供应小吃，晚上竟然还提供酒。这样做的主要目的有两个：一是希望与消费者建立更深层次的需求连接和情感联结；二是通过拓展经营品类，弥补咖啡主体因竞争所挖下的利润“深坑”。

与此同时，在 2023 年 11 月，库迪还宣布进军新茶饮，推出了“茶猫”品牌，首店就坐落在北京合生汇。

易观分析品牌零售行业资深分析师李应涛曾指出，咖啡是成瘾性消费，一旦出现爆款，消费者的忠诚度和复购率都很高，会日复一日地去消费。而新茶饮则更看重新鲜度，一旦有新的网红品牌出现，消费者很可能抛弃传统巨头。

凌雁管理咨询首席咨询师、餐饮行业分析师林岳也指出，奶茶行业已经具有了很高的市场饱和度。纯茶、鲜果茶的概念并不新鲜，但如果能做出高性价比的爆款，市场肯定还是欢迎的。

也许，库迪是从上述观点中看到了希望，一旦自己能够打造出“新的网红品牌”，“消费者很可能抛弃传统巨头”，转而蜂拥向己。对此，库迪依然丢不下“补贴 + 低价”的市场策略。据媒体报道，“茶猫”产品的价格带主要集中在 15–20 元。对标古茗、霸王茶姬等中高端品牌，促销价格在 6.9–12 元。为了鼓励联营商参加促销活动，对于优惠价格低于 8.8 元的产品，库迪总部将补贴到 8.8 元。

面对库迪咄咄逼人的价格攻势，瑞幸又是如何应对的呢？

在刺刀见红的面对面肉搏之中，两个新生的品牌注定都没有退路可言。因为，在寸土必争的市场大战中，我退就意味着敌进。而就在 2023 年的 4 月，瑞幸抓住了一个难得的机会——此时的库迪，由于一出场就大打“价格战”，导致加盟商盈利较少，因此，曾暂停了 9.9 元 / 杯的优惠活动，并对产品线进行全面提价。

而这个时间点，又恰恰是在瑞幸的店庆前夕。于是，在 2023 年 5 月，瑞幸借周年庆之名，首次推出了“9.9 元喝一杯”的活动。有意思的是，当时活动优惠券的发放很有讲究，专门在附近开有库迪的门店发放，一副“冤有头债有主”的竞争营销架势。

随后，在 2023 年 6 月，当人们见证瑞幸成为中国首家“万店”规模连锁咖啡品牌时，瑞幸推出了“9.9 元感恩回馈活动”。只是，这一次将优惠券的发放范围扩大到全国所有门店——来势汹汹，势不可挡，不给对手留有喘息机会。

从此，从“邀请新人一元就可以喝一杯”，到“每人每周 1 张 9.9 元券”——两个出自相同创始人之手的咖啡品牌；从贴近到贴身，从较劲到肉搏——上演了一场史无前例的价格大战。

不仅如此，瑞幸还将这一波“反击”的气氛拉得满满的，气势抬得足足的——瑞幸的 CEO 郭谨一放出豪言：“我们希望能推动中国咖啡进入高品质的 9.9 元时代，从此让 9.9 元的好咖啡无可替代，让瑞幸咖啡在消费市场无可替代。”

据公众号“小食代”上的《瑞幸 CEO 宣布，9.9 元喝咖啡延续最少两年》一文介绍，郭谨一高调宣布，“9.9 元感恩回馈活动”至少持续两年，以“让利消费者”。

对于处于市场导入期，或是成长初期的品牌，价格无疑是最有力、最高效的撬动市场的利器。因为，价格是消费中最为敏感的要素，求惠是消费者最基本的消费诉求。据瑞幸官方数据，“9.9 元活动”上线的第一周，瑞幸就卖出了 3900 多万杯咖啡。

2023 年 8 月，瑞幸第二季度成绩就已经开始捷报频传，仅仅过去两个月，瑞幸的营收就足足增长了 88%，净利润更是比去年同期增长了十个亿。2023 年全年的成绩更是让郭谨一喜上眉梢：自营门店收入为 178.80 亿元，同比增长 82.7%；联营门店收入为 62.26 亿元，同比增长 102.8%。

面对消费者的热烈反响和追捧以及收入和利润数据持续向好，瑞幸更加“有信心、有决心和有动力”将优惠活动进行到底——郭谨一曾一再表示。因此，无论从哪个方面看，已然在品牌认知上和渠道布局上具备不错基础的瑞幸，是有底气、有自信和库迪打上一场价格持久战的。

业界的看法也基本如此。据极海品牌检测数据，按照 2023 年 4 月份库迪全国 208 个城市开出的 1200 多家门店分析，其 500 米范围内的瑞幸门店数量达到近 2300 家。因此，在《瑞幸库迪大打价格战，受伤的是谁？》一文的作者看来：由于两者辐射的客户群有很大部分的重叠，又由于两者在口味、价格等方面没有实质性的差距，这样的“价格战”可能还会延续。

因此，对于未来的中国咖啡市场，低价不是问题，持续低价才是问题的根本。因为，持续的低价势必会导致市场的过度内卷，进而会引发行业性的价格失衡，形成行业的无序竞争。最终，多元化的市场业态会变得单一，行业的健康发展秩序就必然会被破坏。

“‘价格战’的本质不是良性竞争，而是成本失控的恶性循环，既然大家都知道不可持续，但为什么还是要打价格战？”《咖啡馆倒闭潮背后库迪是搅局者还是破局者？》一文的作者认为：“原因可能是被库迪的低价策略‘绑架了’。”

那么，我们看看被“绑架”了的中国咖啡行业，目前是怎样的一种状态呢？又遇到了哪些发展中的核心问题呢？

> 低价策略需要两个强势支撑：一个是长期能保持的低成本，二是不断扩大的超规模。不然，任何一家品牌都将会难以为继。除非有强大的资本，不计回报，持续输血。
>
> 这是因为，企业的运营一定要有相应的利润率来支撑。而利润率的构成，一是源于低成本所贡献出来的效益空间，二是源于超大的经营规模，为利润总额所带来的“集腋成裘”的效益保障。

而这一切，都取决于企业能否通过最大程度地优化产业链运营，实现对成本的高度控制，或是通过科技创新实现成本的大幅降低。而对于咖啡产业来说，前者不具备排他性，你能做到的，从理论上讲，其他品牌也能做到。后者，对于咖啡这样的技术属性较低的品类，技术革新所带来的利润空间，也只能体现在精准营销之上。

特别是在当下的竞争较为充分的中国咖啡市场，基于价格和规模，而非基于价值和品牌作为竞争支点的竞争者，都将是难以为继的。因为，无论是价格之低，还是规模之大，都不会是无限的，都很快就会“探底”和“顶高”的。换言之，对于规模生存模式的品牌，低价策略也许是制胜的法宝，但前提是，要具有极强的技术支撑力和运营控制力。

这两点，越是在规模陡增，价格频低的竞争态势下，就愈加表现得显著，也愈加体现得明确。必须要指出的是，低价和降价也有着很大的不同。因为，顾客买质优价廉的产品，是在肯定这家企业的实在。顾客买降价的产品，是在找机会薅这家企业的羊毛。而这些顾客的特征就是：一哄而来，一哄而散。除非你能一直保持低价，你能在满足求惠的需求之上，还能在求优、求便和求美的需求上输送出更新、更好的利益。如此，消费者才会产生出极强的品牌黏性和品牌忠诚度。

## “价格战”这东西我明白，但永远是什么？

“很多年以前，咖啡是装在纸杯或者马克杯里卖的，售价大约 50 美分到一美元一杯，还能无限续杯……直到星巴克出现了。它意识到美国人愿意在咖啡上多花点钱，这能让他们感觉良好，不入俗流。”——美国厨师安东尼·波登在《半生不熟》一书中说道：“星巴克征服全球的秘诀就在于‘让人愿意在咖啡上多花点钱’。”

而在中国，这种“让人愿意在咖啡上多花点钱”的态势，随着以瑞幸为代表发起的“咖啡平权”运动的兴起而出现了逆转——曾经高高在上的现制咖啡，快速飞入了寻常百姓家。

低价策略确实推动了瑞幸门店的客流量和营业收入连创新高。相关数据显示，通过“万店同庆”优惠活动，2023年瑞幸咖啡新增交易客户数超过9500万，累计交易客户数达2.3亿。其中，第四季度瑞幸新增交易客户数超过2600万，月均交易客户数突破6200万。

从结果来看，将价格打到个位数，确实在市场中引发了非比寻常的变化。开业首日小程序的崩溃以及瑞幸财报的亮眼数据都是最有力的证明。特别是在品牌市场占有率较低时，低价策略是瑞幸咖啡迅速增长的有力武器。

然而，随着品牌成熟，这一策略也变成了双刃剑。就在瑞幸通过“牺牲”利润换取规模的方式，成功跃升为中国咖啡市场的领头羊时，低价策略也开始带来了利润率的下降。

就像是罗大佑在《恋曲1980》中唱的那句歌词：“爱情这东西我明白，但永远是什么？”用在今天和未来的中国咖啡市场是再恰当不过的了。我们可以换言之：“价格战”这东西我明白，但永远是什么？！

企业毕竟是经营的实体，企业的运营与发展毕竟要有利润的支撑。就像史玉柱曾经说过的：不盈利的企业是可耻的。这是因为，企业的运营与发展必定要消耗一定的生态资源、社会资源和人力资源，等等。为此，就要通过赚取相应的利润来做出相应的回报。不然，企业不仅无法支撑自身的研发、生产、管理、营销等运营成本，同时也无法满足利益各方的需求。

因此，判断一家企业，或一个品牌能否行稳致远，最为重要的评价指标就是：利润率。对此，就像荀子所说的：“天行有常，不为尧存，不为桀亡。应之以治则吉，应之以乱则凶。”当然，利润率——这个企业运营之“常”，也同样不会为瑞幸而存，不会为库迪而亡。

先开始动摇的是挑战者库迪。就在6月份瑞幸推出“9.9元活动”后，库迪反而在7月取消了抖音团购9.9元的券，变为13.5元、14.9元等。在8月初，更是直接取消了“天天9.9元”活动，并将8.8元门店专属券下架，仅生椰拿铁可享受8.8元优惠。

然而，据新消费日报2023年4月报道，有联营商称，提价后的库迪在全国层面的销量下滑了5%—10%。但即便如此，瑞幸也开始紧随其后——甲辰龙年的年关刚过，有关“9.9的瑞幸缩水了”“瑞幸9.9价格战熄火”“打9.9价格战的瑞幸快撑不住了”的消息，就铺天盖地而来。

一则来自公众号“咖啡工房”的消息，传递出这样的一个信息：瑞幸

9.9 元指定饮品规则发生更改。具体内容是这样的：近日，有网友在使用瑞幸 App 下单时注意到，瑞幸给的 9.9 元折扣券的使用规则发生了变化，原本适用门店内大部分饮品的 9.9 元折扣券，变得只适用于 10 款指定饮品了。

瑞幸为什么会在增长势头如此强劲的情况下，突然改变策略，开始收缩战线，视公司董事长兼 CEO 信誓旦旦的承诺于不顾？如前文所述，业界追根溯源，将视线聚焦在两组数据的背后：利润与成本。

财报显示，尽管瑞幸 2023 年在总净收入和同比增长率这两个数据上，都呈现了大幅增长的可喜态势，但从第四季度开始，利润率却出现了不增反降的状况：2023 年第四季度，瑞幸咖啡自营门店的营业利润为 6.9 亿元，比第二季度少了近 3 个亿；门店层面的经营利润率为 13.5%，而 2022 年同期这一指标为 21.6%。

利润的下降，一般是价格与成本合力所致。在低价促销的同时，不断推出的营销活动所带来的支出增多，也是导致瑞幸利润下滑的因素之一。财报显示，2023 年第四季度的成本与费用高达 68.52 亿元，比第三季度高出 6.14 亿元。

在销售与市场费用方面，第三季度和第四季度分别同比上涨 141.3% 和 130%。其中，第四季度为近 4 亿元，比第三季度的 3.84 亿元，还要再高出一些，仅次于开店一次性支出增长，占总收入比例的 5.6%，较 2022 年同期上涨了近一个百分点。

“虽然去年瑞幸又是 9.9 元活动、又是联名茅台等等各种营销，但最后反倒得了个赔本赚吆喝。”《瑞幸 9.9 缩水，平价咖啡要消失了？》一文的作者，这样认为。

这肯定是一个危险的信号。

这种信号迅速体现在资本市场。2023 年末到 2024 年初这几个月，瑞幸的股价一直呈下降趋势。截至 2024 年 2 月 23 日收盘，报每股 23.76 美元。瑞幸市值较上一年 10 月 11 日 103.3 亿美元的高点，缩水了三成以上。

这一切都似乎在向人们表明，持续足足一年的咖啡价格战，双方实在有点打不动了。这件事也告诉我们，“价格战”远不是人们想象的那么简单，那么轻松。

因为，企业行稳致远的底层逻辑永远是盈利，盈利，再盈利，顶层设计永远是不断提升利润率。薄利多销永远不是市场竞争的主体，在支撑低价运营的低成本面前，不是所有的品牌都能成为沃尔玛和亚马逊。

除了来自终端市场和资本市场的压力之外，其中还有一个深层次的问题。正如君智战略咨询首席战略专家陈方超在接受《凤凰 WEEKLY 财经》采访时所指出的：“库迪以加盟为主，就算亏损，亏的也是加盟商的钱。但瑞幸以直营为主，亏的更多是自己的钱。长期利润不足，一方面难以对投资人交代，另一方面也不利于企业可持续地良性发展。”

有网友替瑞幸算了一笔账：咖啡豆和鲜奶的成本，每杯均为 2–3 元钱。因此，奶咖类的成本约在 4—6 元。如果再加上运营、管理、终端空间等和加盟商的收益，那么 9.9 元的定价，瑞幸能赚到的利润已然相当有限，尤其是在冬季这样的现制咖啡销售淡季。

因此，在价格战之前，瑞幸加盟商的普遍回本周期在 6—15 个月不等。但低价竞争让这一周期被一再延长。为了保证合作伙伴的利益，瑞幸在 2023 年第四季度，不得不加大了对供应商的补贴。

据加盟商透露，在 2024 年第四季度之前，使用 9.9 元券的产品，瑞幸每杯补贴 1 元，但在之后就改成了“以保证加盟商的单杯销售毛利（单价 – 原料成本）4 元为基准，不满 4 元就补足 4 元”的政策。

也有“好事者”为库迪算了同样的账：按照行业内单杯咖啡叠加运营成本计算，库迪咖啡单杯成本接近 8–10 元，8.8 元活动可以说是卖一杯，亏一杯。与大多为直营模式的瑞幸不同，库迪对用户的补贴主要是由加盟商买单。对参与 8.8 元券活动的经销商，一般每杯补贴 1.1 元，最多每杯补贴 1.6 元。

这一政策从表面上看，相较于瑞幸，价格战对库迪财务数据的影响不大，但由此而引发的经销商问题，也一样让库迪没有底气再将价格战进行到底。这是因为，低价格带来的低回报，很快就招致了加盟商们的不满与质疑。

的确，杯量少，成本高，入不敷出，成为库迪联营商共同的痛楚。根据极海监测数据，库迪从 2023 年的年中达到 5000 多家加盟商后，加盟的速度就开始明显放缓。在 2023 年年底到 2024 年年初的近 90 天时间里，库迪闭店数量达 800 家，在营门店数量跌破 6000 家。

因此，有业内人士担心，如果加盟商大批量离心，库迪便会有崩盘的危险。按《我，打工人，不再喝得起瑞幸》一文作者的话说：“没想到，库迪太不经打了。”

道理很简单：在并非上市公司，也并没有大量且稳定的忠实客群，同时没有相应的融资支持的情况下，过低的利润率，是无论如何都难以支撑住如此迅猛的超常扩张的（据媒体介绍，从“天眼查”公开信息来看，库迪咖啡成立至今并未有相关融资信息）。

于是，库迪开始悄然提升价格了。据《天天 9.9 活动下线，库迪卷不动了？》一文介绍，继 2023 年 7 月初调价后，8 月份库迪再次上调价格。不仅早期的“天天 9.9 元”活动被取消，改为划线价的 9 折优惠；新人优惠券也从 5 张 8.8 元变为 3 张 8.8 元。另外，7 月初还上线的抖音团购 9.9 元券也被取消了。除 7 月新品外，大部分产品团购价已上调至 13.5 元、14.9 元。

“（库迪）自成立起就延续的‘以低价换市场’的打法，也随着价格的再次上调，逐渐吃力。”——《天天 9.9 活动下线，库迪卷不动了？》一文的作者这样认为。

因此，对于瑞幸来说，既然对手都不想玩下去了，那自己也完全没必要再唱独角戏了，迅速提高利润率才是发展的王道。于是，似乎真的像网友所猜测的那样：“瑞幸不再 9.9，是不是玩不起了？”“玩不起”，也许还不至于，但“不想玩了”的确是显而易见的。

但问题是，瑞幸想“脱胎换骨”或是“金蝉脱壳”，想“立地成佛”或是“回头是岸”，又谈何容易，这得先问那些曾经的拥趸们答不答应。就像是一篇网文的标题——“瑞幸想赚钱，但年轻人只掏 9 块 9”。

这是因为，一路“卷”将过来的瑞幸，能够在咖啡市场快速崛起，主打的就是快速扩张和低价获客——性价比始终是瑞幸为自己贴上的最为显著的标签。

在《瑞幸想赚钱，但年轻人只掏 9 块 9》一文中，有这样的一段内容：重度咖啡爱好者小吕告诉《凤凰 WEEKLY 财经》，只有领取到“9.9 元”优惠券那天，自己才会选择瑞幸。“瑞幸的低价策略已经让我觉得它就是一个比较低价的品牌，如果之后没有 9.9 元，我肯定不喝了。”

“估计没有 9.9，大家都会离瑞幸而去。”小吕这个心声，能够代表多少的消费者，让我们拭目以待。

有意思的是，就在 2 月 27 日，小吕在自己的朋友圈分享了一张星巴克春日新品的照片，并写道，“味道和颜值都在线。”——其中，有几个意思？！

但不管怎样，“瑞幸 9.9 元优惠券缩水”这个话题还是迅速在网络上引发了热议，甚至是争议。而面对如此之大的舆情波澜，瑞幸官方的表态是：优惠活动调整是正常的经营行为。

对此，持“正方”观点的网友认为，发什么券，限制什么品类，这是商家的权利和自由。因此，没有必要上纲上线。况且，“又不是你用钱买的优惠券”——从这个角度看，的确有道理。即，在不违反相关法规的前提下，企业有自主定价权和自主经营权。

持“反方”观点的网友则认为，当初就是因为瑞幸的 9.9 元折扣券才转而选择瑞幸饮品的。而现在瑞幸缩小了 9.9 元折扣券的使用范围，让自己想喝的饮品没有了折扣的优惠，似乎有些被“背刺”的感觉。

有些网友还认为，瑞幸推出 9.9 元折扣券是源于与库迪之间的竞争需要，而并非像宣传中所说的“让利消费者”。而所谓的改变“游戏规则”，就是玩不起了。因此，个别网友竟然直言：“瑞幸玩不起就别玩。”

持“中立”观点的网友指出，现在的瑞幸，可能已经不需要再和库迪继续胶着在价格战之中了，因此改变了营销策略，9.9 元折扣券的使用规则随之而更改，也是在情理之中的。

此观点也不无道理。瑞幸之所以能够直面价格战的残酷，从根本上讲，还是因为咖啡赛道的竞争壁垒太低。因此，对库迪“低价策略 + 疯狂开店”的战术心存忌惮。在库迪看来，是“人就应该有点梦想，万一实现了呢”。而对于瑞幸来说，无论如何都不能让库迪的这个“万一”成为现实。

那么，问题出在哪里？在笔者看来，问题就出在了“它暗改了还不能说了吗？”上面。在网友的这句留言中，“暗改了”才是问题的关键所在。所谓的“暗改”大概是指“被隐藏到了二级菜单栏里”，并且没有及时公示。

据《瑞幸 9.9 缩水，平价咖啡要消失了？》一文介绍：为了不让消费者“顺利”使用，瑞幸还设置了一个“障眼法”——在“经典菜单”和“每周 9.9”菜单下显示为两种价格。也就是说，如果消费者没有发现其中奥妙，即便领了优惠券，如果继续在习惯的界面下购买一杯生椰拿铁，仍需要 16.5 元。

对此，《瑞幸想赚钱，但年轻人只掏 9 块 9》一文指出，隐藏优惠券，对消费者来说，多少有点“不敞亮”的感觉——之前打开 App，优惠券在首页就可以自动弹出，诚意还是有的。但现在，想要领取一张 9.9 元的优惠券，还需要点进专门的页面才可以看到。该文作者认为瑞幸这样是在耍“小聪明”。

而对于这种“小聪明”，《凤凰 WEEKLY 财经》引用一位瑞幸的忠实用户“悟空”的话说：“优惠券变隐蔽多少有点‘恶心到自己了’。”

在以这样的“小聪明”试出了消费者的态度后，全场可用的“9.9 元优惠券”又重新出现在了首页弹窗中。随后，在 2024 年 2 月 23 日，瑞幸发布 2023 年年报后，郭谨一重新给了广大消费者一颗定心丸——“2024 年依然会坚持现有发展策略和定价策略”。

但要强调的是，像这样的“心声”：“我就穷我就想只喝 9.9 的怎么了”；“早上就发现了，转头就去了库迪的 8.8”；“碧落知春不再 9.9 了！！那还有什么意义”；“哇，太狠了，连有的普通也不能 9.9 了”……无论在消费者中占比究竟有多大，对于品牌来讲，都至少是隐患，都需要予以重视和改善。

如果处理不好这个课题，就会引发品牌心智与关系的危机。正如《瑞幸背刺年轻人》一文所指出的：“当中国咖啡行业还在探讨有没有“非星巴克”路径的时候，瑞幸交出了自己的答案——让咖啡受众不再只是白领人群，而是更广大的中国年轻人。”这一点，从一直以来瑞幸对代言人的选择上（早期是张震、汤唯，后面是利路修和谷爱凌）便可得到印证。

那么，既然出于差异化竞争的策略，选择了更为大众的年轻用户，推出了“年轻就要瑞幸”的品牌主张，瑞幸就要踏踏实实地研究年轻人，就要真真实实地贴近年轻人，就要扎扎实实地服务好年轻人。而不能得陇望蜀，只是将年轻人当作进阶市场的梯子和营销概念的噱头。

千万不能让《瑞幸背刺年轻人》一文中所提及的，“在引得年轻消费群体激情买单、热情打卡后，瑞幸开始背刺年轻人”的看法，成为越来越广泛的市场共识。毕竟，“9.9 元活动”已经让大多数年轻消费者习惯了低价，毕竟，蜜雪冰城的咖啡价位甚至比 9.9 元更低，消费者并不是非瑞幸不可。

总而言之，当“9.9 元”的库迪拉着瑞幸，而瑞幸反过来又拉着 39 元的星巴克一起站上擂台时，高质平价就成为后来者不二的选择，甚至是一条不归之路。在将中国咖啡市场带入快节奏、低单价的全新应用场景和竞争态势的同时，千万“打工人”的问题与需求，就成为他们撬动“地球”

的价值支点。

问题是，市场的竞争永远不会简单到仅凭价格优势就能无往不利。尽管，貌似是在同一个擂台之上，但从成立至今，无论是在品牌内涵和经营底蕴上，还是在门店格调和客单价位上，瑞幸都还与星巴克不在同一个品牌维度上。

但是，“大多数人选瑞幸还是图个便宜，如果瑞幸没有了价格优势，选它的理由就会大打折扣”。《瑞幸更想成为蜜雪冰城，而不是星巴克》一文的作者，表达了与前文同样的担忧。因为，对于任何一个品牌来说，由单一的竞争要素构筑起的防火墙，开掘出的护城河，都不会是高不可攀，更不会是深不可测。

尽管，瑞幸以 9.9 元的价格利器，逼退了新对手库迪，在销售规模上挑落了老对手星巴克，但代价和压力所形成的反作用力，也是显而易见的。须知，“既要又要”，对于每一个品牌来说，都将是一个巨大的挑战和考验。因此，“想要从网红到长青，万店之后的瑞幸考验才正式开始”。——《瑞幸更想成为蜜雪冰城，而不是星巴克》的作者如是说。

尽管，库迪对媒体声称，“目前我们现金流安全，我们已经做好了 5 年的规划以及财务模型，以保障供应链体系建设、人机协作战略实施以及品牌营销活动的顺利进行”；“已初步完成门店布局和规模提升，达到了成本拐点，今年库迪将进入平稳发展期”。

尽管，在进入龙年后，库迪再次打响了价格大战的第一枪——2024 年 2 月 26 日，库迪咖啡公布其全球门店数突破 7000 家。同时宣布，自 2024 年 2 月 26 日至 2024 年 5 月 31 日，库迪开启“好咖啡全场 9.9 元不限量”促销活动。

不仅如此，在活动期间，除交通枢纽和旅游景点等少数门店外，库迪其余全部门店实行全场饮品 9.9 元促销，不限品类和数量。其中更是着重强调“全场饮品任选”“不限品、不限量、不用券”——这些词在针对谁，一目了然。

尽管，本次活动还将延续门店的补贴政策。根据门店位置和房租等不同，库迪依然要为联营商提供不同的补贴，单杯最高补贴至 14.5 元，总补贴金额预计将高达 2 亿—3 亿元……

但不可否认的是，这依然是从市场竞争角度出发的策略，而非一家企业、一个品牌能够健康成长、行稳致远所应该遵循的本质与规律。从这个高度看，9.9 元的优惠券终有一天要消失，近身肉搏般的价格战也终究会偃旗息鼓的。

这是因为，任何行业的竞争，最终都会走向更优的产品力，更强的运营力，更久的品牌力的竞争。任何品牌的竞争，最终都会终结于品牌的价值与利益，用户的心智与关系上。就像是商业脱品秀节目《冬吴相对论》主持人梁冬所说的："如果现在附近瑞幸和库迪都有，我会选库迪。我比较了一下觉得库迪好喝，至少他家的美式能喝下去。"

时至今日，无论是瑞幸还是库迪，一张"烫手"的优惠券，让品牌们进退两难——在价格竞争的窠臼中作茧自缚，在规模制胜的囹圄中画地为牢，这注定会成为瑞幸当下，乃至未来必须要寻求突破的困境。

2023 年 8 月，瑞幸半年报业绩亮眼，单季营收首超星巴克中国，门店破万家。紧接着的 9 月份，酱香拿铁横空出世，引爆全网，单品销售破纪录。市场惊呼瑞幸不可阻挡，热情高涨，市值来到百亿美元大关。于是，2023 年 10 月 11 日，瑞幸创下了退市后的历史新高，触及 38.8 元 / 股。

然而，在 2024 年 3 月 11 日，不到半年时间，瑞幸股价就来到了 19.4 元 / 股。不多不少，刚好腰斩。——对此，《瑞幸咖啡还能幸运在握吗？》一文的作者，发出了这样的疑问：瑞幸退市以来已经多次跌幅超过 40% 了。这次又到底发生什么了？瑞幸要崩溃了吗？

其实，让人感到不确定和担忧的，是整个的咖啡市场。因为，就目前的状况来看，一是，市场竞争格局有问题——今天是库迪，明天是幸运咖，后天还不知谁又是半路杀出的"程咬金"，无休止的价格战，参战各方都很难持续盈利。

再有，咖啡市场的确没有什么竞争的壁垒和品牌的护城河可言。咖啡店准入门槛低，且前有强敌，后有追兵。一边是，从理论上讲，只要有钱可烧，就都可以将最先参战的品牌们拉下马；一边是，还有大量的奶茶店和各种的终端店在抢夺生意。

另外，渠道的增长空间已然有限。瑞幸的门店数量狂奔，2023 年末已经接近 1.7 万家，2024 年上半年破 2 万家，再加上库迪等一干的追赶者，市场空间的天花板已近在咫尺。整个市场都会从成长股变成价值股，甚至是周期股了。

有意思的是，对于瑞幸与库迪之间的价格血战，竟然还有一种"阴谋论"的解读，即"这场看似激烈的价格大战，更像是双方精心策划、配合默契的双簧”——“菁财资本”在题为《瑞幸与库迪的价格战，不过是场默契双簧》的文章中这样认为。

而得出这样的结论的依据就是：在双方“子弹量”相差甚大的事实下，作为“商场绝对老司机”的陆正耀，难道会不明白与瑞幸打价格战取胜的概率几乎为零吗？难道看不出这无疑是一种明知山有虎，偏向虎山行的“自杀式”冲锋吗？

因此，这也许并不是一种明知不可为而为之的莽夫之举，而是“表面上，双方似乎在进行激烈的肉搏，但实际上，双方都拥有明确的战略目标，且彼此间存在默契”。在“菁财资本”看来，双方想要的结果就是：瑞幸变强，库迪变大。

有人说，除了野心梦想，对手也是让你光速进步的助推器。正是因为被库迪“穷追猛打”了一整年，瑞幸才更快地“赶超”上了星巴克。尽管，这种“赶超”从一开始就超乎所有人的意料的。当然，也包括瑞幸自己。

这是因为，瑞幸随着新的品牌定位逐渐被人们接受，门店数量和市场规模渐入佳境，已经开始有意摆脱“价格战屠夫”的原有形象。甚至在想，如何能在12—20元的价格区间之上，再寻求更高的突破。而正在这个时候，库迪来了。

库迪的到来，让瑞幸忽然意识到，在中国现制咖啡中间价格带上，自己的绝对领先地位远没到稳固的地步。以蜜雪冰城、古茗、沪上阿姨、茶百道等为代表的奶茶品牌们越来越强大，并且对大众咖啡市场也开始虎视眈眈。

革命尚未成功，同志还需努力。在这种情况之下，瑞幸必须要在这几家巨头完成上市，实力更上层楼之前，彻底夯实自己在大众咖啡（奶咖）赛道的领先地位。因为，留给瑞幸的窗口期迫在眉睫。

正因为如此，瑞幸才顶着来自各方的巨大压力，以“借题发挥”的方式，以一场内部代号为“清扫行动”的战役，宣告重返价格战场——用一时的痛苦，换来更长期的价值！《瑞幸与库迪的价格战，不过是场默契双簧》一文的作者如是说。

后来的战果还是令人满意，甚至令人兴奋的。

据媒体报道，截至2021年12月31日，瑞幸门店总数达6024家，这让瑞幸持续反超星巴克中国（5557家）。在2023年，瑞幸更是正式迈入了“万店时代”。截至 2023 年末，品牌国内门店数量达 16218 家——至少在中国餐饮消费的赛道里，具备万店规模的品牌屈指可数，在咖啡领域也有且只有瑞幸一家。

2024 年 2 月 23 日，瑞幸咖啡（OTC：LKNCY）公布 2023 年第四季度及全年财报。财报显示，瑞幸咖啡 2023 年总净收入为 249.03 亿元人民币（约合 34.5 亿美元），同比增长 87.3%，在年销售规模上首次超过了星巴克中国（31.6 亿美元），成为中国市场最大的咖啡连锁品牌。

“2023 年是对公司极具里程碑意义的一年。”在笔者看来，郭谨一的这个观点，不仅仅是对瑞幸这样的后来者而言，对于星巴克这样先行者也同样具有非同寻常的时代意义。

这是因为，一方面，瑞幸以牺牲部分利润为代价，换取知名度的持续提升，实现了品牌卷入人群，影响力日益扩大。另一方面，重返价格战，还使得中国的咖啡市场，特别是现磨咖啡的竞争格局彻底发生了历史性的巨变。最显著的标志就是，星巴克以往的那种在中国咖啡市场独领风骚的时代已经一去不复返了。

从这个角度看，通过 2023 年的价格战，瑞幸和库迪各自的战略目标已经达成：前者巩固了在中国大众现制咖啡赛道的绝对领先优势；而后者则在短期内惊人地完成了 7000 家门店布局，并且开始讲出海、奶茶和人机协作的新一轮故事，努力维持着外界对库迪的巨大“想象空间”。

只是，我们不能无视的是，从竞争充分的市场来看，仅靠单点的核心竞争力显然远远不够；从长期来看，价格战会给企业的品牌定位、供应链以及市场总福利带来巨大的损失；从市场规则和法治角度看，市场职能部门也必将会对这种竞争方式进行更审慎的管理乃至干预，借此来保证市场健康可持续地发展，以及对消费者利益的根本保障。

因此，就像《我是一只小小鸟》中所唱的：“未来会怎样，究竟有谁会知道。”——让子弹再飞一会儿吧。

> 我们看待和对待世间万事，都要从两个维度着眼和入手，即“内在逻辑”和“外在关联”。特别要指出的是，有很多事物，当我们仅仅从内在逻辑上去判断时，会觉得非常正确。但将其放在外在关联上看时，又会发现其中尚有许多问题存在。

对于彼此之间形成直接竞争的企业，以降价或是优惠的方式来争取更多的品牌关注度、知名度和影响力是一种事半功倍的策略。当客源稳定下来，并形成一定的品牌口碑时，企业往往会慢慢将单价拉回到正常水平，逐渐地从价格战中全身而退——从企业自身参与竞争的内在逻辑上看，无疑是“正确”的。

但从用户的心智与关系，这两个品牌的外在关联上看时，上述这个“正确”的内在逻辑，又似乎不是那么“正确”了。这是因为，企业所有的营销行为都必须要考虑到用户的感受和体验。

毋庸置疑，定价和经营自主是商家的权利，但告知则是它的义务。而那种出于经营和竞争的目的，对“利好”消息就广而告之，唯恐天下不知，而对于“利空”消息，就暗箱操作，悄然告知的方式，则是商家的过失所在。但需要强调的是，一个真正的品牌，在这个过程中，可以“计算”，但不能“算计”。

人类社会所有事物都有一个底层逻辑：一切源于人，一切为了人。“人”才是包括商业、市场、品牌和竞争在内的所有事物的底层逻辑。此外，所谓的生意就是人性与人心之间的博弈。商家追求的是利润最大化，顾客追求的是利益最大化。

基于这两条底层逻辑，那么生意或品牌的顶层设计就是要“逆自己的人性，顺顾客的人心”。无论怎样，基于消费者利益之上的品牌心智与关系，是品牌之所以有意义、有力量的根本所在，是极其宝贵的无形资产。任何的经营策略和营销手段，都不能以损伤消费者的心智，损害消费者的关系为代价。否则，就是饮鸩止渴，就是杀鸡取卵。

因此，我们要始终如一地去优化之，呵护之，珍惜之。

## 在价值中坚守，在竞争中应变

尽管在产品定价上，瑞幸、库迪、幸运咖等品牌从一开始就有意不与星巴克展开正面对打，而是主攻20元以内的中低端市场。而且，不断以“送券”的方式，试图对星巴克形成“群狼围剿”之势——以利润换市场，推进和加快中国咖啡市场的洗牌与重构。

但不管怎样，瑞幸、库迪等一干本土品牌的崛起，让中国的咖啡市场从此进入了充分竞争的历史阶段。无论是消费者和应用，无论是经营场景和手段，都呈现出多层级的发展业态。

在 2017 年瑞幸刚刚崛起时，星巴克便秉持乐观的态度。因为，它认为瑞幸的出现，会扮演好一个咖啡领门人的角色，借由价格优势吸引不喝咖啡的客群入门，替星巴克省去昂贵的市场开发教育费用。

正如 2024 年 3 月 23 日星巴克董事会名誉主席霍华德·舒尔茨在复旦大学接受采访时所表示的："我热爱当今的竞争，我在全球各地都看到了这一点。竞争正在让千千万万的人认识咖啡。"

的确，这种全新的竞争与发展业态，为后来者创造出了有别于传统模式的市场空间，营造出了不同于单一需求的应用场景。特别是，在中国，咖啡已经从过去的小众化、商业化的消费品，演变成为大众化消费品。如此，也就为后来者实现市场逆袭提供了充分的可能。

基于以上的市场变化，雪湖资本创始人马自铭曾预言：瑞幸浴火重生是商业史上的一个奇迹，瑞幸在中国早晚超过星巴克——从表面上看，将这个预言变成现实，瑞幸只用了一年的时间。但必须要指出的是，这个所谓的"超过"，更多的意义只是规模和体量上的，而非价值和体质的，更不是在品牌上。

对此，以几十年的品牌积淀，全球市场的竞争经验，以及经历过无数的成功与挫折后的清醒与冷静——星巴克始终有着自己的市场判断和战略定力：成为"中国高端咖啡市场的首选品牌"的价值导向从来没有变。

正如星巴克中国董事长兼首席执行官王静瑛在 2024 财年第一财季的财报会上所表达的：即使大量涌入的竞争对手，都在专注于扩张和使用低价策略，但"星巴克也无意参与价格战，而是专注于实现高质量、可盈利、可持续的增长"。

这种坚定不移的战略定力，源于星巴克对商业，对品牌，对市场，对竞争的底层逻辑的洞悉，源于星巴克对规模与价值之间对立统一关系的把握。霍华德·舒尔茨的一席话，将其中的真谛一语道破："打个比方，我们开始建造一座 100 层的大楼。如果要建造这样的大楼，就必须打下足够强大的基础来承托增长。增长是充满诱惑的，它会掩盖错误。但你不能仅依靠增长来发展公司，更重要的是，要持续在企业文化和价值观上进行投资。这就是我们成功的原因。”在瑞幸反超星巴克，咖啡门店数量跃居国内第一之际，霍华德·舒尔茨这一席话显得颇为耐人寻味。

之所以能够坚守这样的理念，是因为他始终坚信：“随着时间的推移，当顾客更了解咖啡，他们会想要从低端或打折产品中升级。只要我们继续赢得市场的尊重，他们就会选择升级到星巴克。”的确，等到入门客群习惯了喝咖啡，对咖啡有了更高的追求后，有很大一部分会产生更高的咖啡体验需求和追求。

从消费心理与行为的轨迹来看，人们在消费中，无论是在应用与场景的需求上，还是在对产品与服务的选择上，都必将会在不同的层级上区隔出各自的人群与品牌。换言之，需求永远是分级的，市场永远不会是大一统的。

因此，在竞争充分的市场环境中，就会针对不同需求而呈现出多层级、多区块的品牌领地。虽有部分的重叠，但总体上趋于相对稳定，甚至是固化，最终会形成各领风骚、相安无事的局面。就像是星巴克与瑞幸，在很大程度上，原本吃的就不是一个锅里的饭。

正如梁冬所说：“一直以来瑞幸都把星巴克当假想敌，而库迪则追着瑞幸打。其实星巴克吸引消费者的更多是场景经济，而瑞幸和库迪的模式才更类似，可以说瑞幸和库迪在争抢同一批客户。”

王静瑛也在回应“9.9 元咖啡”问题时指出：“不同品牌将为顾客带来不同的价值主张和消费场景。”她同时强调：我们在玩“长期游戏”。而这个所谓的“长期游戏”正是基于价值的游戏，基于品牌的游戏——这也正是星巴克坚持玩“长期游戏”的底气所在。

有一句我们常说的话，用在品牌竞争上非常恰当：罗马不是一天建成的。任何品牌的建设都是一个基于价值与利益的“路遥知马力”的蓄积过程，都是一个基于心智与关系的“日久见人心”的沉淀过程。

后来者靠“价格”这样的敏感因素和初级需求，更多的是在一时之间，吸引那些原本就不属于老品牌的目标人群。除非，这些后来者在产品体验、消费体验、服务体验和文化体验上，有实力与老品牌展开全方位进攻，并能取得明显的竞争优势。

但问题是，像咖啡这样的可复制性极强的品类，是几乎没有机会像手机赛道那样，靠技术创新和专利实现迭代超车，在短时间内完成品牌替代的。换言之，像诺基亚和柯达那样的戏码，是不会在咖啡赛道上重演的。

也正因为如此，即使是在价格战最为高潮的时候，也鲜有大品牌的加入：挪瓦咖啡的金奖美式 12 元，拿铁 14 元；Manner 的美式 15 元，拿铁 15 元；Tims 的美式 17 元，拿铁 19.9 元；拉瓦萨则是将意式浓缩降到 8 元，浓缩玛奇朵和美式依然保持在 10 元和 14 元的价位……

也许，他们深知，在“被剥夺性超级反应综合征”的背后，会给品牌带来巨大且长远的伤害——这条由美国投资家查理・芒格提出的心理学规律在告诫我们：当人们在失去或有可能失去任何有价值的东西时，哪怕只有一点点，甚至这个东西只是预期会拥有，通常都会表现出非理性的激烈反应。

后来，当瑞幸的“9.9 元优惠”出现“缩水”状况时，消费者所表现出来的反应，也恰好印证了这个规律。因此，霍华德・舒尔茨一再表示：“我们不是在进行折扣战或价格战。我们的业务是基于社区，用咖啡创造人文连接。”

因此，对于它们“大多都是止步于 10 元区间”，且降幅最大的也都是非主流产品的做法——看上去则更像是一种姿态而已。因为，有程度不同的品牌力在握，那么如果轻易跟进价格战，就会显得缺乏品牌自信与战略定力。特别是像星巴克这样的，已经占有很大的市场规模，拥有超强产业链能力的世界级品牌，是不会被价格战轻易地带入到一个相对初始和低级的竞争节奏中的。

笔者在撰写《正确的星巴克：从人本主义到关系法则》一书的过程中，纵观星巴克的营销策略“词典”，几乎没有“降价”和“优惠”这样的词汇，有的只是“奖励”。而星巴克的“奖励”在很大程度上，不是体现在像价格这样的“直球”上，而是在更高的精神层面上。

在这里“插播”一个最新事件。据韩国 MBC 电视台、韩国 YTN 电视台 2024 年 2 月 6 日报道，韩国执政党国民力量党紧急对策委员会委员长在参加活动时发言称，“星巴克不是平民来的地方”，在韩国国内引发了广泛的争议。

这说明，在地球人的心目中，星巴克曾经的确是“非平民”的。在相当长的时间里，许多中国的年轻人不也是将“星巴克自由”作为自己奋斗的一个“小目标”吗？一篇《我奋斗了 18 年才和你坐在一起喝咖啡》，不也曾经让无数的北漂、沪漂一族，在其中找到了情感的共鸣吗？

在《星巴克的感性营销》一书中，作者也为我们呈现出一幅韩国的

“星巴克景象”：在街头，常常可以见到身穿西服和褪色牛仔裤的 40 岁左右的男人，一手拿着《福布斯》杂志，一手握着外卖咖啡，散发着高雅气息的他们体现出自己独有的风格与品位，吸引着许多憧憬这种生活的年轻一族们羡慕的目光。

但正如韩在野党人士针对上述言论所“驳斥”的那样：星巴克已经不再是“虚荣”的象征——的确如此。在时代和市场的双重变化中，星巴克也在悄然地发生着改变。只是，这种改变是基于霍华德·舒尔茨所说的“企业文化和价值观”不变的改变。

而这一点，正是许多世界级品牌能穿越发展周期的根本所在。

对既定且长期的战略方向的坚守与坚持，并不等于星巴克不会根据市场和消费者的变化，在一定程度上采取价格调整的营销策略。只是，策略要服从于战略，也同样要服务于战略。只要是不去动摇，乃至能够更好地实现“高质量、可盈利、可持续的增长”的战略目标，价格的策略也同样属于“将正确的事情做正确”的范畴之内。

例如，星巴克在某些产品上，已经在做“降价”的处理了。最直观的就是在各大生活服务类平台上，也可以买到 20.9 元一杯的星巴克燕麦奶咖啡和 31.9 元两杯的抹茶拿铁，甚至是 19.9 元一杯的星巴克饮品了。从 2023 年第四季度财报中，我们也可以看到这种变化

2023 年第四季度财报显示，星巴克在整体收入和同店销售额双双增长的情况下，平均客单价同比却出现了下滑。从结构来看，星巴克中国的同店销售额增长，主要来源于交易量 21% 的增幅。但在客单价上，当季的平均客单价下降了 9%。

量增而价减——一方面说明，咖啡市场规模和自身门店数量的扩大，使得星巴克的消费者数量在增加。但与此同时，竞争对手的价格战所带来的强力虹吸，也造成了消费者的花费在减少。这也折射出，行业的竞争浪潮已经在一定程度上对星巴克形成了冲击。

尽管，星巴克 2024 财年第一季度业绩显示，星巴克中国在报告期内收入增长 20% 至 7.35 亿美元（去除汇率变动影响），同店销售额增长了 10%，同店交易量增长了 21%。但在来自市场和竞争对手的压力之下，星巴克还是将自己的全年收入预期从 10%—12% 下调到了 7%—9%——《星巴克在中国：既要下沉，又要高端》一文介绍说。

即使如此，霍华德·舒尔茨的态度依然是“我不会花一分钟的时间担

心竞争对手在做什么”。也就是说，面对众多且凶猛的竞争对手，星巴克从整体策略上，并没有被一时一地的得失转变所迷惑，所左右。

换言之，在基于长期的“增长逻辑”，而并非短期的“流量逻辑”的方针下，星巴克对竞争对手，也只是了解或关注，而并非“担心”。作为全球“第三空间”的开创者与引领者，星巴克在很长的时间里，依然会牢牢把控着中高端市场。这是因为，从20世纪70年代发展起来的星巴克之所以纵横天下，长盛不衰，一方面是不断加深对市场的理解，包括消费者习惯、核心需求以及体验等，另一方面是持续加强企业的运营管理能力，包括供应链、价值观、企业文化等，形成了系统性的持续竞争优势——资深营销顾问、商业专栏作家王磊这样认为。

在业界，也有另外的一种观点指出了问题的另外一面。《星巴克逃不开价格战》一文的作者认为，与瑞幸的“小店快消”的单店模式相比，与其说星巴克不打价格战，倒不如说星巴克不具备打价格战的条件。

这主要源于两方面：

一、这是由较高经营成本的单店模型所决定的；二、星巴克需要用高定价来维护高端品牌调性，其核心就是通过主打品质印记和社交属性，与低价快消的咖啡连锁品牌清晰而有效地区分开来，成为高级消费或是升级消费的不二选择。

与众多能够穿越发展周期的世界级品牌一样，星巴克面对竞争始终坚持价值导向下的品牌效应，而非规模导向下的流量效应，追求长期主义的长期利益，而非单纯从竞争出发的短期效益。因此，面对愈发激烈的竞争，星巴克始终是在通过明确的战略来推动同店销售和整体增长，是通过价值而非价格来促进交易量和客单价的增长。

正如《星巴克逃不开价格战》一文中所介绍的，星巴克也在试图从其他方面寻求增长破局：一方面加快产品迭代的周期，用新品刺激存量消费市场，开拓下沉市场创造增量空间；另一方面，通过强化供应链、电商渠道、数字化运营环节，增强单店盈利能力和服务能力。

在消费端，来自星巴克方面的信息显示，以往在中国市场是每个月推出一款新品，如今则是几乎每周都要推出新品。前不久，在不到一年的时间里就两次来华的霍华德·舒尔茨，亲自在上海发布结合了橄榄油口味的意榄朵新品——足以显示出星巴克高层对产品更新所带来的市场预期的高度重视。

在技术和供应链上，两个15亿人民币的超大手笔项目在2023年落地：首先是在8月，代表星巴克在技术应用彻底本地化的中国创新科技中心正式启用，星巴克要通过技术创新，重新定义零售格局和顾客体验。一个月之后，星巴克昆山创新产业园启用。这是星巴克进入中国市场24年后，首个本地咖啡烘焙工厂，也让中国进阶为星巴克全球首个完成“从生豆到咖啡”垂直产业链自主控制的海外市场。

不仅如此，在2023年，星巴克还为中国市场领导班子引入“80后”联席CEO，强化新生代管理力量；在更多的下沉市场中，也都有了星巴克的身影。

对此，在2023年首次来华的星巴克全球首席执行官纳思瀚一再表示：“未来中国将成为星巴克全球最大的市场。”因此，星巴克不会轻易放弃自己的领地。尽管，在许多人看来，在完成第一阶段抢占市场的常规动作后，瑞幸们很有可能会攻入星巴克的“核心地带”，双方将展开更加残酷的厮杀。

而在笔者看来，对于那些靠初级的、激进的、短促的市场策略催生出来初生“牛犊”们，在朝着星巴克的腹地发起冲锋之前，一定要做好充分、充分、再充分的准备。不然，这种所谓的“攻入”，很有可能成为一种“陷入”。

正如王磊所指出的：星巴克已经形成了系统性的持续竞争优势，而不仅是单点的核心竞争力。同时，也不要期望星巴克在中国这块被其最看好的海外市场会“躺平”，它反而会更加坚定有力地沿循自身的价值导向，不断在持续完善产业链的结构与水平上下足功夫。

而在笔者和王磊共同看来，本土品牌除了要持续加强对市场的理解和运营管理能力之外，提高自身对“企业价值观”的重视更是“关乎企业内部管理，也关乎企业外部影响力”的命脉所在。

对此，王磊特别强调：无论是在企业内部实施管理，还是与不同的供应商合作，以“企业价值观”作为统领，不断整合多维度的竞争力，并形成自己的竞争优势，对所有企业来说都是越来越重要的战略。而笔者要强调是，这一点特别应该被中国的新消费品牌所重视。因为，在笔者看来，无法让它们行稳致远的根本问题正是在于：离科学很近，离哲学很远。因此，它们的许多认知与行为，都无法像胡适先生所说的那样：从根本上着想，从根本上解决——而这正是本土的咖啡品牌与像星巴克这样的世界级品牌之间最大的差距。

这种差距不是一朝一夕能够追赶上的，品牌文化内涵的形成与积淀也绝不是可以一蹴而就的。而这些对于消费者心智的影响，对于品牌的信任度、美誉度和忠诚度的构建是不可或缺和无可替代的。

正如管理学著作《基业长青》得出的结论：同普通企业相比，真正伟大的公司会采取一种本质上不同的方法思考自身的问题。即，它们有自己的指导理念或精神。正是因为如此，它们才超越了平凡，摆脱了唯利是图的短视行为——而我们至今看到的是，“麦肯星”们还在坚守着，坚持着。即使是遭遇围棋“围店”这样的极端场面，即使是在竞争已至白热化的压力之下……

至此，我们非常有必要再次重温一下霍华德·舒尔茨一再强调的那个信念：“更重要的是，要持续在企业文化和价值观上进行投资。这就是我们成功的原因。”

到目前为止，在各地购物中心的招商点位排序中，星巴克始终被排在居前的S级，同品类基本没有对手能与其抗衡。这是因为，“比星巴克好的咖啡，则更贵或更耗时间；比星巴克便宜的咖啡，在品质或体验上又没有特别之处——星巴克似乎找到了咖啡赚钱的最大公约数”。

《10元的咖啡，还是攻不破星巴克的护城河》一文作者的观点值得我们大家深思。毕竟，当下的瑞幸们在供应链、产品力、品牌力、国际影响力等多个维度上还不是星巴克的对手；毕竟，星巴克是全球品牌，而瑞幸们还不是。

因此，“星巴克的未来就在这里”——霍华德·舒尔茨对此始终坚信不疑。而相对于星巴克，瑞幸郭谨一要考虑的则是：消费者喜爱的，到底是瑞幸这个品牌，还是9.9元的咖啡？！

亚马逊创始人杰夫·贝佐斯在2012年的“致股东信”中开宗明义地强调：“亚马逊的活力来自打动用户的渴望，而非击败对手的狂热。”他也同时承认，紧盯竞争对手的卓越公司也不在少数。但尽管如此，他依然强调：“我们的确会努力关注争对手，也会从他们身上受到启发。然而，目前，以用户为中心才是我们文化中的决定因素。”

其中的根本性区别在哪里呢？杰夫·贝佐斯认为，关注用户可以让企业更主动地进行持续创新，“有助于调动我们的积极性”。他强调，特别是“在巅峰状态下，我们是不会等待外界的压力出现才行动的”，这一点的确非常重要。

因此，亚马逊的发展主要是来自“内在驱动”，而“并非迫不得已”，它会先发制人地对自身的服务加以改善。——在“迫不得已”之前，就会开始为用户下调价格和提高价值，就会进行发明创造。

杰夫·贝佐斯一再强调：驱动这些创新投入的是对用户的关注，而不是对竞争对手的反应。即便是在我们已经占据领先地位的领域中，也同样如此。因此，我们可以得出这样的结论，以用户为导向的企业，更能主动且持续地在某个领域的价值竞争中占据领先位置，更能抢占发展先机，抢得消费者对于新产品价值的心智认知，更能抢先为消费者输送最新、最优的利益。

正如，老子告诉我们的：“夫唯不争，故天下莫能与之争。”毋庸置疑，市场的本质就是竞争，企业要想行稳致远也一定要赢得竞争。但是，正如英国近代经济学家阿尔弗雷德·马歇尔所言：“竞争可能是建设性的，也可以是破坏性的。”因此，曾国藩才在“六戒”中告诫我们：“众争之地勿往。”

《基业长青》也得出过这样的结论，“行稳致远”的公司最注重战胜自己，反而不把成功和击败对手当作最终目标。正所谓，心中无敌——夫唯不争；方能天下无敌——天下莫能与之争。

## 独立咖啡店，在价格战中风雨飘摇

对于《瑞幸库迪大打价格战，受伤的是谁？》一文的标题所呈现的问题，在答案中首当其冲的，无疑就是那些既缺乏规模性，又缺少价格优势的独立咖啡店。正如业内广为流传的一句话：老大和老二死掐，结果老三老四全倒了。

的确，就在“本是同根生”的瑞幸和库迪，在价格战中“相煎何太急”的过程中，独立咖啡店成了被“殃及”的“池鱼”。2023 年，许多独立咖啡店，特别是那些开在瑞幸、库迪边上的小咖啡店，受到价格战的波及，生意一天到晚被连锁咖啡店"截胡"，导致了一波又一波的关闭潮。

据窄门餐眼数据统计，在2023年，全国关闭的咖啡店数量超过4万家。想必，其中有不少独立咖啡店无法幸免于难。

《库迪为啥不放过瑞幸？》一文的作者在文中介绍说，他有一个朋友，在上海开了七八年的咖啡店。"本来她总说，自家咖啡店的位置特别好。最近完全不说了，因为目前在上海，几乎所有独立咖啡店附近都会有瑞幸。而她的情况要更惨一点，因为是黄金位置，附近直接开了两家瑞幸，一南一北，混合双打，选址好，反而成了原罪。九块九一补贴，附近写字楼的客户就基本不来了。"

美团有一个数据：在全球咖啡馆数量最多的上海，2023年独立咖啡店数量首次减少，占比降低了5个百分点。而另一个数据则是，截止到2023年年底，瑞幸在上海门店数已经突破了1000家。如此一来，独立咖啡店的生存空间遭受了严重的挤压。

曾几何时，小红书上超过600万篇的与"咖啡店"有关的笔记，却又似乎强烈地在告诉人们——"小豆子蕴藏大商机"。于是乎，开家咖啡店成为许多年轻人的创业首选。移卡与艾瑞咨询联合发布的《小店经济活力报告》显示，有62%的人都萌生过开一家咖啡店的梦想。

这也不难理解。其一，十几万元的开店投资门槛不高；其二，相比起其他类型的餐饮店，咖啡没有太过复杂的烹饪制作技巧，对专业技能和资历的要求不高；其三，工作环境有格调，舒适感、慢节奏、文艺范儿，都能够满足当代年轻人对于工作与爱好相结合的向往和追求。

然而，理想很丰满，现实很骨感。所有这一切，都在残酷的市场竞争中，被惨烈的价格战火瞬间烧得"樯橹灰飞烟灭"。于是乎，在曾经热火朝天的小红书上，也会经常看到类似"人生中第一家咖啡店终于倒闭啦""咖啡可能是本世纪滤镜最重的一门生意"这样的笔记标题。

"都是月亮惹的祸"——只是张宇歌中的这个"月亮"，变成了悬在众多精品咖啡店店主头上的那把明晃晃的"9.9元"的利剑。而问题是，那只操控着这把达摩克利斯之剑的手，根本没有停下来的迹象——9.9元一杯，8.8元一杯，5.8元一杯，4.8元一杯……咖啡的价格似乎没有最低，只有更低。

"我们测算过，瑞幸9.9元基本上是到了最低价了，但9.9元的价格应该也是可持续的，只是加盟商的利润非常薄。”上海交通大学中国企业发展研究院院长余明阳在接受媒体采访时指出。

他进一步补充道，如果供应链的能力非常强，原材料是自己控制的，加工方面不出任何问题，一杯咖啡的纯物料成本应该是在 5 元到 5.5 元之间，此外还有管理、运营、终端空间等费用，加盟商还要有利润，所以 9.9 元应该是已经到“地板价”了，再低就没法盈利了。

我们试想，对于像瑞幸这样的品牌尚且如此，那么对于那些夹在瑞幸与库迪之间的独立咖啡店呢？它们的日子注定是越过越艰难的，甚至很快就到了穷途末路的境地。

归根到底一句话：“低价”是一种系统能力。因此，不是所有的咖啡品牌都能卖 9.9 元。只有那些拥有领先的供应链体系和成本优势，单店盈利模型保持良好的造血效应，规模化优势显著的品牌，才有资格去玩 9.9 元的游戏。而那些独立咖啡店却注定是心有余而力不足。

在这一轮价格战中的瑞幸，已经不是最初那个只知道高举价格的屠刀，以大水漫灌般的低价猛打猛冲的勇夫了。其利用越来越成熟的数字化动态营销手段，凭借强大的研发和营销能力——一边，精准地向新用户或摇摆用户发放 9.9 元的店庆优惠券；一边，不断地打造“爆款”，赢得市场越来越多的关注，以及用户越来越多的卷入。

因此，低价只是吸引新客的前提基础，但同时一定要有产品力能与顾客建立起从初次购买到重复购买，从长期购买再到超常购买的关系——我们以此来观照独立咖啡店，得出的结论是：在马太效应愈加显著的未来，大量中小品牌需要以更灵活多样的经营方式，在市场中找到自己的生存空间。

首先，传统独立咖啡店主要是靠“小而美”的调性来吸引顾客，因此，房租、装修，乃至人力成本上都存在很大的压力；其次，伴随房地产热潮的退去，咖啡店无法再享受到，以前由开发商出于提升房产附加值和溢价水平的目的，而提供的各种优惠条件；再有，在全社会范围内的咖啡热潮的催动下，许多业态都朝着咖啡赛道蜂拥而来，能够提供咖啡服务的场景和场所越来越多，就愈加稀释了精品咖啡店的目标客群；最后，整个行业的价格战狂潮，又使得它们无法，也不敢提高产品的利润率。

在如此“四面楚歌”的外境下，独立咖啡店的生命周期变得越来越短。特别是对于那些新开张的个体门店，往往在苦苦支撑了两三个月后，便匆匆关门离场。但归根到底，还是愈演愈烈的价格战，成为压垮这些独立咖啡店的最重的那根“稻草”。

以最简单的冰美式为例：咖啡豆的成本 2 元，加上设备折旧以及包装等费用，一杯咖啡的成本最低也要 5—6 元。再加上房租、人工的花费，一杯咖啡的毛利至少要在 60% 才有利润可言。很显然，对个体咖啡店来说，加入 8.8 元的价格肉搏战中，无异于是飞蛾扑火，以卵击石。

原本，独立咖啡店每个月总有几天营收几乎为零，再加之竞争激烈，月平均收入仅有三千元属于常态。正因如此，才会出现一半是海水，一半是火焰的景象：据红餐大数据统计，截至 2023 年 10 月 29 日，全国咖啡门店数约有 19.16 万家，新增约 9.5 万家，关闭约 4.4 万家。

在 2024 年春节前，国内独立咖啡代表之一 Seesaw，在全国多个城市也开始大面积闭店，武汉的 4 家门店甚至全都关了。有媒体统计，2023 年 8 月到 12 月近 4 个月里，Seesaw 关闭了近 40 家门店。由此可见，9.9 元的价格战，必然会加剧整个咖啡市场的洗牌。

其实，这种现象在 2022 年就已经初见端倪了。据《瑞幸背刺年轻人》一文的介绍，在这一年中，虽然新开咖啡门店数达 5 万家，但同期净增长门店数却只有不到 2 万家。这说明，有超过 3 万家的咖啡店已然倒闭了。有很多独立咖啡店，是在为“租期”而苦苦支撑，等租期一到，便关门大吉，成为价格肉搏战的殉葬品。

无奈之下，独立咖啡店店主们要想持续经营下去，似乎就只有华山一条路——加快新品的推出频率，借此来吸引更多消费者光顾。为此，他们“几乎每天都在为推出新的特调绞尽脑汁，以保证两个月翻新一次菜单的频率”。《瑞幸背刺年轻人》一文的作者如是说。

《瑞幸库迪大打价格战，受伤的是谁？》一文给出了这样的建议：

> 应对这种情况，小咖啡厅可以通过提升产品品质、服务质量、环境氛围等方面来提高自己的附加值，从而吸引那些对咖啡有更高要求和更强品位的消费者。它们可以通过选用优质的咖啡豆、精湛的烘焙技术、专业的冲泡技巧等来提升咖啡的口感和品质；并且通过打造独特的主题风格、舒适的座位空间、优雅的音乐氛围等来提升环境的舒适度和美感。
>
> ……

> 也可以通过推出更多样化的饮品、食品、周边商品等来拓展产品线，满足不同消费者的需求和喜好。在小红书等平台“网红经济”不断发展的当下，利用社交媒体、线上平台、口碑营销等方式来拓展营销渠道，增加消费者的认知度和参与度，也是一个不错的选择。
>
> ……
>
> 价格战给其他小咖啡厅带来了不小的挑战，但也给他们带来了新的机遇。小咖啡厅可以根据自己的实际情况，选择合适的策略来应对市场变化，从而在激烈的竞争中生存和发展。

“这样，小咖啡厅就可以在市场中形成自己的特色和优势，从而与大品牌形成差异化竞争。”该文的作者这样认为。

提升产品品质、服务质量、环境氛围——哪个方面的优化不需要资金啊；选用优质的咖啡豆、精湛的烘焙技术、专业的冲泡技巧——这是不是已经是“超纲”啦；吸引那些对咖啡有更高要求和品位的消费者——这不是要从星巴克那里直接“抢人”吗……

推出更多样化的饮品、食品、周边商品——这对于产业链的运营与控制能力的要求是很高的；利用社交媒体、线上平台、口碑营销等方式——如今日益提高的流量成本，不是谁都可以担负得起的；增加消费者的认知度和参与度——没有实力作支撑，一切都是“浮云”啊。

根据自己的实际情况，选择合适的策略——对于那些在市场的夹缝中求生存，在竞争的打压下谋发展的独立咖啡店们，所有这些，又谈何容易呢？

更何况，这种价格的肉搏战因不断有新的“战队”加入，而显得愈加地惨烈和持久。当瑞幸和库迪将咖啡引向更为大众化、更为年轻化的市场时，有一家品牌为了能够挤入这个已然深度红海的市场，“有过之而无不及”地将目光盯向了更为年轻的学生群体——它就是蜜雪冰城旗下的幸运咖。

为此，它不惜再降身段，将价位拉低到了一个新的谷底：一杯只需4.5元。从库迪的8.8元，几乎拦腰砍至4.5元，这真的不像是在做生意，而是在实打实地贴身“肉搏”。这也很好理解，没有如此之低的价格，又怎么能让那些没有经济来源的学生们心动和行动呢？

真的是“杀疯了”。就这样，不断涌入的咖啡品牌，将“低价”这把利刃用到了极致，犹如庖丁解牛般地一层一层地剥离出更深层次的目标客群——不知是否会有一天，连“乡村咖”“少年咖”也会横空出世。

也许，“乡村咖”“少年咖”的出现还得待以时日，但“彩票站咖”“健身房咖”“菜市场咖”“VIP 室咖”“加油站咖”“零食店咖”，甚至是“婚礼咖”都已经如雨后春笋般涌现出来。据悉，2023 年 Tims 在房产中介、零食店等业态开出的 200 多家门店，营业状态已经能够完成业绩的预期了。

更有意思的是，“储油罐咖”和“水泥桶咖”也已经实打实地出现了。于是，“老破小”的民居也成了咖啡店爆改的香饽饽，“仅花 2 万就爆改了一家咖啡店”，迅速引发了网友们的集体围观。

这也许对于独立咖啡店“通过打造独特的主题风格提升环境的舒适度和美感”，“根据自己的实际情况，选择合适的策略来应对市场变化”有着具有启发性的参鉴价值。

这些爆改咖啡店，大都稳居区域热门榜榜首。在各大社交媒体上，也有许多将各种“老破小”爆改成咖啡馆的过程记录与经验分享，引发网友热烈讨论，店还没开就汇聚了一大波流量。这不正是“利用社交媒体、线上平台、口碑营销等方式来拓展营销渠道，增加消费者的认知度和参与度”吗。

但现实始终还会有残酷的一面。

在瑞幸因“9.9 元优惠券”适用范围缩水而陷入愈演愈烈的舆情漩涡中，瑞幸 App 的 9.9 元店庆券又上线时，库迪以门店数达到 7000 家为由，在 2024 年 2 月 26 日，不失时机地宣布开启“好咖啡全场 9.9 元不限量”促销活动。该活动为期三个月，活动期间，除交通枢纽和旅游景点等少数门店外，其余全部门店全场饮品每天 9.9 元促销，不限品类和数量。

不难发现，与此前的“每周一杯 9.9 元咖啡全场任饮、新品 9.9 元不限量”常态化活动相比，库迪此次推出的为期三个月全场 9.9 元不限量促销活动，力度明显要更大。对此，库迪首席策略官李颖波表示，此次活动初衷在于答谢消费者，并借此培养中国客户的咖啡消费习惯。

这话听起来总有些“此地无银三百两”的感觉。但不管怎样，无论是对于瑞幸，还是其他什么品牌，中国咖啡市场的这场价格之战，也许还远没到鸣金收兵的时候，所有的品牌，也还远没有到可以松口气的时候——也许这种时候，永远也不会到来了。

“劝大家放弃价格战快速结束的幻想，而是找到差异化，学会与现状共存。”一位行业资深从业者对独立咖啡店的老板们做出这样的警示。而在王力咖啡主理人王朱岑看来，当价格降到不能覆盖成本时就一定会停下来。

但是，价格战就像恶魔缠身一样，难以彻底摆脱。因为，当人们擅长并习惯了用简单粗暴直接的，甚至是破坏式的方式解决问题，就很难再塌下心来，俯下身去，转而去践行长期主义，采取“放长线钓大鱼”的经营策略。

而问题还在于，价格战，从表面上看是品牌与消费者钱包之间的拉扯，但在表象的背后，其对整个行业的影响，不仅是深刻的，更是长远的。其中影响最为深远的就是价格战对行业价值体系所带来的巨大冲击。

正如《价格战要提前结束？瑞幸 9.9 元活动“调整”，库迪“变相涨价”》一文中所指出的：“即便今天价格战结束了，一杯咖啡的价格也很难一下子恢复到 20 块，消费者可能要 1—2 年才能接受。”

因为，企业注定是要以盈利为最终目的的。但降价后想要再涨价就难上加难了，“低价格多久，反弹就要多久”，王朱岑进一步强调。

的确，在经过一段“价格蜜月期”后，咖啡用户的消费水平是否能够随着价格的提升而提高，能否从被低价吸引的初次购买和重复购买，最终转化为高价状态下的长期购买和超常购买，所有这些都需要打上一个问号。

但无论怎样，我们放眼未来，必须清醒地意识到，“疯狂扩张也好，9.9 元低价营销也罢，归根结底都是一把双刃剑——瑞幸看似取代星巴克成为国内咖啡的头号品牌，但背后是利润的极致压缩。”——《瑞幸，还不到松口气的时候》一文的作者如是说。

瑞幸在“9.9 元活动”反复横跳，在其 2023 年业绩公布后，股价盘前反而下跌超过 7%，所有这些似乎可洞察出其背后的问题。因为，对于任何用价格战来攻城略地的品牌，利润空间的天花板很快就会到来，对自身长远发展和加盟商长期利益的兼顾，很快就会成为一个必须要认真对待的战略命题。

而“降本增效”无疑是这道战略命题的正解之一。2024 年 3 月 1 日，瑞幸的一则关于“提高人效”的新薪酬政策，在众多社交平台引发热议。对此，业内人士认为，这本质上就是瑞幸通过向内要利润，进而实现降本增效的举措之一。

《瑞幸撤出“9.9 元不限量”？咖啡战要换主场了？》一文指出：“2024 年，价格战依然会是快速打开市场的方法之一。但消费者随着心智教育的深化，最终还是会回到正常的购买决策逻辑中。”当然，还会回归于对品牌的认知与偏爱上。

这是因为，价格战在一方面会培养出更多的咖啡用户，另一面则是对市场的淘洗。淘洗过后，只有更好地完成了从产品到市场，从市场到品牌的转化的企业才会做强、做大，享受更健康的市场回报。

因此，余明阳提醒瑞幸：“新的挑战在于，面对市场地位的转变，从挑战者到一方霸主，战略转换能否跟上。”

“从市场地位的转变到品牌战略的转化”，这一点应该不仅仅是针对瑞幸而言，对于包括独立咖啡店在内的所有从业者，都是未来的一道必须寻解的发展命题。

对此，蓝嘴兽咖啡创始人黄凡智强调的是：要对行业有信心，稳住，努力让自己留在牌桌上。对于信心，T97 咖啡创始人李潇认为：“过去两年，咖啡消费者数量翻倍，咖啡市场总量翻倍，这种高速增长的赛道在商业领域很少见……”与此同时，价格战逼退了那些没有竞争力的门店，而它们的退出，恰恰为能够留在“牌桌”上的门店腾出了更大的市场空间。

星巴克联席 CEO 刘文娟说：“如果一件事，只有星巴克能做，那我们一定要去做。”那么，哪些事情是独立咖啡店能够做，又一定要去做的呢?

对此，黄凡智的策略是：一方面，想尽一切办法降低成本。例如，开到网吧、彩票站、健身房。在他看来，在社区单独开店难以存活，但是依托网吧 / 健身房等既有的人气场所开店中店，不仅能借船出海，分享用户需求，也会因成本较低而加大盈利的可能。

对此，他进一步解析道：“如果单独经营咖啡，我不会再选择月租金 5000 元以上的门店，还要控制好人力成本，保证只卖几十杯也能保本，然后慢慢积累稳定客户。”因此，蓝嘴兽在长沙下辖的县城开了 8 家网咖，成为它们跨界门店模式中的店中店模型。据黄凡智介绍，这些网咖租金成本很低，堂食一天能卖 1000 元以上。

说到卖“堂食”，定位于“黑咖啡专业品牌”的 Something For，以“精品黑咖 + 现烤牛角包”为经营特色，目前已经在深圳、东莞、合肥等城市开出 28 家门店。的确，独立咖啡店如果只是卖咖啡，肯定是独木难支。

就像曾经高呼“让三明治滚出星巴克”的星巴克，最终，在解决了“味觉体验”这个障碍之后，也一样让餐食登堂入室，成为门店经营中的重要组成部分。

同时，要适当放弃做“第一杯咖啡”，不要总是关注那些所谓的增量用户，而是要像“淘宝”一样，淘出那些处在星巴克与瑞幸 / 库迪之间的客群。然后，利用身量灵活的优势，满足他们既不太上，也不太下的，处在中间状态的产品需求与体验诉求。

的确，早几年，独立咖啡店是“氛围组”出没的地方，提供办公学习需要的白噪声；是 Citywalk（城市漫步）时暂且休息一下的充电站，也是可以在门口台阶席地而坐的城市观察点。那时候的人们，对咖啡馆的需求是：有品质的豆子、咖啡师的技艺、空间的设计和氛围、兼具开放性和私密性的合理布局……

如今似乎又发展到了一个新的层次——要有点儿意思。正如，《当代年轻人，去咖啡馆可不是为了喝咖啡》一文的作者所强调的那样：咖啡馆早就不是“只能喝喝咖啡”的地方了。

而在黄凡智看来，恰恰是不只是为了喝喝咖啡的“那群人，也能成就或养活一个品牌”。

对小品牌来说，通过跨界的方式，降低租金和人力成本，用尽一切渠道增收，让现金流保持正向，让门店坚持下来，保证自己不下牌桌——《价格战要提前结束？瑞幸 9.9 元活动“调整”，库迪“变相涨价”》一文的作者，为独立咖啡店指出了实现战略转向的路径。

是的，正如 Something For 创始人文静所说的，《繁花》里有句话她很喜欢：“市场永远是对的，我们能做的就是跟着它的变化而变化。”因此，他们在 2024 年的策略就是“主动找客户”。例如，给银行的 VIP 室提供咖啡豆，给车企做定制化的咖啡吧台服务，通过 KA 渠道增收，等等。

正是缘于“用差异化的产品做存量生意，满足咖啡进阶需求，在老客户复购上下功夫”，使得 Something For 在近两年的整体营收保持基本稳定——文静对此始终信心满满。

在她看来，对付强大对手最好的战术，不是迎向它，而是走向它的“反面”——有效击中对手既有的优势中那些与生俱来的弱点。找准它，将其转化为“只有自己能做的事情”，然后，像钉子一样楔入进去。

总之，开咖啡店本身丝毫没有门槛，但让咖啡店赚钱却有不小的门槛——因此，需要智慧，需要坚持。当然，也需要足够的运气。再有，就是行业领军者的格局。这是因为，“一个行业的生态，其实是领军的品牌决定的”。《库迪为啥不放过瑞幸？》一文的作者如是说。

假如，瑞幸稍微提高1—2元的价格，在某种程度上不只是优化自己的利润，也是在给同行提供了更大一些的生存空间。但是，如果继续在价格大战中牺牲利润，往死里“卷”，那么整个行业都会寸草不生。

幸运咖的手捣冰柠咖仅卖5元，新兴品牌爵渴咖啡的美式定价5元，打工人咖啡的美式只需4元……要知道，瑞幸当年发起行业第一次价格战时，也只是把价格基线打到了10—15元。而如今，瑞幸最疯狂时，在各种优惠和补贴的挟持下，一度将单杯价格拉低至7元。

要知道，按照瑞幸员工的说法，一杯咖啡的成本是13.5元。若依据国盛证券的研究报告，这个数字更是要提升到15.85元啊！

更可怕的是，玩低价依然成为大多数新玩家的共识。长此以往，中国的咖啡行业真的会到了“寸草不生”，或是头部玩家唱独角戏的境地。而要想改变这种局面和趋势，需要有充分的生态意识，有足够的大格局。

因此，我们才会说，没有补贴的瑞幸，才是最“大”的瑞幸，也是最“强”的瑞幸。正如一直以来那个最“大”与最“强”的星巴克——做行业的龙头老大，做市场的第一品牌，不仅仅是看规模和业绩那么简单，更要看你有没有那个老大的“范儿”，带领整个行业走上共同致富的康庄大道。

就像胖东来，每周二都要歇业一天，目的就是为本地的其他同业者留出一些生存的空间。就像庄子所说的：“天地与我并生，而万物与我为一。”

世间万物都具有对立统一的两面性，也都在统一性与对立性之间不断转化。《道德经》告诉我们：“夫轻诺必寡信，多易必多难。”同样，在“多难”之中也蕴藏着“多易”。

故而，狄更斯才会说：“这是一个最好的时代，也是一个最坏的时代。”鲁迅才会说：“于浩歌狂热之际中寒，于天上看见深渊，于一切眼中看见无所有，于无所希望中得救。”

因此，对于那些独立咖啡店来说，在看似竞争惨烈的咖啡市场中，也同样蕴藏着与以往不同的机会。地球之所以美丽，是因为它没有放弃每一种色彩。因为，无论是自然界，还是人类社会，多样性是重要的特征之一。

我们常说，“天生我材必有用”和“360行，行行出状元”。每个人都有各自的秉性和禀赋，而任何秉性和禀赋都有其长处，乃至优势所在。而这些长处和优势，恰恰就是你之“材”的“必有用”之处。

因此，我们要入其秉性与禀赋的“当然”，顺其“长处与优势”的自然。如此，就大概率会终于“必有用”的必然。更为重要的是，不要妄自菲薄，始终怀有一颗“做状元”的心。

找准秉性与禀赋的定位，将长处与优势发挥至极致。然后，就是：坚持——不懈努力，持续精进。在自身价值与用户利益上不断提升和优化，在品牌心智与用户关系上不断深化和递进。在属于自己的那部分客群中，不断提升品牌的知名度、信任度、美誉度和忠诚度。

荀子告诉我们：“天行有常，不为尧存，不为桀亡。”无论是大牌连锁店，还是独立咖啡店，商业的底层逻辑都是一样的：价值独特、成本领先。对此，“应之以治则吉，应之以乱则凶”。因此，独立咖啡店始终都要在价值的差异化和成本的最优化方面下足功夫，做好文章。

# 第三章

# 开店狂飙，寸土必争

在 2023 的一年里，中国咖啡品牌在全球的门店总量首次超越美国，以 4.97 万家的数量跃居全球第一。截至 2024 年 2 月，中国现磨咖啡门店约为 17 万家，拥有连锁品牌超过百家，TOP5 品牌（门店数计）市占率约 21%，TOP 10 品牌市占率约 23%。

## 瑞幸“后传”，开启万店时代

中国咖啡品牌在全球的门店总量跃居全球第一。这在很大程度上，源于与价格大战同时展开的规模大战。而要想赢得规模大战的前提，就是门店的数量。因为，对于零售行业，特别是餐饮零售企业，门店是触达消费者需求的经营触角，也是抵达消费者心智的品牌形象。

在很多情况下，门店战与价格战宛如一对孪生兄弟，它们共同成为现磨咖啡品牌左右开弓的两支利箭，近身搏杀的惨烈程度丝毫不亚于价格战。这是因为，中国咖啡市场仍然处于占位阶段，面对万亿元级别的市场份额，抢占阵地，挖好战壕，坚固工事便显得尤为重要。

因此，当我们回望 2023 年，就会看到，星巴克中国的门店数量同比增长了 13%；蜜雪冰城旗下的幸运咖的门店数增长了 4 倍多；还有库迪、挪瓦咖啡、Manner 咖啡、Tims 咖啡，也都在 2023 年实现了规模扩张——2023，整个咖啡赛道都呈现出前所未有的扩张态势。

瑞幸打从诞生起，就注定要为中国的咖啡市场带来无穷的话题。无论是“上市旋风”，还是割“洋人”韭菜；无论是祭起“咖啡平权”的大旗，还是在一众舶来品牌中揭竿而起；无论是以 14 亿元，撬动 173 亿元的股权债权融资，还是在巅峰时刻市值超过 850 亿元……

当然，还远不止于此：瑞幸开创了零售领域新物种，推出了咖啡市场新品类——互联网咖啡，用短平快的流量打法，在短短几年时间内就成就了一番“霸业”。但，所有的话题都不及 2023 年的 6 月 5 日的那个时刻——中国咖啡市场的历史性时刻，也是值得纪念的时刻。

随着厦门中山路旗舰店开业，瑞幸在中国市场的门店数量达到了 10000 家的规模，成为中国首家突破万店的连锁咖啡品牌。这意味着中国咖啡市场的品牌竞争进入了前所未有的万店时代。

在当下的本土餐饮市场，拥有万店规模的品牌有沙县小吃、兰州拉面、蜜雪冰城、华莱士、正新鸡排、绝味鸭脖区区六家。而在此之前，最快实现这一目标的是正新鸡排，历时 11 年，蜜雪冰城则花了 13 年。而瑞幸，却仅仅用了不足 6 年的时间。

截止到 2023 年末，瑞幸当年净新开门店 8034 家，门店数量较 2022 年末同比增长 97.8%，全国门店数量达 16218 家。远远超过了星巴克中国同期 6975 家和库迪的 7000 家门店的规模。①

但不管怎样，正如《瑞幸的苦涩一页》一文的作者所言：“无论在哪个赛道，能够打造万店连锁的品牌都堪称一本教科书。”的确，无论从哪个角度看，能够将终端拓展到万店规模，都是一件值得认真研究的事情。更何况，这是瑞幸在前有星巴克，后有库迪等一干竞争对手的你追我赶中完成的。

更何况，仅仅在三年前，瑞幸还深陷财务造假、集体诉讼、债务缠身的困境之中。在两年之内它就打完了“翻身仗”，不仅全面解决了历史遗留问题，还于 2022 年的第二季度，以 7195 家的门店数量超过了星巴克，成为中国最大的连锁咖啡品牌。

当笔者告知朋友，正在撰写一本名叫《咖啡有点忙儿：角逐万亿市场的品牌大战》时，这位朋友马上就说道：“期待瑞幸的故事。”笔者笑答：“肯定会有的，不仅有，还要分前传和后传呢。”

作为第一个“揭竿而起”的本土品牌，它的故事的确要分为“前传”和“后传”两个部分来说。

昨天，作为新消费的鼻祖，“前传”的瑞幸一直以“速度”著称——从成立到上市，只用了 18 个月；从第一家到 4507 家直营门店，仅用了

① 对于所谓的“门店”的讨论和对比，有一点值得大家一定要清楚，与星巴克的“第三空间”模式下的门店相比，无论是瑞幸还是库迪都不太有可比性。除了旗舰店以外，更多的就像是“店铺”或是“柜台”，无论是在功能上，还是在环境上，乃至成本上，都仅仅是个“售货点”而已。

不到三年的时间（据和讯网《9.9 元一杯！陆正耀杀回咖啡赛道，曾陷财务造假，专家：大概率亏钱》一文介绍）；从爆雷到退市，也只用了 6 个月，从上市到退市都创造了纳斯达克的纪录……

而如今，“后传”的瑞幸依然是坚持“快速入局、抢滩头部、亏损式增长，以最大速度把体量做到赛道第一”的指导方针，凭靠着两把竞争利器：一是，以低价补贴为动能形成在线裂变，迅速形成消费者的大规模卷入；二是，以快速开店为势能，以便利性与星巴克形成差异化竞争态势。

尽管，瑞幸主要是从 App 上下单，但取咖啡还是要到门店的。因此，要想在便利性上形成竞争优势，就势必要有足够数量的门店作为支撑，让更多的消费者能够随处可见，能够随需即到。正如，2019 年的某期《经济学人》对瑞幸咖啡消费场景的形容：在手机上下单，在“亭子”里取货，就像买走一瓶矿泉水一样的简单。

低价策略也让瑞幸必须要开出足够多的门店。这是因为，销售额 = 访客数 × 转化率 × 复购频率 × 客单价。在低客单价的前提下，要想保证有足够销售额，就必须最大限度地提升访客数、转化率和复购频率。而这些，都需要有足够的经营终端来满足。

因此，对于一家咖啡企业来说，构成营收的三个核心指标是“门店数量”——影响“访客数”；“杯均单价”——决定“客单价”；“单店杯数”——取决于转化率和复购率。

由此可见，瑞幸品牌定位的便利性和低价性，就决定了它必须要走规模化竞争之路。不然，就满足不了消费者快捷即取的需求，就获得不了能够满足运营需要的营收总额。当然，只有一种情况除外，那就是：有“野火烧不尽”的钱来让你能够一而再，再而三地“催又生”。

这也正是，瑞幸在品牌创立的前五年一直亏损，直到其含运费的单杯价格，在 2022 年提升到了 15.55 元，才开始全面盈利的底层逻辑。对于库迪，乃至所有的以低价、便利为核心价值的品牌，都必然是如此。

也因为如此，2024 年伊始，瑞幸就宣布开放了包括带店加盟、定向点位加盟、新合伙人加盟在内的 3 种加盟模式。这与库迪的联营商模式完全不同。这种开店模式将意味着，它的加盟店不仅要延伸到每一个普通人的日常生活中，还要开到商场办公楼与学校、医院和加油站里，全面占据“打工人”的休闲时光。

但这有一个前提，就是门店的内在品质要有保证。在这个方面，瑞幸的做法实在值得连锁品牌们认真参鉴。

首先，瑞幸对加盟资质的审核非常严格，要求经营者具备当地住房，验资水准要达到150万元，同时要具备三年以上的从商经验。在通过基于门店本身的审核之后，加盟者还要像求职一样参加瑞幸安排的面试。

如此一来，瑞幸就能够从每个区域的创业者中，遴选出最能赚钱的那部分人来充当自己的加盟商，既保证了瑞幸拥有源于“先天”的高水平经营能力，同时也为终端一线的服务质量提供了必要的保障。这种做法最大的意义在于：要以能不能帮瑞幸赚钱，而不是帮加盟商赚钱作为出发点。《瑞幸向左，库迪向右》一文的作者这样认为。

结果当然也是正向的。据《瑞幸向左，库迪向右》一文的介绍，加盟商张浩表示，他们在2023年做市场调研时就发现，在不少二三线城市，瑞幸单店利润率能做到30%以上，不到6个月就能回本。有些小老板尝到甜头后，会连开五六家，月入近10万元。

“尽管后来门店利润率因市场竞争略有下滑，这个生意在地域圈子里仍被认为是优质资产。”张浩说出了许多加盟商的共识。

据悉，目前所有瑞幸已开放联营门店的城市均可参与带店加盟。截至2023年12月28日，瑞幸咖啡已审核通过788家门店选址，其中240家已开业。对此，郭谨一表示：瑞幸会继续加密高线城市门店数量，并通过联营模式加速拓展下沉市场，进一步扩大市场份额。

当时他预测，到2024年，瑞幸全球门店数将突破20000家（这个目标已经实现）。而库迪将实现这一目标的时间，规划在了2025年年底。因此，加密门店数量势必会引发瑞幸与星巴克、库迪、挪瓦咖啡、幸运咖等竞争对手展开新一轮的速度与点位之争。

但是，就像笔者所感悟的八字箴言：平则匡正，衡乃至恒。任何事物都要在要素之间形成平衡，方能行稳致远。瑞幸为了与库迪抢占有利位置，从2023年就加快了开店的节奏。像山东临沂这类的二三线城市的核心商圈，一个商场的四个方位就可能有三家瑞幸挤在一起。

如此一来，过于密集的门店不仅没有给瑞幸带来明显的杯量提升，反而增加了管理成本，盈利的压力也会进一步加大，可能会需要很长一段时间的缓冲。

例如，为了进一步优化门店模型，瑞幸对内调整了门店工时和小时标准杯量，还严格限制了全职员工的招聘，试图进一步压缩成本提高人效——此举引起了门店员工的强烈抗议，不少员工将其称之为“瑞幸三一革命”。《瑞幸向左，库迪向右》一文的内容这样描述道。

因此，在业界看来，明天的瑞幸不应再做速度的狂魔，而是要“慢下来”。正如“澎湃新闻”上的一篇题为《瑞幸咖啡垂死回生，可以高枕无忧了吗？》的文章所指出的：“在新管理层接手后，首先改变的就是这一商业逻辑——放慢了开店速度……”

而在这一快与一慢中，事情就发生了根本性的变化。

但任何事物除了内在逻辑之外，还有外在关联。试图放慢脚步做品质的瑞幸，却一直在被库迪的价格战催赶着，无论是低价还是拓店都是如此。“尽管库迪有诸多细节不到位，但它对低价的执着还是拖住了瑞幸前进的脚步。”《瑞幸向左，库迪向右》一文作者的看法不无道理。

其实，在一开始，库迪的攻势并没有引起瑞幸更多的关注。毕竟，截止到 2023 年 2 月，库迪大概只有 1000 家门店，同期的瑞幸已经接近万店规模了。但是，仅仅过了 3 个月，库迪的加盟店就迅速扩张到了四五千家。除了规模还有速度，库迪 7 个多月就开了 2500 家门店，而瑞幸在最初的 7 个月公布的新开店数量仅为 525 家。

因此，《瑞幸碰到了天花板？》一文指出，在所有玩低价的品牌中，库迪能对瑞幸构成最大威胁，关键原因就在于库迪急速膨胀的震慑力——库迪开出 7000 家门店，只用了 2 年 2 个月，速度是瑞幸的 2 倍。瑞幸的这种颓势，直至 2023 年 8 月才迎来了历史性的拐点。

特别是，库迪一上来就摆出了一副贴身肉搏的架势，将大量的门店都开在瑞幸的左右（如果单从加盟选址来说，这样做似乎是不合理的。因此，“合情”的解释就是：想要打败过去的自己）。

这终于让瑞幸坐不住了，感到不能再坐以待毙了，有必要与渐行渐近的对手直接去“杠”一下了。于是，在库迪以 8.8 元、9.9 元一杯的低价快速打开市场，剑锋直指自己时，瑞幸在部分门店开始跟进 9.9 元的优惠活动了。其实，“庆祝万店”只是个名头，与库迪抢地盘才是它终极的目的。

对于未来的瑞幸来说，一个“坏消息”是：来自市场的竞争依旧会有增无减。过去在一家商超内，会有四五家的平价奶茶店，但平价咖啡店大概率只有瑞幸。而现在，咖啡店也和奶茶店一样多，不仅有库迪，还可能有 Manner 或者幸运咖。

在这种情况下，瑞幸的后万店时代，在单店模型已经被优化到一定程度后，要想实现杯量的增长，除了提价，也还是要走门店增长的老路。但是，这又谈何容易。因为，无论是转而提价还是继续拓店，都总是要问一下市场答不答应，竞争允不允许。

一个“好消息”是：库迪的开店速度在 2023 年下半年开始逐渐减缓。库迪招商手册显示，2023 年 4—6 月在实现了每月近千家新增门店的扩张后，库迪 7—10 月每月新增门店数分别为 873 家、623 家、375 家、306 家。而相比之下，同期瑞幸新开 2981 家门店，关店的只有 197 家。

但无论是采取怎样的加盟模式和拓店节奏，在规模扩张的背后，真正考验和比试的，都将是谁具备更成熟的供应链，拥有更强的产品研发创新能力。而在这些方面，瑞幸的手里显然有比库迪更硬的牌。正如《咖啡价格战接近尾声……》一文作者的看法：“库迪除了拓店速度惊人以外，无论是实际营收、控制成本，还是供应链都有所欠缺。”

《瑞幸 VS 库迪：师出同门，谁更胜一筹？》一文的作者为我们提供了一种比较方式，来对比瑞幸与库迪在价格与拓店的近身肉搏中“谁更胜一筹”。即，用同点位比较法，消除掉地理位置带来的人流差异影响，选取直线距离在 500 米以内的门店经营数据进行分析。

其结论是：在地理位置相同的情况下，当瑞幸实施 9.9 元促销时，库迪的销售业绩出现下降，进而导致坪效（坪效 = 月销售收入 / 门店面积）的差距拉大。同时，这种变化也导致库迪的租售比（租售比 = 门店租金 / 门店销售收入）持续上升，成本压力持续增大。

据库迪加盟商的信息，库迪和瑞幸如果开在一起，瑞幸最差的店也能日卖 400 杯，而库迪差不多只有 200 杯。如此一来，“库迪 60% 的加盟商都是亏损的”，这位加盟商这样介绍道。

而对于瑞幸则有着很大的不同。用 CEO 郭谨一的话说，现在的瑞幸除了还保留着最初的名字，其实已经是一家全新的企业。那么，今天的瑞幸到底“新”在哪里呢？在笔者看来，就是从以往的精于“算计”变为精于“计算”了。而对于企业来说，相同的两个字，序位不同，则意义大相径庭。

精于“计算”的瑞幸，开始从粗放变得精细了，随之而来的就是从效率到效能，从效能到效益的提升。

例如，同样都是低价补贴，“前传”的瑞幸采用的是大水漫灌的方式——对于初次购买和尚未形成重复购买的用户，瑞幸会不计成本地直接发券。而“后传”的瑞幸，则要看哪些产品可以用来打价格战，这一次的成本账瑞幸算得精细得很。

因此，尽管“9.9 元”的口号喊得山响，看上去力度很大，但实际上，9.9 元的订单量仅占总单量的 30%。定位高端的产品小黑杯和其他周边产品就从来没有参与过 9.9 元的活动。而库迪 8.8 元的单量占比能达到 70%，基本卖一杯就要倒贴一杯。

而对于被广大的“打工人”视为“续命水”的低价咖啡，瑞幸的 9.9 元券一周仅有一张。用户周内第二次买就恢复正常价。只有一种情况例外，就是在附近有库迪的门店，9.9 元券才会多发几次。

“这样的瑞幸，就像北上广突然决定要攒钱买房的年轻人，一夜之间变得精打细算起来。”《瑞幸向左，库迪向右》一文的作者这样形容。而正是这种“品运合一”的精打细算，使得运营生产的每个环节都被精确优化，让经营状态进化为一种精准而高效的营销，提升了营销的目的性、针对性。最终，让瑞幸在激烈的价格战中长治久安成为可能。

当然，瑞幸手里牌还要比库迪多很多。

首先是工厂。目前瑞幸在中国拥有两个咖啡烘焙工厂，一个位于福建屏南，另一个位于江苏昆山。

其次是物流。除了通过与知名物流配送公司、第三方仓储和物流服务商合作，负责仓到仓之间的运输，以及仓库到门店的配送外，瑞幸还在全国各地向第三方租赁了约 30 个仓库，用于库存管理。在设置城市仓的同时，还设置前置仓以实现快速补货。同时，采用自有配送和第三方配送相结合的方式，依托密集的门店网络，将平均配送时间缩减到 18 分钟。

最后，便是数字化。借助实时信息反馈、智能决策支撑的智慧供应链平台，系统能够实时分析每家门店的销售状态，驱动自主补货，调整库存水平。还会根据门店的销售情况，智能分配订单，保证 30 分钟必达。

人类的本能除了趋利，还有避害，对于生意更是如此。相对于库迪的加盟模式，瑞幸的联营模式还是相对稳妥的。

这是因为，库迪所有门店的收支都是基于运营系统自动结算的。这种方式在“趋利”方面就是：门店的数量越多，杯量越大，沉淀在门店账户里运营资金就会水涨船高。只要加盟商不将资金取出，在一定安全范围，这些资金都可以用来加高金融杠杆。

公开资料显示，达到千店规模后，库迪与供应商的结算模式从一般的现金和月结变成了银行承兑汇票。简单理解，相当于库迪找银行开了一个长达六个月的“花呗”。但从“避害”的角度看，如果大批加盟商因经营不善而关店闭店，就势必会引发兑现潮，库迪极有可能步“前传”的瑞幸之后尘而轰然爆雷。

《瑞幸向左，库迪向右》一文的作者这样认为。

不管怎样，对于瑞幸来说，在经历一年多的价格战后，财报数据依然拿得出手。但也要保持清醒的是，根据窄门餐眼的不完全统计，瑞幸门店在一线、新一线、二线城市门店占总体的七成，而星巴克则占比近八成。

还有一个数据似乎也很说明问题：据极海数据统计，2023 年 5—7 月星巴克关店数是 6 家，瑞幸关店则是 109 家，星巴克关店率是 0.9%，瑞幸却高达 5.6%。更为重要的是，在像“利润率”这样的核心且关键的数据上，瑞幸还处在“革命尚未成功，同志仍须努力”的阶段。

其中蕴含的关键问题是：“瑞幸是否真正培育了中国消费者对于咖啡的喜爱？”“同样在咖啡品牌中进行选择，瑞幸是否具备除了价格之外的优势？”“作为国内销量第一的咖啡品牌，瑞幸是否获得了与其‘第一咖啡品牌’目标相符的消费者忠诚度呢？”《瑞幸的苦涩一页》一文的作者，无疑是问到了问题的核心所在。

如前文所述，表面上，瑞幸的商业模式依旧是“前传”时留下的那套东西。但在郭谨一看来，现在的瑞幸除了还保留着最初的名字，其实已经是一家全新的企业。那么，瑞幸之所以能够在三年的时间里打了一场漂亮的“翻身仗”，其背后的底层逻辑和顶层设计到底是什么呢？

有不少企业在市场导入期或成长期便走上了规模化的道路。此后便开始忽视、漠视，甚至无视价值的创新与创造。单纯以收购、并购这样的模式实现快速扩大规模的目标，最终达到最大限度地占有市场，最大程度地提升营收的目的。

支撑企业的长远发展，是规模导向还是价值导向？在时代变迁面前，企业的核心价值是应该始终坚守，还是可以轻易地舍弃？我们再看看管理学著作《基业长青》的观点。

在“再版序言”中，作者开宗明义地指出：《基业长青》的内容是关于创建经久不衰的有价值的事物，是关于创建能对其所处时代产生深刻影响的公司。他们随后强调：假如这种公司不复存在，就可能留下巨大的遗憾，并且还是无法弥补的。

“无论是好是坏，或长或短，这些公司已经为世界留下了不可磨灭的烙印。”因此，《基业长青》认为“高瞻远瞩”公司的成就绝不只是取得了长期的经济报酬，它们的成就已经融入了社会的结构之中。想想看，如果没有它们的产品和服务，这个世界给人的观感会多么不同！

如此说来，伟大的公司要对时代产生深刻的影响，而这种影响形成的前提是“创建经久不衰的有价值的事物”。如此可见，“一直有突出的表现”的，需要恪守的“核心价值”，才是其中的那个能够“撬动地球”的永恒支点。

《基业长青》的作者坚信，这一点从1850年直至2050年，也都是同样有效的基本原则。

## 库迪，以瑞幸的方式打败瑞幸？

我们再转过头来，看看紧随其后的库迪。说到价格战，就离不开门店战，如同说到瑞幸，就离不开库迪一样。

通过前期“趣小面”“舌尖英雄”两个项目的加盟动员热身，陆正耀团队对于如何吸引加盟商，借助加盟商的力量来快速做大，已积累了不少的经验和教训。因此，这一次显然是有备而来。于是，在2022年10月22日，全国首店落地福州国际金融中心之后，库迪咖啡便在不到一个月的时间里，迅速开放了加盟。

于是，“瑞幸创始人”的光环 + 更优惠的加盟分润条款 + 更低的加盟门槛的一整套组合拳，便吸引了大量的加盟商纷纷前来“投奔”——一个一个都是一副斗志昂扬，志在必得的亢奋姿态。在群情激奋中，库迪更是釜底添薪，火上浇油。

库迪甚至在社交应用（Instagram）日本区账号中，打出了一句耐人寻味的话：“世界中に開業するのが難しいコーヒーショップが存在しないように力を入れてまいりました。”翻译过来就是：“我们一直在努力，让全世界没有难开的咖啡店。”

虽然有“抄袭”之嫌，但其号召力、鼓动力丝毫不输给阿里巴巴当年的那句：“让天下没有难做的生意。”涉嫌抄袭的不仅仅是阿里巴巴的品牌主张，更多的是一样的配方、熟悉的味道的“瑞幸打法”。

如前文所述，库迪并未诞生在一个占尽中国咖啡市场天时地利人和的时段。此时的瑞幸已经完成了涅槃重生，逐步确立了在大众现制咖啡赛道的头部地位。好在瑞幸虽然已经开放了加盟，但在总体规模和节奏上还处在谨慎和慢跑的阶段。如此一来，在迅猛增量的市场机会面前，大量的潜在加盟商无法获得加盟的机会。特别是在疫情之后，大量的人群萌生出加盟性价比较高的连锁生意的念头——这或许就是一个千载难逢的机会窗口期。对此，久经沙场的“老炮”陆正耀当然不会放过。

库迪一边通过与瑞幸的一次次“对战”，掀起流量高潮，借助舆论端的一个个头条和热搜，成功吸引了众多创业者的目光；一边通过联营的加盟模式，在攻城略地的道路上以“光速”狂奔。

库迪从创立之初便实行联营的加盟模式，这一模式与传统的加盟模式最大的区别在于不收取加盟费，而是通过毛利抽点的方式收取服务费，加盟商卖得越多，库迪赚得越多。如果，因低价策略产生亏损，库迪官方有各种补贴给加盟商兜底。

除了与瑞幸一样不收加盟费，库迪对于最早一批加盟商还有限时减免10万服务费的政策，相当于大半年收入不用上交给库迪。如果加盟商没有经营经验，库迪本部还会招聘代理店长帮助管理门店。在长达两个月的代管保护期内，亏损也由库迪买单。

在各种利好的催动下，加盟商纷至沓来。据媒体报道，在陆正耀的办公桌上曾压着上千份加盟申请表。相应地，以“助力每个咖啡梦想”为己任的库迪，在招募联营商的准入门槛上相较于瑞幸就“矮”了很多。

但库迪的扩张速度还是提上来了。

库迪从 2022 年 10 月开始运营，从 2000 店开到 5000 店，用时不过 5 个月，基本每个月都能开出千家新店。特别是在 2023 年，开店速度堪称“迅猛”，总共开出了 6690 家门店，仅次于瑞幸 8034 家的净新开店。

窄门餐眼的数据显示，截至 2024 年 2 月 26 日，库迪在全球的门店数已经达到了 7000 家。完成这一目标，库迪用时 2 年 2 个月，其速度为瑞幸的两倍。也就是说，在不到两年的时间里，库迪让自己的拓店速度遥遥领先于头部品牌星巴克，以及蜜雪冰城旗下的幸运咖，并且迅速构建起参与竞争的基本盘面。

但是，当时间进入 2024 年的 3 月份，情况似乎开始有了不一样的转变。

公开数据显示，在 2024 年 2 月份，20 家连锁咖啡品牌新开了 895 家门店，比去年同期上升了 67.60%，门店总数已经达到 40976 家——在《2024，加盟库迪还是一门好生意吗？》一文中，作为知名互联网评论人士的作者“老胡”就开门见山地指出：“在整个市场呈现出一派欣欣向荣的景象之时，作为曾经的‘开店狂魔’，一年开出近 7000 家店的库迪咖啡却显得格格不入。”

原来，据壹览商业的报道，库迪 2024 年 2 月份新开门店仅为 95 家，不仅环比 1 月的数据接近腰斩，甚至还刷新了开店最少的纪录——整体门店数呈现出断崖式下跌趋势的库迪，面对即将到来的咖啡消费旺季，还有翻盘机会吗？“老胡”与业界一样，表示出了质疑与担忧。

“老胡”提出如此观点源于“餐饮老板内参”所提供的数据：即便是在刚“出道”的 2023 年 1、2 月份，还没有闯出什么名声的库迪的新开门店数也都没有低于过 100 家。与之相反的，倒是闭店数量的上升。

极海品牌监测统计的数据显示，在 2024 年 2 月份之前的 90 天里，库迪咖啡新开门店 476 家，但关闭门店达 826 家。但当《每日经济新闻》记者就该数据向库迪方面进行求证时，库迪称该数据不准确。按照库迪的回应，从 2022 年 10 月开业以来，库迪总共闭店解约门店数仅仅为 61 家。

对于“闭店 826 家”的说法，库迪解释说：主要是因为大学店寒假临时闭店，开学后将正常营业（按照此说法，库迪的大学店占总店数的 10% 以上。因为，毕竟大学店不会是全关了吧）。但从小红书等社交媒体平台上频繁出现的库迪门店转让帖来看，或许居高不下的闭店数并不是空穴来风。

但是，极海品牌监测统计依然在给出与库迪方面不一样的数据：截至2024年3月1日，库迪在过去90天新开了429家门店，关掉的门店则为476家，关门率到达危险的100%以上。也有媒体报道，截止到2024年1月，库迪的门店数已经跌破了6000家。

《瑞幸VS库迪：师出同门，谁更胜一筹？》一文的作者，在提出相同的问题后指出："假设线上流量为所有品牌都提供了均等的机会，重点观察瑞幸和库迪线下门店的运营销售能力。"

如前所述，"快速开店、烧钱补贴……"陆正耀要用库迪，把瑞幸对星巴克所做的事情，对瑞幸再做一次——《库迪为啥不放过瑞幸？》的作者如是说。那么，用瑞幸的方式，就真的能战胜瑞幸吗？！

远没有这么简单。也许陆正耀会说："从我创业开始，但凡跟我竞争的，我每仗都打赢了。"但，世间何时有过常胜将军，胜败又何尝不是兵家常事。永远不变的是，从来都是时势造英雄，而不是英雄造时势。更何况如荀子所说："天行有常，不为尧存，不为桀亡。"其中必然也包括陆正耀先生。

咖啡连锁品牌门店的生存支柱，主要体现在三个方面：一个是品牌的补贴，一个是自身的运营业绩，一个是供应链的支撑——其中有一个能够给予足够的支撑，门店或长或短也都还能够经营下去。但如果，一方面补贴在缩水，一方面业绩在下滑，供应链也跟不上，那么，活下去就成为一道难题了。

在价格战的大背景下，门店经营的利润率已经成为一个实在无法给予加盟商们足够信心的期待。特别是对于以加盟为主的库迪，惨烈的价格战，在很大程度上，意味着加盟商是在用自己的钱给自己补充弹药，而来自库迪的补贴援助则显得杯水车薪。

尽管，库迪表示该次活动将延续门店补贴政策。根据门店位置和房租等条件的不同为联营商提供不同补贴，单杯最高补贴至14.5元，预计本次活动总补贴金额将达2亿—3亿元。但在加盟商看来，他们要面对的最大的问题是价格战已经到了旷日持久的地步，而后面便是令人望而生畏的漫长的盈利周期。

尽管，在2024年2月26日库迪宣布全球门店数达到7000家时，其首席策略官李颖波称库迪“已经达到‘成本拐点’”，但按照他以前的说法，一杯咖啡的成本不超过 9 元，以 9.9 元“出圈”的库迪，其利润空间依旧很有限，除非大范围提升价格，不然“成本拐点”依然会姗姗来迟。

但是，在全球门店数达到 7000 家之际，库迪又开启了“好咖啡全场 9.9 元不限量”的活动，除交通枢纽和旅游景点等少数门店外，其余全部门店全场饮品 9.9 元促销，不限品类和数量，持续三个月。

这是否意味着所谓的“成本拐点”还要再“拐”上一阵？

也只有“拐点”真正地到来，才代表门店数量与经营效率之间形成了一个正向的关系：单店成本被摊薄，整体运营成本相对于收入的比例下降……在理论上，企业的盈利才会成为可能。

但是，有业内人士以一家开在商场里的库迪为样本做出这样的测算：这家店日杯量在 200 杯左右，周末能突破 300 杯，按客单价 9.9 元计算，一周的营业额是 17117 元，月营业额是 68468 元，扣除掉单杯 5—8 元的成本后，取毛利最高值 50%，每月毛利是 34234 元。

是不是“看上去很美”？别忘了，还要扣除掉房租、人工、水电，以及装修和设备、柜体的折旧费用呢。如此一来，在减去 54110 元的支出后，每月净利润为 –19876 元，差不多要亏掉 2 万啊，别说盈利了，如期回本都是奢望——“老胡”这样认为。

因此，库迪的加盟商一直在对这样的“拐点”翘首以盼。因为，面对盈利预期的遥遥无期，“地主家也没余粮”的加盟商要么纷纷写起了“看他高楼起，看他高楼塌”的小作文，要么干脆“三十六计走为上策”。因为，趋利避害是每个人的本性，特别是对于经商者，更是如此。

让我们看看《咖啡价格战接近尾声……》一文的相关介绍：

> 新的一年，库迪的联营商们没有迎来自己想要的新气象，甚至有不少联营商陷入了“闭店纠结”当中。有联营商“吐槽”自己的门店虽然位于中心区，但成本高、杯量少，经营一年多依然入不敷出。

这位联营商还表示，开业以来，平均每天只有 120 杯，连生意最好的过年时期平均也只有 170 杯，但每月房租、人工、水电的成本却高达 2.1 万，每月经营亏损约为 6000—8000 元，收回成本也是遥遥无期。

正如，2023 年 12 月，一位自称库迪咖啡联营商的用户，在社交平台发布的一篇题为《致库迪咖啡公司管理层的一封信》的帖子中所表示的：因投资库迪咖啡这个错误决定，自己损失 45 万元。在这种情况下，没有什么加盟商会情愿输自己的血，给品牌方卖命。

更为严重的是，如果加盟商净流入为负，那就意味着库迪将入不敷出。特别是在库迪至今尚未传出融资消息的情况下，长此以往，其资金流动压力势必与日俱增。

根据招商证券发布的《咖啡行业深度报告》的估算，2023 年前 6 个月，3000—4000 家库迪咖啡联营门店的开店费用和原材料供应链加价利润合计为库迪贡献超 5 亿元资金；库迪在各个平台投放广告、邀请流量明星代言和跨界联名等营销费用支出约为 2.5 亿—3 亿元；低价发券补贴支出约为 2 亿—3 亿元；直播渠道平台抽成 2 亿元左右。

合计下来就会发现，在不考虑其他成本的情况下，库迪的半年的资金缺口就已经高达 1.5 亿—3 亿元。对此，来自库迪官方的说法是：“目前我们现金流安全，我们已经做好了 5 年的规划以及财务模型，以保障供应链体系建设、人机协作战略实施以及品牌营销活动的顺利进行。”

但不知为何，业界却一直在给出与之相反的信息。

据红星新闻报道，在 2023 年 4 月前完成签约的联营商，库迪会根据开设门店类型减免 5 万—10 万元的服务费，同时库迪还设置了保底政策，若联营商发生亏损，库迪将补足亏损差额。

而在 2023 年 4—6 月签约的库迪联营商，已经没有了减免服务费的补贴，仅有 5 万元的新店营销补贴，即联营商如在指定平台进行流量投放、请 KOL 探店或进行线下宣传，可向库迪申请报销 5 万元以内的营销费用。

也许正因为如此，招商证券丁浙川、李秀敏等分析师才认为：“库迪对于联营商选择性的补贴也证明了库迪咖啡的现金流并不充足，无力全方位的持续补贴。”（引自《2024，加盟库迪还是一门好生意吗？》一文）

其实，在资金方面唱衰库迪的观点还很多：

供应链基地投产时间一再难产；用利益分成诱导供应商入局共建工厂；使用银行承兑汇票给供应商结款；利用 6500 家门店终端在春节卖酒；此前在宣传中表示“最快 1 个多月回本”，而后来再咨询其加盟热线，得到的回复则变成了“投资回报周期是 15 个月左右”……都被外界用来当作库迪现金流枯竭的依据。

在上述各种因素影响之下，有越来越多的潜在联营商驻足观望，或是望而却步，至此，库迪靠联营商“输血狂奔”的步子就不得不慢了下来。为了能够很好地改善上述问题，库迪可谓是殚思竭虑，招数频出。

首先是采取多业态和多品牌的经营策略。面对同样对价格非常敏感，同时追求简单便利的消费者，库迪试图以一种多业态的方式，主张为消费者营造一种泛咖啡的生活方式，而不只是一家咖啡店。

正如李颖波在接受外界采访时所表示的：库迪的底层逻辑不只是做咖啡——很多综合性品牌公司的业务，都不会集中在某一产品线上，大家也可以把库迪看作一家“快消品品牌公司”。因此，在这种定位之下，库迪将自家门店定位为：主打“全时段餐饮”。

即，早上为顾客提供咖啡、意式饼干等佐食，中午提供餐食，下午供应小吃，晚上竟然还提供酒。这样做的主要目的有两个：一是希望与消费者建立更深层次的需求连接和情感联结；二是通过拓展经营品类，弥补咖啡主体因竞争所挖下的利润“深坑”。

多业态经营无疑又增加了库迪在提升产业链运营和管控成本能力上的难度。对此，《新京报》报道，有接近瑞幸的人士称：“他们依然没有清晰地认识到这方面（“趣小面”与预制菜项目失败的症结）。如果认识到，他们应该选择更轻更简的模式。总之，这个阶段进入现制多品类食品销售，显然不是好主意。”

在多业态方面，有一点不能不提，就是库迪还经营酒产品。

据《华夏时报》的记者走访通州区库迪咖啡了解到，库迪要卖的两款酒——茅台不老酒（花之久）和茅坛酒（谷之欢），是于 2024 年 1 月底上架的。“几乎每家库迪咖啡都会卖”“是茅台集团旗下的保健酒。虽然都属茅台但其并不属于贵州茅台（600519）旗下产品”“599 元／瓶的售价也是竞争优势不足”——记者在随后的撰文中这样介绍。

有意思的是，在咖啡市场大打低价牌的库迪，这次卖酒在价格上却是高举高打。据媒体介绍，有记者在查阅京东等电商销售平台后发现，相似款的茅台不老酒单品零售价格在 150—200 元。而这样的酒在库迪咖啡门店，却标出了原价 699 元，折后价 599 元的价格。

如此“溢价”的酒竟然还是“公益酒”。据媒体介绍，2023 年 12 月 11 日，茅台公益基金会与库迪咖啡正式成立茅台不老酒（花之久）青年就业基金和茅坛酒（谷之欢）乡村振兴基金。该基金为茅台公益基金会下属基金。通过这项合作，茅台集团下的贵州茅台酒厂（集团）下的保健酒业有限公司，授权库迪咖啡独家渠道销售由它们生产的“花之久”和“谷之欢”。

从该公司2024年度市场工作会所传递出来的信息可知，在2023年茅台保健酒实现的营收中，贡献最大的单品是定位在100—200元价格带的台源酒。况且，据说还是在专卖店与飞天茅台捆绑在一起搭售的。更何况，白酒行业也已然过了高光的阶段，开始进入了存量市场的时代。

由此可见，要想将599元价格的这两款酒卖好，库迪和它的经销商们肩上的担子着实不轻。也许正因如此，这两款酒产品刚上市时，市场上就传出了库迪“强制要求各联营商门店订酒”“大批门店都收到扣款信息”的消息。

而在业界看来，这似乎又是一个无奈之举。据《开店速度趋缓，蹭茅台热点卖保健酒：库迪咖啡高调“试错”》一文的介绍，在中国食品产业资深分析师、本书作者之一的朱丹蓬看来，此次库迪咖啡之所以选择卖酒，与入局“茶猫”新茶饮同样都是一种自救策略。而其根源，还是在于“在咖啡领域其已没有东山再起的可能”。

在多品牌方面，库迪于2023年11月宣布进军新茶饮，推出了“茶猫”品牌，首店就坐落在北京合生汇。如前所述，库迪是从下述观点中看到了希望：一旦自己能够打造出新的网红品牌，消费者很可能抛弃传统巨头，转而蜂拥向己。

但是，与茶百道、沪上阿姨、古茗、书亦烧仙草等众多成熟且庞大的品牌相比，“茶猫”在产业链运营能力方面，又有什么优势可言呢？为此，库迪又如何保证自己在这个高手云集的赛道中，能不断打造出所谓的“网红爆品”，而不被消费者“抛弃”呢？

还是让我们拭目以待吧。

面对拓店狂飙，我们不禁要问：门店多就是品牌吗？曾几何时，在资本的推动下，有多少所谓的品牌席卷而来，可谓是铺天盖地，无孔不入。但遗憾的是，最终也难逃“其兴也勃焉，其亡也忽焉”的结局。

因此，品牌之争归根结底还是价值之争、利益之争，是心智之争，是关系之争。门店多，也仅仅是其价值的一个部分而已，重要的是要看这种价值能在多大的程度上转化为顾客的利益，赢得顾客多么深刻的心智，与顾客建立起怎样的关系。

从品牌体验的角度看，门店多从理论上讲，是更加优化了顾客的消费体验，即实现了购买的便捷。但除此之外，品牌体验还有产品体验、服务体验和文化体验，而这些恰恰不是像开门店那样，可以在资本的驱动下“一蹴而就”。

前一段时间，接二连三的有人以库迪加盟商的名义，在网络上发布所谓的“致库迪公司管理层”的“公开信”。信中所表达的核心意思是：他们已经快撑不住了。

这些貌似加盟商的吐槽抱怨到底有多少符合实际情况，我们也难以确认，但这些问题又的确是任何一家连锁品牌都必须要认真面对，要及时解决，要不断改善，要持续优化的重中之重，是关乎整个品牌生态生死存亡的头等大事。

但这些无疑都需要时间的打磨，岁月的沉淀，需要路遥而知马力，日久而见人心。品牌的意义就在于能够为企业带来高附加值和可持续的长远发展。而这不是仅仅取决于规模的增长。我们的许多品牌与那些世界级品牌相比，往往并不是输在开门店这样的“术”的层面，而是在“道”的层面上望尘莫及。

特别是像咖啡这样的无法靠新技术实现弯道超车的品类，还是不要过早地说什么“逆袭”，还是让子弹再飞一会儿吧。

## 来自“老江湖”的定力与实力

有相关数据显示，2022 年年末，星巴克中国的门店数量只比瑞幸少 2124 家。2023 年，星巴克在华新增门店数为 885 家，截至 2023 年年末，星巴克中国的门店总数达到 6975 家。也就是说，截至 2023 年年末，瑞幸国内的门店数量（达 16218 家）相较星巴克中国，已多了近万家。

然而，面对瑞幸的开店狂飙和后浪逆袭的咄咄态势，曾经的老大星巴克却似乎显得不慌不忙，不徐不疾。不仅如此，就在瑞幸已经实现了“万店”规模的时候，时任星巴克首席执行官纳思瀚还依然表示：有信心实现至 2025 年在中国市场开设 9000 家门店的愿景。

星巴克为什么会采取如此“轻慢”的态度，是“没钱”，还是“无意”参与到开店的竞争之中呢？让我们将目光拉回到 2022 年。在那一年的全球投资者交流会上，星巴克公司正式发布“2025 中国战略愿景”。而从中我们可以窥见星巴克面对市场竞争的变与不变。

不变的是核心理念：推出以价值为导向的全新增长计划，重磅加码中国市场；变化的是应对策略：采取“更广阔、更深入、更智慧、更绿色”的门店拓展策略。立于不变而应对万变，正是像星巴克这样的世界级品牌的成熟表现。

在自己的一定之规下，按照自己的既定节奏，循序渐进，行稳致远。但这不等于反应迟缓，裹足不前。“未来三年，星巴克中国将通过六大增长引擎，多项重大投资，加快推进公司发展势能”——无论是战略方向，还是应对举措都很清晰，都很确定，既不以他喜，更不以己悲。

在这个既定的战略目标之下，至 2025 年，星巴克中国总门店数量要达到 9000 家（平均每 9 小时开出一家新门店）。这个目标并没有因瑞幸的“万家灯火”而自乱阵脚，甚至改弦易张。因为，在门店规模之上，它们更看重的是效益。在经济效益上，实现净收入翻倍，营业利润增长为当前（2022 年）的四倍；在社会效益上，要加快绿色门店的布局，至 2025 年，在全国开出约 2500 家绿色门店。

同时，品牌的核心理念也并没有因竞争态势的变化而改变。它依然强调所做的一切都是围绕“咖啡体验”这个核心价值展开——星巴克臻选门店继续承担不断提升咖啡体验的使命，核心门店仍将致力于成为社区的一分子，提供便捷又充满人情味的星巴克体验。

为实现这一目标，星巴克推出了六大举措作为增长引擎，并相互协同联动，加速星巴克中国开创发展新历程。其中，在门店方面，星巴克强调要充分利用数字化能力来不断优化门店的布局形态，围绕顾客生活方式，构建以顾客需求为导向的，“恰到好处”（而不是以竞争为出发点）的多形态门店。

在多形态门店方面，至 2025 年，覆盖办公楼、酒店等场所的“星巴克咖啡服务”点位将翻倍至 5000 个，“星巴克即饮咖啡”将进入 50 万个商超及便利店，与其他渠道的业务形成合力，打造无可比拟的品牌知晓度和市场渗透度。

与此同时，大力提升“专星送”服务水平。每天有超过5000名专属骑手，平均用时仅19分钟，就可以把星巴克咖啡品质如一地送到门店外的顾客手中。星巴克计划至2025年，实现外送业务销售额为当前业绩两倍以上的目标。

在笔者撰写《正确的星巴克：从人本主义到关系法则》一书时，已经充分感受到了，星巴克在开店方面可谓是经验多多，教训满满。对于规模与价值之间的对立统一关系理解得更加深刻和理性。

因此，尽管星巴克一直在关注竞争，并了解竞争对手在做什么，但也只是“关注”和“了解”，从来就没有“担心”过。正如，霍华德·舒尔茨所言：“我不会花一分钟的时间担心竞争对手在做什么。我会把100%的时间，放在我们正在做的事情上和我们能够控制的事情上。”

那么什么才是星巴克“正在做的”和“能够控制的”呢？我们可以从霍华德·舒尔茨的话中找到答案：“我们追求的不是最大限度的销售规模，而是试图让我们的顾客体会到品味咖啡时的浪漫。”——这也许就是他一生都不会改变的追求。

这正是星巴克一直以来的竞争优势所在——将咖啡、社交和空间融合起来，为人们提供一个放松、社交和工作的场所，成为人们在家和工作场所之外的“第三空间”，将消费过程营造为有格调、有氛围的人文体验。

因此，为了满足门店客群心理、消费水准、文化审美、品牌调性等高端需求，星巴克在选址、装修和空间面积上都有着较高的品质要求。而不仅仅是一个简单的，甚至是简易的售货或取货的店铺。

于是，任凭风吹浪打，星巴克仍胜似闲庭信步。似乎一切都在既定的规划中推进，不会因市场的变化而乱了方寸，一切都在既定的计划中前行，不会因对手的加速而变了节奏——星巴克表现出了一个世界级的大品牌应有的定力与实力。

但，星巴克也并非一直都是这个样子的。

美国特种咖啡界泰斗级的人物唐纳德·萧霍曾是这样形容星巴克的开店“闪电战”的：“就像是转瞬间，随着一声‘宝贝，我们来了’它就出现在我们面前。”这种阵势，让这位老先生竟然说出了这番话：“星巴克不是简简单单地开店，而是让你吓得魂飞魄散。”

当年，星巴克在美国面对的是几十家咖啡公司的竞相扩张，竞争的激烈程度丝毫不亚于今天的中国市场。而在当初，星巴克则完全是一副寸土必争，舍我其谁的强硬表现。正如其房产部负责人伊夫·米兹拉希所说的："在美国，人人都喜欢街角的位置，但最后总是我们得手。"故而，在曼哈顿一个并不宽敞的街角，同时出现几家星巴克就已经不足为奇了。

星巴克将这种饱和式竞争的策略称为"注满"，就是要将星巴克门店"注满"整个城市——不仅要确保绝对的主导地位，还要借此发挥出规模经济的效应。对此，泰勒·克拉克在《星巴克：关于咖啡、商业和文化的传奇》中用了"令人瞠目"来形容。

这种"注满"就是要形成饱和式的占领，而饱和式的占领是为了对竞争者实现最大限度的挤压，迫使他们只能到再下一级，再下一级的市场去开店。而待星巴克完成上一级市场的布局后，便又会对下一级的市场发起降维打击。

在星巴克的美国竞争对手中，一家叫"驯鹿咖啡"的公司做得还相对不错。它的创始人迈克尔·科尔斯当初正是因为看到星巴克的强大，却看不到第二名是谁，才投身到咖啡零售这个战场的。尽管如此，实际上的情况也是让他大惊失色："我简直不敢相信，仅有150家门店就能成为行业第二。"由此可见，星巴克将竞争对手挤压，甚至是碾压到了一个多么狭小的地带。

这就难怪女演员杰妮安·加罗法罗在《搞笑时光》节目中惊呼："他们就要把星巴克开进我家客厅里了。"岂止是客厅，在美国曾经流传着这样一个笑话：星巴克能够在一家门店的厕所里开辟另一家新门店。正因为如此，才让西雅图"贝斯特咖啡"前任高管汤姆·达诺夫斯基发出过这样的感叹："与他们竞争简直就是开玩笑。"

在澳大利亚市场也是如此。曾经担任星巴克顾问的美国达特茅斯学院塔克商学院教授卡文·凯勒曾表示："在澳大利亚，他们采用的策略跟在美国如出一辙，而且十分成功，也就是在市区精华地段密集展店，直至毫无空间让竞争者介入。"

对此，也有人不禁要问，既然星巴克会在一座城市里不断地开店，那么，星巴克的门店之间会不会形成顾客分流的现象，每个门店的生意会不会因此而受到影响？答案是肯定的，至少在一段时间里一定会出现这样的"内卷"问题。但是，星巴克不为所动。

在他们的竞争策略里，不把市场份额留给别人是最大的前提。自家之间再怎么分流，也都是殊途同归，不是进左口袋，就是进右口袋。重中之重是不能给对手留有栖息之地，不能让对手留有喘息之机。对此，我们从星巴克那个令无数人瞠目结舌的“对面开店”模式中便能看出端倪。

在业界的普遍认知中，在一条街的对面开双店，无异于自杀，至少是自残。就连麦当劳这样的巨无霸，如果这样做，也会被认为是愚蠢至极。在星巴克门店选址竞争策略中，“双店模式”却是常态。甚至，在泰勒·克拉克看来，霍华德·舒尔茨永远不会对在一条街的两侧各开一家店的做法表示厌倦。

那又是为什么呢？

其一，是“剥夺”对手进入顶级资源圈层的资格，“根除”他们与星巴克唱“对台戏”、打“擂台赛”的机会，从竞争源头上，最大限度地压缩对方在发展壮大上的任何可能性，坚决杜绝养虎为患的潜在威胁。

其二，是追求一种“侵略式”扩张下的持续曝光和强大辐射，借此不断强化消费者对星巴克的品牌记忆以及“咖啡就是星巴克”的品牌联想，从而将竞争对手从消费者的心智中最大程度地“挤走”。

其三，让消费者只要是想找个地方坐坐，脑海中就会浮现星巴克，最大程度地从竞争对手那里分流出客源，形成在市场占有率上的主导地位，掌握市场话语权。

在刚进入中国市场时，霍华德·舒尔茨也曾公开表示，在美国，他将密集开店当作公司起步的一种策略，并且希望同样的模式也能在中国复制。那为何在中国市场竞争如此激烈的今天，星巴克反而变得“温柔”起来了呢？曾经的那种势在必得的豪气和勇气到哪里去了呢？

让我们将目光回望到 2006 年 2 月，当被问及星巴克每年在美国本土新开门店 1300 家是否过快时，霍华德·舒尔茨回应道：“一点儿也不。在过去 20 年里，我们的业绩持续增长，并且我们的增长总是有预见性的。”

但是，在随后的时间里，星巴克的开店就进入“失控”的状态，借用当时负责星巴克在拉斯维加斯业务的马特·道夫齐的话说：“那阵子开店简直开疯了。”两年之后，为了竞争而开店，为业绩而开店，直至为了开店而开店——这种情况最终成为 2008 年星巴克经营危机爆发的主因之一。

有一个数据可以说明当时的情况有多么的糟糕：星巴克的可比店面销售额一直以来是业界的标杆，曾经达到 5% 以上。然而，到了 2007 年的最后一个季度，这个数据已经降到了 1%，成为 1992 年以来最差的业绩。

于是，霍华德·舒尔茨重新担任起公司 CEO 的职务，再次为星巴克把握发展的航向。面对自身的发展问题和日益激烈的竞争以及近在眼前的一场世界金融危机，霍华德·舒尔茨并没有改变初心，依然没有放弃高品质发展的道路。

在 2008 年 2 月 26 日，星巴克做出了一个在很多人的眼里都非比寻常的决定，即同时让美国的 7100 家直营门店歇业，为咖啡师们提供 3 个小时的浓缩咖啡培训，目的就是让 135000 名咖啡师能够更好地调配意式浓咖啡和热牛奶。

星巴克就是以这样的一种刀刃向内的方式，一举提高了数百万份饮品的质量；同时，也向消费者们发出一个信号：星巴克是真心想要将咖啡做得更好，想要确保顾客能够得到一杯完美的咖啡。

霍华德·舒尔茨曾为此而说了一句话：证据在杯中。

后来，为了度过这次危机，星巴克提出了关闭 600 家店面的计划，并解雇 1.2 万名专职和兼职员工。尽管此项计划在提出时，也曾被霍华德·舒尔茨认为“这是 25 年以来我所做的最痛苦的决定”，但好在带来的结果是正向的。

正如摩根士丹利分析师约翰·格拉斯曾对记者所说的：此举措将使星巴克在美国的营运利润率提高至少一个百分点。“好在，在那个万分危急的时刻，星巴克所幸还没有输给任何的竞争对手。”——霍华德·舒尔茨在后来的自传《一路向前》中庆幸道。

正是因为有了这样的惨痛教训，星巴克才会在开店这个竞争策略上保持足够的理性和冷静——一切以品质保障为底线，一切以消费者利益为红线。绝不将规模竞争凌驾于价值导向之上，绝不以与竞争对手一决高下为目的，绝不放弃“成为无可争辩的咖啡权威”的价值主张。

这也正是霍华德·舒尔茨即使在中国市场竞争如此惨烈的情况下，依然坚持“我会把 100% 的时间，放在我们正在做的事情上和我们能够控制的事情上”的根本原因所在。这充分彰显了一个世界级品牌对信念的忠诚度——定力，以及一家历经半个多世纪发展的老品牌应对竞争的成熟度——能力。

星巴克发布的 2023 财年第四季度及全年财报显示：在中国市场，第四季度收入 8.406 亿美元，同比增长 15%；净新增门店 326 家，再创历史纪录；同店销售额增长 5%，同店交易量增长 8%。2023 财年全年收入 30 亿美元，同比增长 11%；截至 2023 财年末门店数新增 13%，达到 6806

家；同店销售额增长 2%。

在这个对立统一的二元世界里，也许真正的快是慢，真正的高是低，真正的大是小，真正的进是退，真正的得是舍……正如老子在《道德经》中所言：反者道之动，弱者道之用。

目前，本土咖啡连锁品牌仍是主打低价快消的小店模型，通过发挥供应链优势，将咖啡这一品类变成人人都可以喝得起的常规快消品。而无法像星巴克一样赋予咖啡更高的溢价能力，也还无法把控中高端市场。因此，就无法像星巴克那样，以长期以来积累和沉淀下来的品牌心智与关系来维系用户黏性。在很长一段时间内，还是要靠打折促销来带动用户的规模性卷入。尽管，从短期来看，会吸引走那部分重叠的或是中间的用户，抢夺出一定的市场份额，但对星巴克并不足以形成实质性的威胁。

因为，归根到底，无论哪个零售连锁品牌，拼到最后都是在拼基于全供应链运营能力基础上的产品力，乃至品牌力，还有活跃会员的规模。因为，毕竟与品牌形成价值与价格交易的是消费者，而非渠道中的那些合作商。

据 2024 财年第二季度财报显示，星巴克在这个季度内净新增 118 家门店，同比增长 14%，新进入 20 个城市。截至 2024 年第二季度，星巴克在中国市场的门店总数达到 7093 家，已覆盖了近 900 个县级城市。

评价门店质量最终还是要看活跃会员的规模。上述财报显示，星巴克下沉市场的 90 天活跃会员规模增长迅猛，创历史新高，会员增速超过了一二线城市。可见，下沉市场对星巴克中国整体营收贡献占比正在逐渐加大。

在聚焦下沉市场的同时，星巴克也在加速发力外送业务。上述财报显示，数字化业务（专星送和啡快）占比达 52%，延续历史最高。其中，啡快业务占比达 26%，创历史新高，专星送同店销售额实现增长。

就在本土品牌开始越来越纠结于是继续拓店还是继续低价的时候，同样是老江湖的肯德基，却于近日宣布：肯悦咖啡开启百店同庆活动，同样是以全场咖啡 9.9 元的态势，高调入局。其底气就源于自身控价与拓店双线并行的超强能力。

正是这个肯德基旗下的肯悦，凭借平均每 3 天开 1 家新店的迅猛之势，快速实现了 100 店的规模。入场即百店，百店就能“九块九”，这份自信正是源于多年以来在整个供应链方面的实力积累与沉淀。

这份积累与沉淀，不同于其他咖啡品牌仅限于咖啡赛道垂直供应链的能力。而是依托于肯德基乃至背后整个百胜集团的庞大供应链体系，手握上游端咖啡豆产地资源，以及国内头部乳企的战略合作两大核心优势，既能给到产品更多的创新空间，也能给到平价策略的支持。

因此，我们就看到了：在肯悦的菜单中，早在2022年就已将浓缩咖啡带入9元时代；血橙西柚气泡美式划线价后依然能够只要8.8元；在每家门店都可以挂上“不满意重做”的品牌承诺……而这一切，都主要源于，肯悦咖啡能够利用强大的供应链支撑和餐饮巨头数十年的品控体系，来实施“降维打击”的实力。

当然，肯悦咖啡在维持高性价比的同时，还能够兼顾更高品质的咖啡产品，并借此来布局更具个性、更多元的咖啡细分赛道。在产品力方面，肯悦上新的速度非常惊人，从开第一家店到实现百店规模的不足一年时间里，新品数量达到了50种以上，可谓是“周周有新品”。

特别是在冰咖啡方面，从气泡咖啡到雪顶咖啡，肯悦已经形成了自己的特色，以有别于复制传统茶饮的差异化限定产品，打开了中国咖啡新天地。爆汁三柠气泡美式和红心苹果气泡美式，一经上市便反响热烈，好评不断，引发了小红书的万人讨论。

而反观库迪，却始终在供应链和产品力上鲜有长进。

对此，知名互联网评论人“老胡”尖锐地指出：“在联营商加速逃离的背后，一方面是因为库迪的供应链与规模并不匹配，且长期未得到改善。”而在朱丹蓬看来，供应链的完整度决定了企业未来的核心竞争力。

尽管，库迪从2023年7月就宣布投资2亿美元在安徽当涂创建全球第一个供应链基地，并称将于下半年正式投入运营。但在2024年1月份才举行投产仪式的首个供应链生产项目“库益包装项目”，真的是远水解不了近渴。

据《2024，加盟库迪还是一门好生意吗？》一文介绍，从早期的部分产品的缺货，到现今的常规奶等基础原料的缺货，在小红书等社交媒体平台上，关于库迪售罄、缺货的帖子一直没有停过、断过。消费者甚至发现，有的库迪门店很多款饮品售罄一周多了居然还一直不补货。

“在同行针对产品的内卷愈发激烈的背景下，守着如此‘拖后腿’的供应链，联营商相当于已经失去了最必需的竞争资本。”——“老胡”在文中表示：“长此以往，联营商已经疲于再为库迪的供应链问题买单了。”

而对于库迪的产品力，“老胡”做出了这样的评价：“始终没有支棱起来。”他甚至认为，这或将成为压倒库迪联营商的最后一根稻草。我们暂且不去评论一直在社交媒体上出现的“每一款都难喝”的负面评价，毕竟在口味这一点上，“萝卜白菜各有所爱”。但，库迪在产品上新这个问题上的短板，似乎是存在一些共识的。“有消费者曾戏称，库迪的饮品，不是对友商产品的一比一复制，就是米乳的排列组合。”“也有库迪门店的前员工，在社交媒体平台上公开吐槽：产品创新程度为 0……米乳系列之后的产品基本都是换个底料，改个名字，就又是一款新品了。”

产品力的不足，注定会严重影响到品牌核心竞争力和持续发展力。正如《死守 9.9 元的库迪，反倒留不住联营商了？》一文的作者曾响铃所强调的：消费者甘愿长久追逐的绝非单纯的低价，而是附带一定品质门槛的性价比。只有满足了这个需求，更多的联营商才会说：不是星巴克玩不起，是库迪更有性价比。

不然的话，“这块短板没得到补足，库迪被市场淘汰或许只是时间问题”，“老胡”如是说。如此看来，“库迪杯量仍在持续下滑，闭店或门店转让的数量则在不断增多”就不都是空穴来风了。

的确，拉胯的产品力已经在让越来越多的联营商，开始对“低价带动销量回升”这种预期不再期待了。如此一来，即使库迪，也不舍得丢弃给其带来巨大品牌曝光度，并一举将门店数量带向 7000 家的低价策略，但对于联营商来说，他们已经渐渐失去了将价格战进行到底的信心与耐心。

来自腾讯数据的预估也似乎印证了某些问题——2024 年 3 月库迪的日均杯量创下阶段新低。即，只有 128 杯，较上个月同期的 156 杯减少了 28 杯。如果真实情况确实如此的话，那么问题就不是很乐观了。为什么？因为，一旦日均杯量降到 130 杯以下，门店物料的利用率就会随之而发生质的变化。

这样一来，一大瓶物料往往只用了小部分就会过了保质期。这无疑又会雪上加霜，增添成本消耗。在这种情况下，管理成本也会随之上升。因为，必须要通过加强管理来杜绝个别联营商铤而走险使用过期物料的现象，最大程度地避免出现食品安全问题。

再有，据业内人士估算，400 杯左右的日杯量是许多门店的盈亏分界线。不足 130 杯的经营状况一定会给联营商的正常运营带来巨大的压力和风险。在这种情况下，他们不愿意再继续“陪跑”的想法和做法就完全可以理解了。

联营商管理的问题，对于库迪来说也绝非一件简单的事。无论是区域经理与联营商的关系问题，还是托管店长的薪酬待遇问题；无论是强制推销酒产品的问题，还是“要求”店员、店长针对9.9元活动做地推试饮（否则就将店长开除）的问题……都在考验着库迪的系统性组织能力。而这，远非像打价格战那样可以简单、粗暴。

看来，作为库迪，无论是实现“以瑞幸的方式打败瑞幸”的战略，还是落实“让全世界没有难开的咖啡店”的承诺，都不是喊喊口号那么简单。也诚如当年的瑞幸，从瑞幸到“确幸”，也远非能够上市烧钱那么简单。即使是当下的瑞幸，要想在未来扎住营盘，站稳脚跟，也并不是开上1万家店，就可以万事大吉的。

无论是面对旷日持久的价格战，还是面对寸土必争的拓店战，霍华德·舒尔茨都表现出超乎寻常的淡定。因为，在他看来：“在今天的市场中，你能做的最糟糕的事就是接受现状。因为无论你今天取得了什么成就，都远远不够。”

但接受并不一定代表改变，因为人类应对变化的顶层设计永远都是“以不变应万变”——以人性特征之不变，应对时代特征之万变。正如霍华德·舒尔茨所强调的：“我们追求的不是最大限度的销售规模，而是试图让我们的顾客体会到品味咖啡时的浪漫。”

是的，对于星巴克，永恒不变的就是“我们的业务是基于社区，用高质量的咖啡创造人文联结，并创造一种体验”。只有借此“创造出需求和渴望”，才能像霍华德·舒尔茨所说的，争取到“顾客的青睐”。

的确，对于咖啡品牌，归根到底，还是——“证据在杯中”。

我们常说企业要“做大做强”。之所以将“做大”放在前面，是因为在许多企业的思维定势中，只有“做大”才能“做强”。因此，许多企业之所以选择多元化道路，就是出于以最快速度提升实力、以最大限度占有市场、以最大程度提升营收的目的。

于是，许多企业便走上了规模化制胜的道路。单纯以收购、并购这样的模式实现快速扩大规模的目标，同时开始忽视、漠视，甚至无视价值的创新与创造。那么，支撑企业行稳致远的，是“大”还是“强”？是规模还是价值？在时代变迁面前，企业的核心价值是应该始终坚守，还是可以轻易地舍弃？

为此，我们可以追溯到商业和市场的本质。商业的本质是交换，是用价值交换价格，只有更优、更久的价值才能为企业换来更好、更远的利益。市场的本质是竞争，只有那些更优、更久的价值才能最终赢得市场的美誉和忠诚，才能让企业实现高附加值的长远发展。

因此，一个能够行稳致远的公司，一定是基于经久不衰的价值创新和创造，并凭借此对其所处时代产生了深刻的影响。而“为用户和社会创造真正价值”的过程就是品牌自身“做强”的过程，也只有这样才能让自己“长久经营”，才会有机会和有资格最终将自己“做大”。可见，坚持以价值创新为导向的长期主义才是企业能够“撬动地球”的永恒支点。

正如网易创始人丁磊在2020年5月29日发布的一封《致股东信》中所指出的：“是因为我们比别人更聪明、更幸运吗？我想不是，是因为我们更尊重基本的常识：只有为用户和社会创造真正价值，一种商业才可以长久经营。”

因此，作为企业和品牌，“做强”才是“做大”的前提和条件，要想“做大”是要具备资格的，那就是在核心竞争力上有足够的“强”做支撑。正如我们常说的那个词：强大。

## 市场下沉：门店竞争的2.0时代

2023年的4月24日，年过古稀的霍华德·舒尔茨再次开启了他的中国之行。就在一年前，他曾站在北大的讲台上宣布：星巴克在中国的门店数量会超过1万家。而这万家门店至少要覆盖到300个城市。

就在霍华德·舒尔茨启程的同一天，在贵州黔西南自治州的一个小县城兴义，当地的第一家星巴克开业了。这让不少的当地人“惊呼”：我们这个“十八线”小城也有星巴克了。于是，店还没开，就有500人加入了店长拉的微信群，当天更是有不少人早早在店门口排起长队。

这两件事，也许就是一个“巧合”。但还是让人们不禁产生联想：实现霍华德·舒尔茨心中的“万店”目标，星巴克一定会在“下沉”这两个字上做文章。的确，如果说，前文所述的基于门店的竞争的关键词是“速度”的话，那么在未来，还要再加上一个关键词，那就是“下沉”。

星巴克刚刚入驻的是兴义县城内被当地人戏称为“CBD”的欢乐橙购物中心。而实际上，远不止是兴义，就在2023年11月份，老家在安徽太和县的小伙伴忽然看到，家乡同学在朋友圈晒出了一组照片，配文：“星巴克也来开店了。”

太和县，这个安徽西北部的小县城，常住人口不到140万，面积也才1867平方公里，GDP 530多亿元；除了邻近的人知道有个“太和板面”外，在全国范围内听说过这个小县城的人屈指可数。大洋彼岸的星巴克总部为何敢批准开店呢？

其实，也不难理解。在中国咖啡市场群雄并起的状况下，一二线城市早已“店满为患”了。霍华德·舒尔茨曾公开表示，在美国，他将密集开店当作公司起步的一种策略，并且希望同样的模式也能在中国复制。如今在中国，500米之内开三四家星巴克的情况已经不在少数。

例如，在上海地铁一号线陕西南路站，出了地铁口不到500米的距离，相继开了三家星巴克。在郑州的二七广场商圈，一家星巴克位于大卫城负一楼，很多人在这里喝一杯星冰乐，谈天说地；一家位于华联商厦，人们忙于谈论各种业务；金博大店和万象城臻选店，更是潮人和时尚达人的聚集地。而这四家店都是开在方圆500米之内。

从几年前的城市分布看，星巴克在新一线城市的门店数量超过了一线城市，目前新一线城市2249家，一线城市2182家。由此可见，星巴克在很长时期内的门店开发中，一直是以高线地区为重点。但如今，星巴克要想完成万家规模的拓店目标，就必须要将下沉进行到底。

正如之前的一句广为流传的口号：广阔天地，大有作为。因此，“星巴克看重的不仅仅是全国300多个地级市市场，也包括了近3000个县域市场”——星巴克的《2025中国战略愿景》直言不讳地表示。

《加盟生意“狂卷”县城》一文的作者表示：“或许，从宏观视角来看，这是中国县城消费的一个缩影。”当然，这也预示着中国咖啡消费市场的未来。我们先来看几组有关咖啡市场的数据。

2023年3月，纳思翰（Laxman Narasimhan）正式担任星巴克首席执行官，他明确表示：“中国当前的年人均咖啡消费量是12杯，日本是200杯，美国是380杯，中国的咖啡市场仍然处于早期阶段。”

同年的5月26日，《2023中国城市咖啡发展报告》发布，报告显示，中国咖啡作为咖啡消费新兴力量，复合增长率高达12.5%，发展潜力巨大，预计2025年中国咖啡产业规模将达到3693亿元。

来自麦肯锡的预测也证实了这种趋势：到2030年，中国个人消费规模将增长至65.3万亿美元，超66%的增长来自包括三线及以下城市。

那么，谁来支撑我们对中国咖啡市场未来的增长预期？答案是简单而明确的：非下沉市场莫属。让我们再来看几组有关下沉市场的数据：

早在2022年，我国下沉零售市场规模就已经达到了17.6万亿元，体量约是高线城市零售市场的4倍。同时，下沉零售市场规模同比增长率也达到了9%，比高线城市高出两个百分点。

2022年，我国GDP千亿县增至52个，其中昆山GDP总量突破5000亿元，超过了8个省会城市；中西部千亿县增至10个；根据县域工业经济发展论坛（2023）披露的数据，2023年的县域经济GDP已经占到全国GDP的38%。

黑蚁资本的研究显示，约40%的县城家庭的年收入在税前已经达到10万元以上，储蓄率为38%；13%的家庭年收入税前超过15万元，储蓄率达到42%。

“如此庞大的市场和人口，无论在什么量级的城市，消费需求都是立体的、多层次的。”《星巴克，到县城恰饭》一文的作者如是说。

正因为如此，《2023中国咖啡市场洞察报告》才显示出这样的数据：2022年国内下沉市场的咖啡订单量同比增长高达250%。美团外卖数据也证明了这一点：咖啡在四五线城市的订单量同比增长243%，远超出一二线城市的增速。

市场有了，应该如何下沉？我们看看星巴克是怎样做的。

相信绝大多数的国人都只知道常山赵子龙，而不知常山县。也难怪，常山县的GDP在更多的时候，连同在一个省的慈溪市的十分之一都不到。

但要告诉读者的是，在那里早就有了星巴克。这是为什么？

对此，星巴克有着超前且清晰的认识与预判，以及对短期与长期发展的兼顾。

如前所述，星巴克是基于省域的市场水平来判断其辖下县域的，这是星巴克在门店开发及管理半径和城市价值判断模型上最为重要的部分。在这个逻辑指导下，星巴克在中国则是重点在强省强县、强省弱县以及弱省强县这三个维度的资源上与竞争对手展开争夺的。

正如时任星巴克资深行销副总裁的史考特·贝德立在1996年接受《财星》杂志采访时所说：“如果我们是可口可乐，那根本不存在百事可乐。”而在星巴克门店东进发展项目副总裁罗布·索普看来：店址的选择通常是艺术与科学的结合，是战略与机遇的交锋。

星巴克之所以能够如此“自信”，底气就来自作为一个早就历经过充分且激烈的竞争洗礼的成熟品牌，对市场发展趋势的科学预判以及合理布局方面所具备的高水平认知和综合性能力。

简言之，正如《星巴克，到县城恰饭》一文的作者所指出的：“星巴克早已看到中国县域经济的巨大潜力。”正因为如此，2023年，在星巴克对新进入的10座三线以下城市的选择中，就已经是以五线城市为主了。

但也远不是“下沉”这么简单。《2022本土咖啡消费趋势洞察报告》的调研数据显示，消费者最能接受的现制咖啡价格区间是16—25元。为此，星巴克开始在美团、抖音等本地生活团购上发力，在多平台推出“93元三大杯馥芮白次卡”“28元星冰乐8选1”等促销活动。

“星巴克一旦下沉，在五环内外试图打通一条消费纽带，无异于率先进入瑞幸的腹地，这对瑞幸不是一个好消息。”《瑞幸与星巴克，还未抵达同一战场》一文的作者这样认为。

然而，未来的中国咖啡市场，无论是兴义的欢乐橙购物中心，还是太和的翰林广场，在那里早就挤满了星巴克的直接或是间接的对手，远不止瑞幸一个。不仅有霸王茶姬、喜茶、沪上阿姨、茶百道、茉酸奶等饮品品牌，同时，也不乏海底捞、肯德基、德克士、正新鸡排等一众餐饮连锁品牌。

这无疑传递出：在县域经济崛起的推动下，相比于“大城市”，生活在住房压力小，物价较低的环境中的县城居民，有更多的“闲钱”来“享受生活”，其消费能力可能已经与一线城市居民相媲美，甚至在某些方面有所超越。如此，消费升级就不仅仅是一种可能，而是一种必然的趋势。

同时，这种信息也印证了一个事实：无论是我们与其他咖啡消费大国之间的差距，还是我们自身的空白市场，都离不开下沉市场这个巨大的发展空间。尽管，有众多品牌采取低价市场策略进行助推，但下沉市场依然呈现出一片“蓝海”的景象。而应对这种增量市场的策略选择，无疑就是下沉，下沉，再下沉。

就在2024年4月23日，茶百道在港交所敲钟，成功上市，成为继奈雪的茶之后的“新茶饮第二股”。公开数据显示，茶百道门店数量已由2021年底的5070家增长至2024年2月18日的7927家。市场占有率达到6.8%，跃居中国现制茶饮店市场的第三位。

从茶百道的收入明细中可以发现，最近三年，茶百道约95%的收入源自其加盟商。而这些加盟商正是来自我国31个省份的各线级城市。其中，以四线以下城市的占比增高最为显著。而这已经成为一种行业趋势和共同选择。

紧随其后提交招股书的古茗和沪上阿姨，对下沉市场也表现出了非常高的重视程度。有资料显示，古茗现已有38%的门店位于远离城市中心的乡镇。由此可见，下沉市场已然成为茶饮市场的兵家必争之地——对于咖啡市场更是如此。

根据美团数据显示，三四线城市在线咖啡门店数量与店均年交易额同增，已经成为市场增长的主要引擎；蜜雪冰城旗下的幸运咖在下沉市场的门店率高达61.9%，二线及以下城市门店占比更是达到了81.27%；瑞幸二线及以下城市的门店占比达到了近50%……

在2023年1月瑞幸发布的“2023年度首轮新零售合作伙伴招募计划”中，新增的33个城市中有相当数量的县级市。但在目前，瑞幸在三线及以下城市设立的门店仅占其总数的三成。

而相比之下，库迪在下沉市场的门店占比则更高。因此，为了持续增长，瑞幸在2024年势必要走出一二线城市，在下沉市场与库迪展开新一轮的正面竞争。

我们再回过头来看星巴克：2023年初披露入驻的10个新城市，几乎都是三、四、五线城市；截至2023年6月，星巴克在中国新开382家门店，其中大部分是开在像清远、文山、新余这样的县城和县级市的。

从肯悦的开店规律中也能窥见同样的发展路径。2023年4月底，肯悦在湖北开出第一家店之后，就相继在山东济宁邹城和潍坊昌邑、河南郑州中牟县、江西赣州和九江等多地开出门店——在主攻广阔的下沉市场的策略下，肯悦虽然只开出了 100 家门店，但已经是遍布全国 80 多个城市了。

这是因为，随着市场竞争的日益充分，新老咖啡品牌之间的竞争愈发激烈，头部品牌为了保持在现有格局中的优势地位，就必须保持扩张态势。而后来者，更是将下沉市场当作自己避实就虚，从日益激烈的市场竞争中还能分得一杯羹的不二选择。

毕竟，与一二线城市的激烈竞争相比，下沉市场的商业总体供给还是存在很大的想象空间和市场可能的。这不仅源于下沉市场消费业态的升级，及其背后蕴含的蓬勃活力的持续释放，还得益于这里对开店位置的选择性更大，周边环境可以更加优越，房租和人工成本也会更加低廉。

在这里值得一提的是肯悦“肩并肩”的开店模式，即门店基本上都开在肯德基的隔壁。这种模式大大地降低了肯悦在选址过程中的决策成本和时间成本，是肯悦之所以能在不到一年的时间里开出 100 家店，快速搭建起门店网络，打开市场的重要原因之一。

在未来，伴随、借助肯德基在中国 2000 多个城市的万家门店之势，肯悦注定会在门店规模和渠道渗透方面，爆发出不容小觑的市场下沉后发之力。当然，开始走出一二线城市舒适区的头部品牌远不止肯德基一家。

然而，必须要指出的是，任何事物都是对立统一的，下沉市场对于咖啡连锁品牌来说，也是如此。特别是当“蓝海”也同样变成“红海”的时候，事物的另一面便会凸显在大家的面前。而推动这种状态形成的那双无形大手，便是：竞争。这是因为，任何的空白市场，都必将引发一轮又一轮的竞争，直至“内卷”。

在这个过程中，价格战依然是不可避免的。这是因为，那些在规模上无法形成领先，在价值上无法独树一帜的品牌，要想为自己吸引到更多的消费者，手中也只有“低价”这一张牌可打。尽管，一直打价格战显然不是品牌持续发展的上策，特别是对于那些中小品牌，更有饮鸩止渴、杀鸡取卵的风险在。

但又似乎别无选择。

当“9.9 元”成为用户心中的一个购买锚点时，中国咖啡市场的腾飞就开始有了被过分“催熟”的迹象，这也许同样是下沉市场无法避免的宿命所在。而对于像星巴克这样的以品牌制胜的经营者，也同样会在下沉市场中面临因“催熟”而带来的诸多问题。

这些问题主要是源于：消费者在尚未经过充分的市场教育的情况下，便被低价的狂潮卷入到消费的场景之中。而这样的消费群体，即便在规模上可以飞速膨胀，也只是停留在对性价比和多样风味的锚定上，最终会忽视，甚至无视品牌或咖啡本身。

正因为如此，才会导致在日本这样的成熟市场，经典属性的咖啡占比高至 60%—70%，而中国大陆仅在 20%—30% 的市场现状——这对于中国咖啡市场的未来，或许并不是一个正向的驱动。

在这种态势下，咖啡品牌在下沉市场中，会面临越来越多的品牌跨界加入竞争之中的局面。这种情况的驱动力主要源于许多国人对咖啡风味的偏好和选择，及其所导致的咖啡口味变化快，用户分层多的市场特征。

众所周知，许多中国的咖啡消费者喜欢的是咖啡味的奶，而不是咖啡本身。特别是对于已经被奶茶“洗过胃”的年轻人。根据艾媒咨询报告，有将近 60% 的消费者在咖啡店会选择卡布奇诺和拿铁；有 39.1% 的消费者选择的是摩卡或者玛奇朵，这也同样是奶咖。

而当下沉市场成为中国咖啡市场增长的主要力量时，这部分新晋年轻消费群体的偏好自然会被摆在 C 位。于是，一方面，既有的咖啡品牌都会将本土化口味创新聚焦在打造风味饮品上。就像一些茶拿铁类的饮品，已经与奶茶没有了本质的区别。

据网易数读测算，星巴克、瑞幸、Manner 都以销售奶咖为主，占比均超过了 50%，星巴克甚至有 40.74% 的产品不是咖啡。

而另一方面，许多原本不在咖啡赛道上的茶饮品牌，也会凭借自身的风味优势和品牌势能，在下沉市场中与咖啡品牌争得一杯用户的羹，切分一块市场的蛋糕——茶百道的“咖灰”，蜜雪冰城的“幸运咖”，沪上阿姨的“沪咖”……便是如此。

因此，《连瑞幸现在也怕了》一文的作者强调：这是中国咖啡市场的特殊业态，也是咖啡赛道中跨行业竞争者频出的重要原因。对此，咖啡品牌们要有充分的认识和足够的准备。

正在下沉市场攻城略地，寸土必争的连锁品牌们，面临的另外一个发展问题就是规模与效益的关系。正如一位业界人士所表达的：“背后的核心矛盾在于，品牌渴望无限扩大加盟商的规模，却不得不面对边际效益递减的现实。”

但，毋庸置疑的是，抢占下沉市场最为高效的武器除了加盟，还是加盟。

2024 年 2 月，九毛九集团公布了引入加盟特许经营模式的计划，涵盖旗下的“太二酸菜鱼”和“山的山外面·酸汤火锅”等多个品牌。紧随其后的是海底捞，这家已经将不加盟“原则”坚持了 30 年的品牌，也于 2024 年 3 月 4 日，以发布公告的方式，宣布对外开放加盟。在其官方的解释中，不乏“进一步推动扩张步伐”“助力海底捞品牌扩展至更多城市”的表达。“这句话的另一种解释可能是，借加盟商的钱实现自己的扩张之路”，《加盟生意“狂卷”县城》一文的作者这样认为。在这位作者看来，“餐饮的终局必定是加盟”。

况且，尽管中国的餐饮连锁化率已经从 2015 年的 12% 增长至了 2020 年的 17%，连锁品牌也正逐渐占据主导地位，但与超过 60% 的 2020 年美国餐饮行业连锁化率相比，也依然有着不小的发展空间。

以开放加盟的方式，着眼于小型密集型门店，降低加盟门槛——对于抢占下沉市场，其效果可谓是立竿见影。当年的蜜雪冰城（门店数破两万，开在三线及以下城市的门店占比高达 60%）便是一个非常值得参鉴的成功案例。

于是，喜茶也“照方抓药”。在喜茶宣布开放加盟后，扩张之势如期而至。有数据显示，截至 2023 年底，喜茶门店总数突破 3200 家，拓展到了 210 个以上的新城市，部分县域市场的销售增长甚至超过 400%。

但问题依然是出在了“两面性”上。

一方面，对品牌而言，增加一个加盟商意味着能够收取一笔额外的加盟费、设备费、培训管理费以及保证金等，同时也意味着增加了一个日常采购的客户，从而提升了品牌的总体收入。甚至，使得供应链的生意可以演变成公司的财富支柱。

以蜜雪冰城为例，《蜜雪冰城招股说明书》显示，从 2019 年到 2022 年第一季度，蜜雪冰城营收的主要来源就是对食材和包装材料的销售——两项相加占到了营收总额的 85% 以上，而卖奶茶的收入还不到 1%。

而这些财务指标，“尤其是对于那些已上市或计划上市的品牌，更是直接关系到品牌的市场估值”。《加盟生意“狂卷”县城》一文的作者特别强调。因此，才会有众多的品牌纷纷打出“进军万店”的发展目标。

开放加盟，也许对品牌方来说，的确是一门上等的生意。但前提是，要有足够数量的加盟商入局，成为其增加供应链营收的贡献者。而加盟商又“图”的是什么呢？无疑，也同样是收入。正如，司马迁在《史记》中提到过的：“天下攘攘，皆为利往。天下熙熙，皆为利来。”

品牌方想借加盟商赚钱，总不能以加盟商赔钱为前提吧——事情就是这么简单。但对于加盟商来说，赚钱又不是像讲道理一样的简单。究其根本，在品牌方们不达“万店”誓不罢休的态势下，市场的饱和很快就会到来，规模与利润的负向临界点也很快就会出现。

如今，走进任何县城的商业街，数家饮品店一字排开，“列队”迎接客人的场景已成常态。甚至，在斜对面开设同一品牌的加盟店的情况也已属平常。如此一来，随着门店数量的增加，多家同业态的门店就会分食原本属于一家门店的消费辐射半径。

因此，无论是收入还是利润，单店的收益都因过多的相同业态的门店，而势必会被稀释，被摊薄。于是，先来的就有可能选择退出，而后来者更多的会因此而望而却步。

据媒体报道，“零食很忙”在长沙的门店数量超过 400 家，密集到在某些地区每隔 500 米就可见到一家门店；蜜雪冰城在南京夫子庙景区的方圆 800 米内，同时有 8 家门店在抢生意……

蜜雪冰城为破解在达到 7000 家门店规模后陷入的增长瓶颈，竟然取消了区域保护制度，其结果就是加盟店如雨后春笋般地层出不穷——而这种情况与问题，是不是大概率地会出现在咖啡品牌对下沉市场的竞争中？答案应该是肯定的。

当然，这绝对不仅仅是加盟商要面对的问题，也同样是品牌方要正确对待和妥善解决的问题。因为，如果真的是像《加盟生意“狂卷”县城》所描述的，“大约 80% 的加盟商处于亏损状态，最终结果往往是亏损、尽力而为、最后关闭门店”的话，那么，品牌方未来的出路又在哪里呢？

对此，《瑞幸的苦涩一页》的作者也发出了类似的探问：“关键是那么多店开完后，单店日均 400 底线守不守得住，中国消费者喝及时现磨的习惯能否培养起来，以及不开店后管理层打算如何回馈股东。这或许是瑞幸说不清、道不明的苦涩一面。”

那么，对于这样的问题，说不清、道不明的，仅仅是瑞幸，还是整个行业？在笔者看来，有希望例外的，也只剩星巴克了。因为，想必这样的问题，星巴克早就经历过了，也早已找到了正确的答案——这正是世界品牌与本土新晋品牌之间最大的差距所在。

在消费主权时代，品牌需要，也必须下沉。市场下沉也好，品牌下沉也罢，都不会是一“下”而就，一“沉”了之。这是因为，市场的下沉意味着消费主权时代的到来——如何更好地应对市场下沉，如何赢得下沉市场的竞争，已经成为企业未来发展的存亡命题。

其一，要转变观念。我们都一直将下沉市场简单地理解为市场的下沉，其实，消费主权时代的本质是品牌主体的下沉——下沉到以消费者为主体。

其二，要调整方向。在消费主权时代，要以既对应市场问题，又满足消费者痛点需求，既对应市场厚利区空白，又符合自身资源优势和差异化竞争为发展方向。

其三，要找准共鸣。在消费主权时代，消费者利益再次成为营销的新基准，营销的本质又回归于价值的创造、品牌的体验和利益的输送。

其四，要塑造好形象。一定要塑造出“有态度，有温度”的，充满人性光辉与人文关怀的人格品牌形象。

其五，要讲好品牌故事。不能再自话自说，甚至自娱自乐。而是要用消费者的语言和语境来娓娓道来。

其六，要注重品牌体验。当产品已经无法形成竞争区隔的时候，不断优化品牌体验就成为了品牌的护城河。

其七，要做好消费者资源的转化。消费者关系已经成为品牌的核心竞争力，它决定了企业的持续发展力。

其八，要充分利用数字赋能。通过对用户动态数据的积累和计算，更加精准地满足多样化、便利性、及时性的需求。

其九，要构建“四全”支撑体系。在全运营链构建全位、全程、全员和全心的品牌支撑体系。

其十，要打开服务边界。未来的品牌竞争，要将产业链的全部环节都视作服务的一部分。

总之，在消费主权的时代，品牌要充分利用时代所赋予的新方法和新工具，去拥抱消费者，去与消费者结伴而行。

# 第四章
# 花式营销，跨界联名

据不完全统计，2023年，新茶饮和现磨咖啡两大饮品品类共新增产值3000亿，约占到全国大餐饮行业全年新增产值的60%。在这个角逐万亿市场的品牌大战中，除了低价、开店的“功劳”之外，一波未平一波又起的营销浪潮也同样是功不可没。

2023年，在大打价格战，掀起拓店狂潮的同时，各大品牌在营销上也同样是使出浑身解数，争奇斗艳。在花样繁多的营销招数中，跨界联名似乎“独树一帜”，在赢得巨大的用户关注的基础上，也为品牌带来了丰厚的市场转化。

这是因为，中国的咖啡市场正处在裂变期。用户的结构在变化，应用的需求在丰富，消费的场景在焕新。而与此同时，传统的头部品牌在产品和营销的创新上，还无法对此形成快速且有效的应变。这就给新兴咖啡品牌留出了很大的发挥与发展的空间。

## 用户为上，产品为本，体验为要

任何的营销都是基于价值的营销，而非单纯的价格营销。何为营销？营的是价值，是品牌的卖点；销的是利益，是用户的买点。因此，营销的根本在于价值，在于通过优质的产品为用户输送出更多、更好的利益。因此，任何脱离价值的营销，都是伪营销，都是昙花一现的营销。

对于咖啡品牌，价值首先体现在产品上，体现在用户至上、品质制胜原则下的产品创新上。因此，对于新兴品牌，要想激发出新的用户群体，引发出更大的流量关注，与传统品牌形成差异化的竞争，除了价格战和门店战之外，还有一个市场的利器，就是：不断打造产品的新鲜感。

瑞幸咖啡在疯狂开店的渠道力之外，产品力也是值得称赞的。其于2021年推出了113款新品，2022年推出了140款，2023年推出了102

款。并且，每一年都有爆款出现。

2021 年 4 月 6 日，继 2020 年的厚乳拿铁之后，一款叫“生椰拿铁”的饮品，如普通新品一样被摆上了货架。然而，谁也没想到，一个又一个奇迹由此诞生：1 秒售罄、全网催货、一年卖出 1 亿杯、两年突破 3 亿杯、三年突破 7 亿杯。据统计，“生椰拿铁”在 8 个月内，为瑞幸咖啡贡献了 12.6 亿元的收入，以一己之力托起瑞幸的涅槃重生。

2022 年 4 月，椰云拿铁上架了。单周销量突破 495 万杯，平均月销 1000 万杯。如此一来，瑞幸的两大爆品彻底捧红了椰子饮品。咖门发布的《2022 中国饮品行业产品报告》显示，椰子使用频次在取样的 40 个茶饮品牌中占据首位，比排在第二的草莓多了 108 次，92.5% 的品牌上新了椰子元素的产品。

2023 年春天，在奶咖中相继打出爆品后，瑞幸又将目光转向“茶咖”。一款碧螺知春拿铁，首周销量突破 447 万杯，也在社交媒体上实现了破圈。随后，瑞幸又推出兰韵铁观音拿铁等新品，继续完善“中国茶咖”系列产品线，并在之后实现了 7 天销量突破 625 万杯的热卖成绩。

而 2023 年的爆款产品，非“酱香拿铁”莫属。这是一款贵州茅台与瑞幸咖啡联合推出的联名咖啡，主要特点是使用含有 53 度贵州茅台酒的白酒风味厚奶，与咖啡相结合，形成独特的白酒风味咖啡。这款饮品于 2023 年 9 月 4 日正式上市。

由于其独特的口感和茅台酒的品牌效应，酱香拿铁虽然价格相对较高，但依然获得了许多消费者的追捧。特别是对于那些喜欢浓郁、香醇口感的人，酱香拿铁不仅具有拿铁的浓郁口感，还增加了酱香调料的独特风味，使得整个饮品的口感更加丰富、有层次感。

此后，瑞幸依旧通过跨界寻找新的产品创新灵感，继与中国传统白酒联姻后，又与中国传统茶叶形成融合。2024 年 3 月 18 日，瑞幸以黄山毛峰为灵感，推出了春日限定茶咖——黄山毛峰拿铁。至此，融合传统与现代的国风饮品，逐渐成为瑞幸产品创新的强有力的支点和亮点。

据介绍，这款黄山毛峰拿铁历经 6 道工艺匠心炮制，将瑞斯奇托®精萃浓缩咖啡液与清甘润爽的绿茶完美融合——黄山毛峰拿铁前调是清香冷韵，顺滑口感如同清风拂过；中调则是清甜甘醇，咖啡香气交织茶韵回甘；后调茶香袅袅，怡人尾韵如居黄山深处。

对于这款以“春茶”为卖点的限定新品，正如朱丹蓬所分析的：“瑞幸的市场触觉应该是最灵敏的。春茶，无论对于中国的老一辈还是新生代，都具有极大的吸引力，会成为他们热议的话题，这也正是瑞幸致力于推广春茶的重要原因之一。”

据了解，截至目前，瑞幸已推出多款“茶咖”产品。特别是自2023年以来，瑞幸咖啡先后推出了碧螺知春拿铁、茉莉花香拿铁、兰韵铁观音拿铁等“中国茶咖”产品。其中，碧螺知春拿铁曾创出首周447万杯的销量。

销量的背后，是尝试产品创新与文化融合模式的成功，代表着瑞幸能够驾驭好传统茶元素与现代咖啡制作之间的关系，让中西文化元素实现有机结合。这有助于提升瑞幸的品牌形象，吸引更多消费者尝试新产品，为咖啡市场带来了新的活力。

只是，与其他产品创新一样，如何将“咖啡 + 茶”之间的化学反应不断地延续下去，是瑞幸必须要面对和思考的问题。如此，才不会让更多的创新产品成为昙花一现的限定款，而无法成为被消费者忠诚地重复购买的长销款。

更应该引起关注的是，有越来越多的品牌拥挤在“咖啡 + 茶”的赛道上，形成了新一轮的市场竞争。公开资料显示，截至目前，茶颜悦色、古茗等茶饮品牌，星巴克等咖啡品牌都已推出“咖啡 + 茶”的融合产品。同时，喜茶、沪上阿姨、茶百道等品牌也在跃跃欲试。

有代表性的是茶颜悦色于2022年8月推出的子品牌“鸳央咖啡”。该品牌主打新中式风格的茶咖饮品。以咖啡配上乌龙茶的“辣妹子辣”和搭配桅子毛峰、生椰乳的拿铁“空山新雨后”，一经上市反响良好。2023年3月，古茗也将榴梿生椰拿铁、牛油果生椰拿铁两款果咖产品推向了全国近7000家门店。

库迪咖啡在咖啡和饮品方面的本土化探索和创新也为行业带来了许多惊喜，每2—3周推出新品，接连开发出多款热销产品，持续为消费者和市场带来新鲜感。除了传统经典的美式、拿铁、卡布奇诺等咖啡之外，库迪推出了许多花式咖啡和饮品，比如生椰拿铁、生酪拿铁、冰茶、库可冰、米乳拿铁等等，以及变化百搭的米咖、奶咖、茶咖和非咖啡饮品，借此来满足不同消费者的多元化需求。

以米乳为基底的“五常米咖”，算是库迪的一大“创新”。即，将西式咖啡与中国元素相结合，让咖啡与米乳搭配，让咖啡焦香与米乳醇香联袂，既保留了五常大米的完整风味，也在碰撞中形成独特的味觉体验，凸显了双重植物属性——被业界定义为“中国人的拿铁”。

在米咖打出影响之后，库迪与五常市人民政府正式签订战略合作协议，联合推出“五常米咖”。库迪采用100%五常优质大米，搭配IIAC金奖咖啡豆，采用先进酶解技术和传统水磨工艺，使米香风味能够被完整地保留下来，打造出具有浓郁米香风味的咖啡系列产品。

“五常米咖”拓宽了五常大米的消费新体验，延展了咖啡消费新场景，这是将咖啡与中国元素深度结合的一次有益探索，也是库迪在产品研发上的一次创新突破。

随后，库迪又在业内首推桃胶风味系列饮品，将米乳、桃胶、酒酿、奶酪创新融合，以软糯桃胶在咖啡中注入滋补营养，萃取中式天然养生理念，与西方咖啡实现突破性融合。

除了多样化饮品之外，库迪咖啡还推出麦芬、热狗等系列简餐，为消费者提供早餐或下午茶的选择，简餐与咖啡饮品相结合，也是“吃＋喝”的百变组合，满足消费者的多样化场景需求。

无独有偶，Seesaw咖啡也开展了大量的创新。在成都分店推出了本地化创新咖啡产品“川椒百果冷萃”，注入了青花椒和百香果的元素。让喜欢尝鲜的消费者表示“口感上一言难尽，喝完咖啡舌头都是麻的”，打造出满满的“新鲜感”。

别看在价格战和门店战方面，星巴克始终有着自己的策略和节奏，但在产品创新方面星巴克始终不甘落后，甚至不惜采用颠覆性的创新来吸引更为广泛的消费群体，赢得更为深刻的市场效应——2024年1月，“金烘浓缩”系列全面上线，为消费者带来了“浅烘”新体验。

这是星巴克自1999年进入中国内地市场25年来，首次大规模推出除经典浓缩外的第二种核心浓缩咖啡。并且从2024年1月3日起，在中国内地近7000家门店（不含星巴克臻选上海烘焙工坊、星巴克臻选咖啡焙烤坊、天津恒隆广场旗舰店及北京坊店）全部上架这款新产品。

金烘馥芮白、金烘焦糖玛奇朵、金烘美式……据媒体报道，这一系列产品获得了不少咖啡爱好者的称赞——相较于经典浓缩的焦糖般的甜感与馥郁醇厚，金烘浓缩在口感与风味上与其形成鲜明的互补，具有明亮的柑橘调，柔和顺滑。

与此同时，星巴克在2024年的第一季度就面向中国市场推出了27款新品，推新数量是上一个季度的两倍，2023年同期的三倍。尽管如此，星巴克还在保持着85%是核心产品，15%是季节性产品或者新品的产品结构。因为，他们始终担心过快、过多的产品创新，会影响用户真正的咖啡体验。

因此，必须要指出的是，产品创新一定要在充分的用户口味和市场竞争调研的基础上展开，不能是为了创新而创新。创新的边界线到底在哪里，用户口味的接受度到底有多大，都需要研发者进行客观的研析和科学的考量。不然，创新就只是毫无价值的尝试而已。

就像星巴克2024年初推出的法式焦糖、朗姆巧克力和玫瑰花风味流冻拿铁都是偏甜的口味，这是品牌基于第三方外卖平台的大数据分析，应对中国消费者的甜品口味倾向推出的新口味。这表明，星巴克依然在坚持顾客至上，注重体验的经营宗旨。正如在苏州昆山产业园开园仪式上星巴克所强调的："产业园让星巴克中国更敏捷地响应顾客的需求，将以严格且丰富的烘配曲线，为中国市场量身定制咖啡拼配及烘焙方案。"

反观新兴品牌，却因每年数以百计地"创新"产品，对消费者需求与偏好的把握出现偏差，导致产品得不到更为广泛或长久的市场转化，既影响了品牌形象，又造成了一定程度上的原材料浪费和经营成本上升。

以瑞幸的"热红酒美式"为例。本来，瑞幸每年都在上架、下架许多产品，这只是经营中很正常的事，不料"热红酒美式"的下架，竟引起了瑞幸店员们的"击掌相庆"。这又是为什么呢？

据《一线店员评出瑞幸"最难卖"的四大金刚》一文所述，通过瑞幸员工之间的对话截屏，大家对这款产品及其对应原料（热红酒风味调味糖浆）的看法一目了然：

> 一天？我们开一瓶就卖一杯。
> 哈哈，哈哈，我们也是只来那一杯，然后丢整瓶。
> 开一瓶就卖一杯，然后过期第二天又来一杯。
> 一天都卖不了一杯。
> 停售还要被骂断物料，好难过啊……

这款产品，别说用户不买账了，就连自家的店员也是"巴不得赶紧下架"。因此，下架的指令一经传来，便呈现出"普天同庆"的景象：

终于下架了，我们都是唱着歌倒掉的。

一下班我就倒了，一滴不剩。

终于滚了，心里舒服了……

据市场反馈，“热红酒美式”上市初期，靠着大力宣传，曾拉起一波销售浪潮，但很快便陷入低谷。根本原因还是在于，产品体验较差，导致的复购率低，“热红酒美式”便很快沦为滞销品。至于为何产品体验不佳，我们依然能从瑞幸员工的交谈中窥见一斑：

昨天的洗手池充斥了齁甜的气味。

我们店还好不是很多，但是倒进去下水道巨齁。

你们是必须全部倒掉吗？不能直接扔垃圾桶或者带回家自己喝吗？

这些糖浆都是色素和“科技”，……应该没人愿意带回家喝吧……

《一线店员评出瑞幸“最难卖”的四大金刚》在文末介绍道：

大家一边吐槽，一边晒出了倾倒热红酒糖浆的“热烈”照片，看得出来，她们很快乐。逐渐地，关于滞销品的评论越来越多，最终大家意见汇总起来，“非官方不正式”地评出了瑞幸“最难卖的四大金刚”，分别是：焦糖可露丽风味饮料浓浆；香草舒芙蕾风味饮料浓浆；热红酒风味调味糖浆；草莓奶油甜酒调味糖浆。

对于“卖不掉的四大金刚”，另有员工觉得称之为“卖不掉的四座大山”更为贴切。对此，《一线店员评出瑞幸“最难卖”的四大金刚》一文的作者不禁感叹道：“以瑞幸的海量的销售杯数，能够大批量报损，这几款味道到底如何，可想而知。”

在星巴克，有一款隐藏菜单很是受欢迎，它的结构非常简单，只由浓缩咖啡、淡奶油、冰块三个元素组成。

就是在常规冰美式的基础上加入淡奶油，淋于顶部的淡奶油随重力逐渐下沉，咖啡会出现漂亮的白色纹路。因此，它有一个很中国的名字：大理石美式。

不久前，一个“黑咖啡 + 奶油”的组合出现在瑞幸产品焕新菜单中。并且，凭借宣传图的超高颜值，外加“奶油”“浓郁”“醇厚”等广告词的渲染，这款新品很快就引起了一众打工人的尝新欲望。然而，据《蛋花汤卖相！瑞幸“豆腐脑美式”被称照骗》一文的介绍，瑞幸的“大理石美式”多一个元素——“水”。

在该文中，作者展示了用户发出的实物认证图，瑞幸的“大理石美式”没有赏心悦目的高颜值，有的只是浮在表面的一层奶油，在奶油与咖啡之间，就好似油与水一样，各自毫不相干。于是，这款瑞幸版的“大理石美式”，就又有了新的名字：奶油浮在上面的，被叫作“蛋花汤美式”；结成块沉在底下的，被叫作“豆腐脑美式”；那些搅拌后悬在咖啡液里的，被叫作“胡辣汤美式”。只有那种奶油成条状直接叠在冰美式上的，至今还没有被命名。

至于味道方面，据该文介绍，由于淡奶油本身就存放在冰箱里，还长时间沉在低温的“冰美”里，因此，即使搅拌也很难再与咖啡完全融合，所以喝起来的口感会有“分裂”的感觉。

我们再举一个冷萃咖啡的例子。据《只泡 15 分钟？瑞幸冷萃被指“淡如水”》一文的介绍，对瑞幸的冷萃咖啡，有消费者反映颜色偏浅，喝起来的口感较淡，像在喝一杯有点咖啡味的冰水。面对顾客的质疑，瑞幸员工很是无奈。因为，这完全是按流程制作，并没有偷工减料。

如此看来，问题出在制作流程上。一杯好喝的冷萃咖啡，除了咖啡豆、研磨度等因素外，咖啡粉的浸泡时长也尤为重要，时间短了喝起来寡淡，时间太长则可能味道太浓。在了解到星巴克的冷萃浸泡时间为 14 小时，Tims 咖啡为 16 小时的情况下，《只泡 15 分钟？瑞幸冷萃被指“淡如水”》一文的作者，得出了“通常情况下冷浸泡时间都会控制在 8—24 小时内”的结论。

如果按此标准来对照的话，根据瑞幸员工晒出的冷萃制作部分图解来看，浸泡“15 分钟后取出咖啡粉包将咖啡液直接冷藏”，的确有相当大的差距。

如果真的是如此的“速成冷萃”的话，网友出现这样那样的评论就不足为奇了，“泡 15 分钟，不知道的还以为给咖啡粉洗澡呢”“泡 15 分钟顶多让咖啡粉掉点儿色儿”“不说是冷萃咖啡，我以为美式喝一半又加水了呢”。

我们从中可以看出，不是所有的创新都是具有市场价值的。而具有市场价值的创新，一定是始于用户，归于利益，始于品质，终于价值，它满足的是需求，而不是创新本身的业绩指标。

不然，产品的创新就成为各种食材与咖啡之间的“拉郎配”，在彼此的“东拉西扯”中，实现所谓的排列组合式的创新。就像是为了“赶期末论文而绞尽脑汁，要挖出某一领域的空白一样”——《和瑞幸新品的爱恨情仇》一文的作者如是说。

就算是茅台与瑞幸这样的“乱点鸳鸯谱”，也是第一次最为奏效。还记得否，瑞幸与茅台第一次推出的酱香拿铁，一方面引爆了话题营销——“周一让打工人醒着醉、醉着醒”“喝了开车算酒驾吗？”等话题梗层出不穷（截至首发当日下午三点，热搜微博话题中，“瑞幸回应喝茅台联名咖啡能否开车”的话题阅读量超过了 5.4 亿）。

而另一方面，在不少门店还相继出现了“爆单”现象——上市首日销量突破 542 万杯，销售额突破 1 亿元，刷新瑞幸新品纪录。截至 2023 年底，酱香拿铁共计售出 4583 万杯，单品销售额突破 9 亿元（据媒体报道，就连纸袋、贴纸这样的相关免费周边产品，在“闲鱼”等二手交易平台上，其价格也“涨”到了 20—30 元不等）。

然而，在 2024 年 1 月，瑞幸与茅台再次联手，推出的新春新品“龙年酱香巧克力”，却出乎意料地未能让酱香拿铁的“疯狂”重演。剧本依旧，戏码依旧，连演职人员都是原班人马，但还是没有重现“一咖难求”“门店爆单”的景象。而后来双方推出的“四时八节”主题店，最终也是反响平平。

由此可见，基于联名而进行的产品创新，核心在“新鲜”二字上。消费者更多的是追求那种出乎意料的新鲜感，以及满足对新鲜事物探个究竟的好奇心。至于产品本身，消费者在乎的还是口感体验上的愉悦与惬意，而不是产品食材谁与谁之间的搭配。

必须要指出的是，优秀的产品力源于强大的产业链体系。对于星巴克如此，对于瑞幸和库迪，更是如此。因此，我们认为，对于咖啡品牌的护城河和竞争的壁垒，创新产品也好，创造大单品也罢，都只是表象，而底层逻辑则是拥有能够系统、持续、规模化地打造优质产品的能力。

对于瑞幸来说，上述的这种能力体现在包括产品研发数字化和大数据运营能力在内的数字生产力上。我们以产品研发数字化为例，看看瑞幸是如何通过原料与口味的数字化，来量化追踪饮品的潮流趋势的。

正如瑞幸负责产品体系的高级副总裁周伟明所言，公司内部不会用“香、甜、酸”这样的文字来描述一款产品的风味，而是全部改为数字。后期研发产品时也是通过对应的数字来寻找原材料，以“量化+体系化”的方式进行研发。很多口味就是根据用户的喜爱程度，以数字体系的方式进行排列组合的。

在业界看来，正是依靠这种数字生产力，瑞幸将产品创新做成了一道数学题，并且还是一道证明题。因而，瑞幸在 2021 年推出了 113 款新品，2022 年推出了 140 款新品。

其中，基于流程的管理至关重要。在瑞幸，每一款新品的孵化以及上市都需要涉及五个部门，要完整地走完一套流程：产品分析部门、菜单管理团队、研发部门、产品测试部门、优化部门。每个新品的诞生都需要以上五个部门分别证明可行后才会流入市场，在任何环节不过关，都会被无情淘汰。

完成从用户到爆款的分析，菜单结构的稳定和对未来 8 个月的上新计划的跟进，对产品结构的完善和补充，新产品的研发及其测试和优化，最终完成审核和落地，确保新产品能符合门店的实际操作要求——在周伟明看来，正是这套严密的系统流程，才支撑起瑞幸不断推陈出新，打造独家爆款的利器。

在大数据运营能力方面，无论是在 App、公众号、小程序或是线下消费，还是引导用户添加“瑞幸首席福利官”企业微信，加入社群，获取福利和优惠券；无论是通过公域与私域运营的转化，还是持续唤醒复购，乃至每个月给哪些用户发券、发多少张、优惠力度多少，一切都在完整的测算与推演的掌控之中。

换言之，针对不同渠道的不同等级券，划分用户来源以及达到各渠道不同引流目的，所有这些的具体策略与方法都会交给算法来定夺。正是因为拥有基于数字化赋能的研发、运营、营销能力，乃至全业务链协同整合能力，瑞幸才得以翻身从 1.0 时代跨越到了今天的 2.0 时代，才得以打造出令竞争对手难以模仿和超越的品牌护城河和市场壁垒。

因此，必须要强调的是，咖啡产品融合创新的目的，一定是要与消费者连接得更加紧密。产业链与运营链价值的构建，一定要以用户利益的转化为起点，为重点。不然，再好的价值，也是伪价值，是无效价值，是自娱自乐的价值。

为此，咖啡品牌要对消费者的需求、市场的变化、产品的研发进行深入洞察，以更好地应对消费者不断提升的品质要求和口感需求，以及日益激烈的市场竞争。进而，不断地为品牌寻找到新的创新点和增长点，以保持良好可续的竞争优势。

作为老牌企业的星巴克，在数字化转型的道路上也从未停下脚步。2023 年 8 月，星巴克宣布在深圳成立“星巴克中国创新科技中心”，用于提升自身技术能力，发展数据基础建设，驱动门店和多渠道的数字化进程。据介绍，该中心聚焦于顾客、伙伴、咖啡、效率以及可持续发展这 5 个关键领域的创新发展。

同年 9 月，投资总额 15 亿人民币的星巴克中国“咖啡创新产业园”（以下简称“产业园”）在江苏昆山正式落成投产，标志着中国在星巴克全球各市场内率先实现了“从生豆到咖啡”垂直产业链的规模化整合。产业园是星巴克在华打造咖啡生产和物流基地的最大投资，也是星巴克全球最为绿色节能的生产基地。

值得一提的是，可持续理念贯穿了产业园设计、建设、运营的方方面面。产业园内超过 2.6 万平方米太阳能光伏板，为园区提供 20% 的能源；依托先进的环保技术和设备，烘焙过程中所带来的能耗、碳排放相比星巴克其他烘焙工厂大幅减少；产业园也会最大程度减废，预计每年最高可实现 90% 的废弃物循环利用。

在发展的初期，星巴克在产品研发是不是要以顾客为导向这个问题上，存在着很大的“问题”。在那个时期里，星巴克一直自得于自己的优质咖啡，以及所谓的富有浪漫和激情的体验感。对此，他们认为这是星巴克最擅长的，只有专注于此，企业才能获得成功。

为此，星巴克一直坚守自己“纯粹的咖啡主义者”的立场，如果谁背离了这个立场，就会上纲上线到“这样做是否有损星巴克的尊严？”这个高度。在这种观点的影响下，只关注自己的产品而忽视顾客的需求，便成为了阻碍星巴克以最好的姿态为顾客提供更好的服务的最大因素。

因此，星巴克一直纠结于“相信每一个企业都必须代表某种理念，其核心须建立在它最正宗的产品上面，而这种产品只能比顾客自己想要的更出色”与“信奉对顾客的要求‘就要说是’，好的零售商打破常规来满足顾客的需求”这两个貌似矛盾的命题之中，用霍华德·舒尔茨的话说：常常不知所措。

后来，一场关于“无脂牛奶”的问题，引发了星巴克历史上“最大的一次激辩”（霍华德·舒尔茨语）。当时，有不少的顾客在评议卡中提出让星巴克提供无脂牛奶的建议。然而，霍华德·舒尔茨却置之不理。这是因为，在当时的星巴克，提起无脂牛奶就意味着背叛。

背叛什么呢？背叛了“将正宗的意大利浓缩咖啡带到美国”的初衷。而这，正是星巴克一直在坚守的价值所在——用无脂牛奶冲兑一杯拿铁咖啡，那还是正宗的意大利饮品吗？但是，面对顾客的需求，曾经是星巴克管理层三驾马车之一的霍华德·毕哈却坚持说：“我们应该给他们。”

后来，星巴克所有的门店都开始供应无脂牛奶。售出的拿铁和卡布奇诺几乎有一半是用无脂牛奶冲兑的。

## 跨界联名，品牌出圈，撬动行销

除了在产品方面不断给予消费者新鲜感之外，各咖啡品牌在营造消费者心智新鲜感方面也是用尽了心思，下足了功夫。其中，最被看重和最多演绎的就是跨界联名——在新咖啡品牌的营销策划下已然如雨后春笋般层出不穷，甚至是颠覆了常识，超出了想象。

我们常说，饮品联名有三宝：一是热门 IP；二是限定新品；三是高颜值周边。在许多网友的眼里，在这条饮品联名营销的赛道上，瑞幸绝对是一骑绝尘的——选联名 IP 的眼光不错，速度超快，网感强。在此基础上，为了提升联名的热度和话题性，瑞幸会再找些名人做推广。

其中最具代表性的，莫过于瑞幸与茅台联名的酱香拿铁。因为，在此之前，至少从笔者的角度看，是万万无法将咖啡与白酒混为一谈的。在很久之前，的确有厂家出品过“酒心巧克力”，但那也最多算是“品类”的创新，而非像酱香拿铁这样的“品类 + 品牌”的创新。

其实，在联名营销方面，瑞幸策划了大量的活动。正是这些别出心裁、大胆创新的联名活动，进一步扩大了瑞幸在消费者心智中的知名度，提升了品牌的影响力和市场的行销力。

以 2023 年为例，瑞幸就完成了 24 个联名活动。如，动漫联名：猫和老鼠（Tom & Jerry）；名人联名：“带刺的玫瑰”何广智；品牌联名：茅台“酱香拿铁”（最火爆的、效果极佳）；其他还有与作家、乐队、银行和运动队之间的联名。

在 2023 年情人节前夕，瑞幸与线条小狗联名推出了《修狗爱情故事》，并配套推出了相思红豆拿铁和带刺玫瑰拿铁。并且与脱口秀明星何广智联名，提升了带刺玫瑰拿铁的热度。

随后，瑞幸与冯唐联名，并为请冯唐云南咖啡题字。同时，瑞幸还在北京开了一家 luckin coffee × 冯唐主题店，目的就是借助知名作家的身份和影响力，为 SOE · 小黑杯 · 云南小柑橘系列的全国上市吸引关注，扩大影响。

现象级的一幕在 2023 年的 9 月 4 日上演：瑞幸官宣了和茅台的合作，上新酱香拿铁。为了呼应“到底含不含茅台”的热搜话题，瑞幸公开了一段名为“酱香拿铁原料生产全记录”的视频，这使得瑞幸咖啡占据了一整天的话题热度，上市首日销量突破 542 万杯，销售额突破一个亿，直至以断货告终。

瑞幸公布的 2023 年第三季度财报显示，该季度总净收入为 72 亿元人民币，同比增长 84.9%，这也是瑞幸单季度营收的新高；同时，月均交易客户数也达到了 5848 万，较 2022 年同期的 2510 万增长了 132.9%——其中，酱香拿铁功不可没。

但必须要指出的是，新鲜感是联名策略之所以能够引发关注和使产品热销的灵魂所在。无论是 IP 层面的焕新形象，还是产品层面的全新口味，无论是设计层面的突破创新，还是创意层面的立异标新，给消费者带来的都是基于“新鲜感”的新的好奇与尝试，新的乐趣与体验。

我们常说，做正确且难的事。这说明什么，正确的事情都很难，将正确的事情一直做正确就更难——对于联名营销这件事情来说，也一样如此。既需要品牌方始终能够营造出与以往不同的新鲜感，还需要让消费者能够体验到与以往感受不同的乐趣感，最终实现双向奔赴。

2024 年伊始，瑞幸与著名画家、北京奥运福娃设计者韩美林共同推出了新年限定饮品；还推出了买套餐、咖啡券包送代言人易洋千玺限定周边产品的活动。在 4 月 8 日，为庆祝生椰拿铁三周年，瑞幸携手潮玩领军企业泡泡玛特旗下的 IP“THE MONSTERS（精灵天团）”，推出了限量联名款新品椰皇拿铁。

但联名也并非每次都那么奏效。

2024 年 1 月 22 日，贵州茅台与瑞幸咖啡合作的“龙年酱香巧克力”饮品正式开卖。该款新品分冷热两个口味，单杯标价为 38 元，折扣价格为 18 元。在对产品的介绍中，依然还是在强调“每杯都含贵州茅台酒”，但这次除了“贵”之外，产品却始终没有“抬”起来。

从产品层面，酱香巧克力已经不像酱香拿铁曾经那样得到一边倒的认同，而是开始有粉丝吐槽“说好喝的是收钱了吗，又甜又腻”。如果说口味上还可以用“萝卜白菜各有所爱”来解释的话，那么这次新品的营销在热度上，的确已然没有了上一次的疯狂。

与 2023 年酱香拿铁多次售罄的盛况不同，截至 1 月 22 日下午 2 点，在这一新品尚未售罄，瑞幸方面也尚未统计出最新数据的情况下，新品话题度热度就已经开始消退了——“茅台巧克力”的话题既没有冲上热搜，也没有刷屏朋友圈。即使，是在瑞幸的门店已然超过 1 万家的市场规模之下。

究其原因，营销策略的人群定位问题是主要因素之一。正如上海啡越投资管理有限公司董事长王振东所指出的，这次联名，不如上次爆款定位得精准。因为，茅台的主要消费群体是男性，而巧克力饮品较少能辐射到男性。界面新闻在《瑞幸茅台又联名！爆款神话持续性存疑》一文中如是报道。

而在许多女性消费者看来，茅台“热巧”和麦当劳的“热巧”之间“就差了一块酒心巧克力糖”。因此，无法吸引到一些不喝咖啡的女性消费者去尝试。喝酒的男性不吃巧克力，吃巧克力的女性又对与茅台联名的一款无法从“热巧”品类中出圈的产品不感冒——如此，“酱香巧克力这次的声量不太大，应该跑不了量”，王振东的判断成为现实。

天天财经的《联名失灵的风，终于吹到了瑞幸？》一文，以瑞幸“520”（网络情人节）联名营销“滑铁卢”为切入点，深入讨论了联名这种营销方式。2024 年，瑞幸在“520”前一周，以“爱你一万年”为主题，推出了西瓜系列咖啡（大话西瓜拿铁、椰子 OK 瑞纳冰、大话西瓜小铁）。同时，还推出了一系列新中式水墨风的《大话西游》周边产品，目的是通过重现电影的名场面，来勾起人们曾经的电影回忆。

但是，反响和效果却都不尽如人意。因为，许多瑞幸的粉丝对联名的设计、文案有了更高的审美与诉求。

例如，在设计方面，在联名物料上加“love”，被一些粉丝吐槽“无异于用香皂玫瑰摆成的‘土味礼盒’”“不写那个土了吧唧的 love，也知道你是在做 520 活动”。的确，给“直球”不属于高级的创意，让粉丝在意境中自己产生联想，乃至浮想，才是最佳效果。

难怪有粉丝评价说：“IP 没什么问题，尤其是星爷的粉丝对《大话西游》还是有回忆杀和情结的。崴就崴在，物料做得太难看了，不像是瑞幸的水平。”

文案方面，在许多粉丝看来，《大话西游》中放着那么多可以“造梗”的经典台词不用，偏偏写上一个土到掉渣的“爱你一万年”。因此，不少粉丝吐槽“瑞幸这次的联名真的有点土到我了”就情有可原了。

更何况，联名这种策略已经越来越被更多的品牌所采用。因此而形成的对消费者心智的争夺也日趋激烈。正如被“520”联名“土”到了的瑞幸粉丝所说的：“这期终于可以歇歇，去看看隔壁的喜茶。”因为，就在瑞幸发布《大话西游》联名的当天，喜茶也官宣了与知名潮玩 BE@RBRICK（积木熊）的联名款及周边产品。

自从联名椰树椰汁，加深消费者对“生椰拿铁”是瑞幸首创的印象开始，近两年，瑞幸在联名上几乎没有出现断档，都是一档接一档。借此，瑞幸的周边产品出得也很快，且上新频率稳定。这使得有许多粉丝为了得到联名周边产品，往往会一次性购买两杯及以上饮品，从而使瑞幸的客单价得到了一定程度上的提升。

因此，业界有观点认为，看一档联名到底火不火，就看粉丝愿不愿意多花钱去购买周边产品。特别是 IP 之间的联名，大多在产品本身并没有形成化学反应，反而是周边产品更能满足粉丝猎新、猎奇的心理，甚至是对审美创新的需求。

就像是联名“猫和老鼠”，联名饮品生酪拿铁本身并没有什么稀奇，更诱人的是那张“猫和老鼠”的贴纸。除非是像联名茅台，大家的注意力才会聚焦在产品本身——人们都想尝尝酱香拿铁的味道。“要么咖啡有意思，要么贴纸更吸引人，总得占一样。”瑞幸的店员如是说。

但任何事情都有可能产生反噬效应。当人们对品牌的联名营销的兴趣更多地体现在周边产品时，事情的本质就会发生根本性的变化，品牌联名就更像是哄粉丝玩的一种游戏，而不再是促进产品市场转化和品牌转化的一种营销。

这是因为，真正的营销，营的是品牌价值，就是市场的卖点，销的是用户利益，就是市场的买点。而周边产品无论如何都不会成为一个品牌的主体价值，也注定不会转化为用户的核心利益，乃至消费的核心动机。就像是曾经的星巴克，尽管它的杯子营销做得有声有色，但是，星巴克的核心价值以及能够为用户输送核心利益的，进而形成用户核心消费动机的，还是它的咖啡和“第三空间”。

如果，联名真的成为一个品牌的核心价值，那就要求它们在联名这个领域具备非常专业的认知和能力，以及召之即来、来之能战、战之能胜的专业团队。

如果，仅仅是靠原来的市场人员或设计人员来充而当之，来兼而顾之的话，品牌的联名倦怠期很快就会到来。如此一来，不仅不会让用户产生共识、共鸣、共情和共振，品牌还会被认为是“开始偷懒了”，就像瑞幸的“大话西瓜”一样。

因此，笔者预言，在未来的市场中，联名热潮会在很大程度上“退烧”。因为，在一轮又一轮的品牌联名狂轰滥炸之后，人们必然会出现审美疲劳，曾经的猎新与猎奇心理的阈值就会随之而增高。这就势必会形成人们对联名创意和表现要求的提高。

在这种态势下，许多品牌会苦于支撑，难以为继，逐渐退化到“为了联名而联名”，就变成了所谓的“机械化的联名”。

“从生椰拿铁到与椰树牌联名的椰云拿铁，再到与茅台联名的酱香拿铁、酱香巧克力……瑞幸对联名营销的‘瘾’尚未退却，但消费者会不会对此产生疲惫感则更值得被关注。”《瑞幸茅台又联名！爆款神话持续性存疑》的作者一语中的。

说了瑞幸，我们再看看库迪。

库迪自创立以来，也一直在跨界联名的策略中寻求“出圈”的效果，试图为后来者的自己快速吸引关注，高效树立品牌形象。最终，助力渠道和终端形成后发制人所需的能量。为此，库迪一直在不断拓宽自身的品牌边界，以激发起更为广泛和深刻的情感共鸣和价值连接，为用户带来全新的品牌体验。

库迪咖啡的跨界合作，始于2022年其成为成都马拉松的总冠名赞助商。同年，库迪宣布在2022年11月21日开启的卡塔尔世界杯中，正式成为阿根廷国家足球队的中国区赞助商，并分享了阿根廷队一举夺冠所带来的品牌影响。2023年6月，库迪又正式官宣，成为阿根廷国家足球队全球赞助商，是阿根廷足球协会全球赞助商中唯一的中国品牌。此后，其又深度参与了阿根廷队在北京的友谊赛及相关活动。

此外，库迪还与知名潮牌SMILEY（笑脸）达成战略合作伙伴关系。与知名手游“王者荣耀”达成跨界合作，以王者荣耀中5位高人气IP角色经典形象为设计灵感，融合库迪品牌及国潮元素，推出了王者荣耀定制饮品以及限定周边产品。试图以品质咖啡与国民手游的双重形象，以好喝又有趣的联名产品，在展现国风美学的同时，为用户带来新鲜且轻松的消费体验，为市场营销爆发出“破圈效应”。

库迪正是借助足球、游戏这样的，被广大年轻人喜爱和参与的项目，展现了它作为中国咖啡市场的后来者的“拼搏、超越”的品牌精神，以及年轻、专业、时尚的品牌主张，以图收获越来越多的体育爱好者和年轻人的青睐与支持。

除了体育和游戏，还有艺术和健康、时尚和潮流。库迪与知名燕麦奶品牌OATLY（噢麦力）在北京潮流阵地798举办咖啡艺术展；亮相2023乌镇健康大会；成为首届大运河音乐节特约赞助商；与全球知名的潮流IP爱心小熊宣布合作，推出联名系列产品，共同发起“粉红宠爱有bear来”主题活动……

2024年4月11日，库迪咖啡与“海绵宝宝”来了一场破次元的跨界联名。口感清新的红白西柚饮品与海绵宝宝、派大星相互碰撞，产生了不一样的创意效应。对于这次联名营销，至少在策划层面，库迪咖啡是用了心思，下了功夫的。

首先体现在对目标人群的把握上。《海绵宝宝》动画片自2006年开始在央视少儿频道播出，至今已经过去近二十年的时间。那些曾经的“海绵宝宝”小粉丝们，如今已经长大成人，恰好是库迪咖啡品牌年轻化战略中的重要构成。因此，这个活动一经推出，在社交平台上也掀起了一波分享热潮。

相比那些单纯叠加双方声量和追求短暂曝光的跨界联名，库迪将联名营销的出发点确定在了激发积极情感和正向体验的目的之上。因此，他们所看重的不只是“海绵宝宝”这个经典 IP 带来的流量，还有作品和角色身上自带的精神属性。比如，友谊、正义感、乐观精神、尊重差异，等等。这也正是库迪要向年轻人传播的精神特质。

当然，有情趣、有乐趣的情绪价值也是年轻人需要和渴望的。为此，库迪在此次联名的设计上，为红白两种西柚产品赋予了亮丽的色彩，以活力十足的“粉 + 蓝”多巴胺配色，来契合柚子的脆甜与酸爽，来呼应海绵宝宝与派大星这对快乐搭档。

在赞助首届大运河音乐节之后，库迪再次与音乐为伴，于 2024 年 4 月 26 日，宣布与“张杰 2024 未・LIVE—「开往 1982」”巡回演唱会达成跨界联名合作，成为巡回演唱会指定饮品赞助商。本次合作在杭州站拉开帷幕后，库迪咖啡推出杭州限定“未・LIVE 开往 1982 双杯套餐”，以及限时主题门店、主题包装及限量定制周边产品，用户可以参与 App 和小程序端的入场券抽奖活动，亲临现场体验。

紧接着，5 月 6 日，库迪与品牌代言人王一博的单曲《万物可爱》推出联名款饮品：阳光青提柠檬气泡冰萃和阳光青提柠檬美式。

与同为后发者的百事可乐一样，库迪自创立以来，一直秉持品牌年轻化的路线，无论是与体育、游戏，还是与音乐联名，都是出于通过深度聚焦年轻群体的时尚潮流爱好，将专业、时尚的品牌内涵与年轻人的潮流消费理念深度融合的目的。最终，实现在年轻人的心智中，不断刷新品牌体验，持续品牌破圈的目标。

其实，在咖啡领域，星巴克才是跨界联名的鼻祖。无论是在跨界合作方面，还是联名营销方面，星巴克玩得更早、更多、更宽、更深。但是，在中国市场星巴克始终保持一种审慎的态度，直至 2024 年的 1 月，星巴克携手国民级动漫 IP《大闹天宫》推出了流冻拿铁。这是星巴克中国饮品的首次联名，也是第一次选择中国 IP 孙悟空。

下面，我们通过最新的几个案例，看来解读一下星巴克跨界出圈，联名营销的策略和手法，感受一下星巴克的大创意和大手笔。

在产品方面，2024 年 3 月 21 日，星巴克中国在上海宣布，带来颠覆性咖啡体验的意榄朵™（Oleato®）系列饮品将正式登陆中国内地市场。在优质阿拉比卡咖啡中融入意大利原装进口的帕尔坦纳（Partanna）特级初榨橄榄油。这一次，星巴克的确是玩出了“圈”，打破了产品创意的常规，在香浓的咖啡中幻化出柔缎般的顺滑质地和浓郁饱满的多重口感。

2024 年 4 月 2 日，星巴克携手迪士尼以经典童话《爱丽丝梦游仙境》为灵感，带来 3 款全新的联名款风味拿铁：迪士尼“爱丽丝”睡莲风味拿铁、迪士尼“疯帽子”芥末开心果拿铁以及迪士尼“妙妙猫”春见橘风味拿铁。并同步推出了《爱丽丝梦游仙境》的主题周边产品，包括杯子、帆布袋、野餐垫、风筝等，两家“迪士尼爱丽丝梦游仙境主题快闪店”，也于 4 月 2 日至 4 月 22 日登陆了北京和上海。

在渠道方面，星巴克跨界酒店领域，于 6 月 20 日宣布与希尔顿集团结成合作伙伴，双方会员权益将实现共享。据悉，这是希尔顿集团首次将会员权益拓展到日常生活场景，也是星巴克首次在中国市场跨界进入酒店领域。

通过这项合作，星巴克中国的星享俱乐部会员体系获得升级，首次增设钻星会员等级，焕新会员品牌体验。即，星巴克与希尔顿双方的会员可通过各自 App 等渠道，加入对方的会员体系。联合会员有机会享有入住希尔顿旗下指定酒店期间、星巴克指定门店及线上消费享双倍积星奖励。

与此同时，星巴克金星和钻星会员在领取希尔顿银会籍后，可享受延迟退房等权益。另外，此次升级后，星享俱乐部共有银星、玉星、金星、钻星四种会员等级。钻星会员在指定门店使用“啡快”服务时、其订单将被优先制作。

在 IP 联名方面，在中国动画片的超级 IP《大闹天宫》出品 60 周年之际，星巴克带着自己的流冻拿铁系列和它玩了一场破次元的联名——从能在外送途中“变身”的创意产品和自带齐天大圣配音的趣味周边，再到满满“西游味”的点单界面和骑手装扮，很多年轻消费者都在重温经典的过程中收获了多重的情感体验和情绪价值。

这一次的联名营销从着力点和闪光点两个方面都显得既别出心裁，又不离其宗——始终不会脱离星巴克咖啡文化和体验的内核。一方面，联名双方的影响力、辐射人群高度契合；一方面，星巴克这次极具创新性地聚焦“咖啡外送场景”，洞察并满足了用户更为全面的进阶需求。

其中的核心是为外卖顾客量身定制的“线上专供”，将外送过程融合成为产品制作的延展过程。这对于整个行业来说，无疑是提供了一个全新的思路，开拓了一个创新的空间。

这一次推出的专星送时空系列新作“流冻拿铁”，咖啡云与牛乳、稀奶油会在 20 分钟的外送过程中逐渐分层、慢慢凝练，在送到消费者手中时，恰好呈现为层次分明的状态，外观和风味恰到好处，仿佛是被齐天大圣吹了“一口仙气”幻化而成的。

如果说“流动”系列的灵感来自孙悟空吹出的祥云，那么，“桃桃盛会”的灵感，则是来自《大闹天宫》的名场面——蟠桃盛会。在门店渠道，星巴克联名推出了“桃桃盛会”系列，包含“金烘冰摇桃桃乌龙”“金烘桃桃燕麦拿铁”两种口味，既有咖啡也有茶饮。两个系列共推出 5 款联名饮品。

早在 2023 年 8 月，专星送上线五周年之际，星巴克就推出了首款“为外送而生”的咖啡，在社交媒体上引发过打卡热潮。这一次，星巴克搭配出了宛如孙悟空 72 变一样能在沿途中“变身”的咖啡新物种，以更加具象化的方式传递出了“流冻拿铁”的“流动”之变、之美，让联名营销拥有更为新奇的体验感、更为出圈的话题度。

星巴克还为这款专属于外送的联名产品推出了定制化的限量周边，这也拉高了购买这一联名产品的客单价——单买一杯咖啡是 38—41 元（按杯型），但若加上孙悟空头像娃娃和金箍棒吸管组合（39.9 元），则需要支付近 80 元。据媒体介绍，该周边产品在上线当日即告售罄。

对于星巴克的这次联名，小红书、抖音等社交媒体上有两派观点。一派认为，星巴克通过此举表现出尊重中国本土文化的态度，值得称赞和支持；而另一派则认为，星巴克的联名还不够大胆，太四平八稳，只是搞了一波回忆杀。

其实，当一干新兴品牌为了能在中国咖啡市场的品牌大战中搏出位的时候，星巴克的“位”早就摆在了那里，因此它不会采用激进的、超常的，甚至是冒险的方式来博得眼球，来赢得竞争。毕竟，对于一个世界级的品牌，厚重、稳重不仅是市场地位的表现，更是品牌底蕴的表现。

因此，无论是与《大闹天宫》，还是与迪士尼，无论是与施华洛世奇，还是与 ANNA SUI（安娜苏），星巴克与瑞幸等新兴品牌追逐热点、梗点、槽点，制造营销事件，营造品牌形象反差（如，让年轻人以最少的钱喝上茅台）的短平快式联名打法不同，更为强调的是品牌的“安全”。

故而，它选择的是与世界或是中国最知名的内容 IP，进行全方位的深入合作，借此而传递出一种专业、经典的品牌理念，以巩固其中高端的品牌定位和产品价位。

在《当星巴克也开始下场“卷”联名》一文的作者看来，尽管，孙悟空是一个在海内外都颇具知名度的形象 IP，但对于选择这样的一种地域性很强、传统色彩很浓的 IP 做联名，也是星巴克目前能做的最大“妥协”了。毕竟为了保证品牌形象的统一性，星巴克甚至没有为这款联名设计定制化的包装。

星巴克不是不知道，现在的年轻人在消费联名产品时，往往消费的冲动就是来自联名包装，但作为一个全球性的品牌，在保持形象高度一致方面，星巴克有着与本土的新兴品牌完全不同的考量。

据悉，星巴克唯一一次更换包装，是 2023 年 10 月推出的“小绿杯”。“但这也是经过深思熟虑的改变，且始终是与其品牌定位和专业理念高度契合的。”《当星巴克也开始下场“卷”联名》一文的作者这样认为。这种审慎的态度，也体现在联名产品上。

但这并不代表星巴克在审慎的前提下，不再尝试做适度的突破。例如，按照以往的惯例，大多数的联名都被局限在星巴克周边产品的合作范围内，推出不同主题的杯子、包袋等，而联名产品则必须要在全球品牌体系中同步进行。

而这一次与《大闹天宫》的联名，则创造了许多星巴克的“第一次”：不仅选择中国的内容和形象 IP，还破天荒地第一次在中国推出核心饮料产品的联名，并对咖啡产品进行了口味的创新调制——所有这些，对于星巴克来说，在某种程度上也可以说是一场“大闹天宫”了。

这是因为，在星巴克饮品结构中，85% 都是相对不变的核心产品，只有 15% 是季节性产品或者其他新产品。星巴克正是通过这样的方式，来最大限度地保持产品质量的稳定，保障消费者获得良好的咖啡体验。因此，它不会像新兴品牌那样，一年之内就有数以百计的产品在上架、下架中“上也勃然”“下也忽然”。

因此，2024 年 5 月 7 日，在星巴克与腾讯 QQ 的经典表情包“QQ 黄脸”的合作中，除了推出全新的生咖饮品（菠萝柠力生咖和淡金生咖）外，也只是将联名体现在特别设计的主题纸袋、系列星礼包和指定大杯饮品所配备的 QQ 黄脸冰杯上。

所有这些都在全国星巴克的线下门店就位。在线上，QQ 中同样有星巴克的主题超级 QQ 秀、专属表情包状态等一堆好玩福利。而与 QQ 在线上线下各个场景展开的合作，无疑是在试图以轻松的态度和潮流的方式，拉近与年轻人之间的距离。

除了与腾讯联手外，星巴克与美团的跨界合作也取得了不错的效果。2024 年 6 月，星巴克加入美团的“618 神券节”活动中，定制推出了一款特供新品“紫定红”，借助差异化营销的势能，开启新品推广新空间，打造新颖高效的营销范本。

从“紫定红”到“紫定行”的谐音梗，巧妙地将产品寓意到“指定行”的好运概念中，全面激活产品从颜值、风味到寓意的网感话题传播，进而该产品迅速成为各家明星粉丝的应援新宠。各家纷纷开启矩阵式应援接龙，不仅为偶像作品加油，也为星巴克新品传播造势加温。

因此，星巴克“紫定红”星冰乐在美团上新之后，便迅速晋升为娱乐圈最火的玄学饮品，孟子义、范丞丞、汪苏泷等多位明星与粉丝共同开启“紫定红”求好运模式，从影视宣发、生日应援、宠粉福利等多个话题切入，营造出艺人、粉丝双向应援的温馨互动场面。

最后要强调的是，跨界联名，在“跨”的同时，要看好“界”。什么“界”，就是自身品牌定位和能力的边界。在“联”的同时，一定要守好“名”。什么“名”，就是品牌的名声和声誉。在边界面前，在声誉面前，要“适可而止”。何为“适”，就是适合自己定位与能力的，何为“可”，就是可以提升品牌名誉的，然后，便要“知止”，“而止”。

2023 年，真可谓是品牌“出圈年”。从奢侈品顶流到快消品草根，从世界级大牌到国民级小白，从中华老字号到新消费品牌……跨度之大超乎想象，频度之高令人目不暇接，热度之烈掀起营销狂飙。

如今，中国市场已然完全步入了消费主权的时代。在这个背景之下，消费者的“注意力”越发成为既不可或缺，又无可替代的稀缺资源。因此，流量为王成为了消费主权时代的重要特征。而所有这些，都使得品牌对市场注意力的竞争愈发激烈，对自身资源配置的要求也随之越来越高。

但大多数品牌用来不断吸引注意力的资源是有限的，要想达到事半功倍的市场效果，就必须要突破自身品牌定位和形象调性的边界，乃至目标消费群体的边界。由此，基于“出圈”的资源联合，就成了越来越多品牌的选择，源于“跨界”的势能联动，就获得了越来越多品牌的热衷。

通过“品牌出圈”获取更具影响力的关注或流量，引发更具爆发力的品牌关注。通过“跨界联名”，营造出更具效应的营销概念，烘托出更具效率的营销成果，赢得“1+1>2”的市场效能。只是，在众多品牌靠跨界联盟演绎了一次次营销狂飙之后，总要回归理性的意识——思考一下，在方法的背后，方向是不是正确；反思一下，在手段的背后，目的是不是明确。

究其根本，我们不能把手段当目的，为了出圈而出圈，为了跨界而跨界。营造品牌的新风尚，掀起市场营销新浪潮，可以；但盲目迎合市场营销的新风口，一味效仿营销新手段，则不可以。通过跨界，让品牌营销跨新界，出新圈，可以；但让品牌定位与形象“越界”和“出格”，就万万不可以。

总而言之，品牌跨界，可以出圈，但不能出格——可以出品牌定位之圈，但不能出品牌理念之格，品牌价值之格！

## 明星代言，虹吸流量，连接圈层

在利用跨界联名来为产品和品牌造势的同时，各大咖啡品牌们也在借用其他传播与营销方式进行产品宣传和品牌推广，通过不断叠加与各种IP之间的效能，来提升“社交货币”的效应，将产品和品牌不断转化为热点话题，增强品牌传播与营销的效果，以持续扩大品牌在知名度、信任度和美誉度方面的效益。

作为年轻品牌，瑞幸和库迪更加注重与青年人的连接，通过明星代言和热点事件创造品牌流量，再与年轻用户之间建立起价值共识和情感共鸣，直至品牌共情，市场共振。其中，聘请品牌代言人就是非常重要的方式之一。

2024年一开年，就纷纷传来消息：星巴克请费翔担任节日快乐大使，瑞幸官宣易烊千玺为全球品牌代言人，库迪宣布王一博为品牌代言人……再加上，幸运咖公布首位品牌代言人鞠婧祎，挪瓦咖啡官宣品牌代言人彭昱畅，Tims天好咖啡任命丞磊为品牌温暖大使——难怪网友们惊呼：发现了吗？这个冬天，咖啡品牌开始“卷”代言人了。

众所周知，瑞幸在代言人营销这块拿捏得当，颇有建树。除了长线的品牌全球代言人易烊千玺，还衍生出了很多有关产品和活动的“短代”（短期代言）。从电视剧到电影，从综艺到体育，主打一个速战速决，谁火签谁。

自从创立以来，瑞幸合作过多位明星，如：汤唯、张震（2017 年 11 月）；刘昊然（2019 年 7 月）；肖战（2019 年 9 月）；谭松韵（2021 年 3 月）；利路修（2021 年 5 月）；谷爱凌（2021 年 9 月）；刘畊宏（2023 年 5 月）；易烊千玺（2023 年 11 月）；刘亦菲（2024 年 8 月）等。

所有的品牌转化，其终极目的都是为了实现更好的市场转化。因此，在瑞幸确定新的合作对象的同时，都有相应的主推或定制产品与之在市场上形成呼应。

汤唯、张震对应的是“小蓝杯”大师咖啡；刘昊然主推小鹿茶中的桃桃芝士红宝石茶等产品；肖战担任瑞幸旗下独立运营的小鹿茶品牌形象代言人；谭松韵主推“春日樱花季”珞珈樱花拿铁、抹茶少女樱拿铁等；利路修和刘畊宏主要是担任瑞幸夏日冰咖推荐官；谷爱凌主推“谷爱凌定制款”，如瓦尔登滑雪拿铁、蓝丝绒飒雪拿铁。

而易烊千玺则是瑞幸咖啡全球品牌代言人。易烊千玺同款定制新品“烤椰拿铁”一经推出，首周销量就突破了 1004 万杯。

纵观瑞幸品牌代言人的演变过程，在《爆雷两年后，瑞幸如何上演教科书式的自救》一文的作者看来，2020 年是一个明显的分水岭。因为，在此之前的代言人，都是相对传统的影视明星。

在 2017 年，那时候瑞幸的目标还是要打败星巴克。因此，管理层将瑞幸定位于高品质商业化咖啡，目标人群是职场人士和年轻消费者。为此，他们邀请了汤唯和张震两位“70 后”，且偏知性的明星作为代言人。

但是，“中高端”路线又与“要让每个中国人都能喝到更好的咖啡”的平民化品牌主张相背离。因此，在上市后，瑞幸将品牌定位进一步明确为走年轻化路线，聚焦年轻消费者。如此，就可以避开与星巴克的正面抗争，形成更为差异化的竞争态势。

于是，做“年轻人的下午茶”的品牌主张应运而生。因此，瑞幸将选择代言人的目光更多地放在年轻人关注的话题上，进而对当季主推的饮品在社交媒体上的传播形成更有效的配合。故瑞幸邀请了刘昊然与肖战两位“90 后”的明星作为小鹿茶的品牌代言人，这两位更具备流量属性，粉丝群体也更年轻。

在“对当季主推的饮品在社交媒体上的传播形成更有效的配合”这一思路的指引下，瑞幸为春季主打的樱花系列新品遴选了拥有清新甜美少女形象的谭松韵。而生椰拿铁大火之际，推荐官是利路修，他在选秀节目中“只想快点下班回家”的形象，切中了时下年轻打工人的共鸣。

后来，为了配合北京冬奥会这个难得一遇的重大事件和全民话题，瑞幸推出了“瓦尔登滑雪拿铁”和“蓝丝绒飒雪拿铁”这两个奥运限定版饮品，并邀请谷爱凌担当代言人，取得了超出预想的效果。

最值得关注的是，在以往的代言人合作策略基本都是“常换常新，快速迭代”的情况下，其与易烊千玺的合作，却一改以往的“短代路线”，直接加上了“全球”的前缀，并且还是“品牌代言人”，而不是之前常见的“推荐官”“产品大使”一类的头衔。

2024 年 4 月，为庆祝“生椰拿铁”创立三周年，瑞幸又携手歌手腾格尔为这个值得庆祝的日子“代言”，不仅定制了一首专属的祝贺歌，还送出了带有腾格尔表情包的贴纸。在创意上，瑞幸是更用了心思，下了功夫。

与 2023 年邀请上海彩虹室内合唱团合唱《祝你生椰快乐》，谷爱凌、利路修发来贺电，相声演员邱千表演《瑞幸咖啡之生椰拿铁》传统快板，来为“生椰拿铁”两周年庆生相比，腾格尔宝刀不老，以一当十，效果不衰，热度不减。

首先从调性上，与之前通过当红明星代言，利用明星效应来带动产品销量不同，这一次瑞幸通过有“常青树”之美誉的老艺术家，来预示“生椰拿铁”作为瑞幸经典产品会长盛不衰。同时，瑞幸通过广告片中腾格尔亲和、谐趣的“老顽童”形象，以更具反差的观感来营造轻松、愉悦的庆生氛围。

在海报中，腾格尔被戴上了镜架和镜片全是白色的、犹如盲镜一般的眼镜。其中的寓意便是：“生椰拿铁”还用得着介绍成分、口味吗？这杯拿铁从里到外还有什么是它粉丝不知道的？

因此，就像冯小刚在他的贺岁电影放映前所笑言的：“都是老熟人了，就不跟你们见外了。”其实，瑞幸就是在告诉消费者们，“生椰拿铁”你完全可以闭着眼喝，彰显出其对这款产品的自信与自豪。

更有意思的是，“生椰拿铁”的生日是 4 月 12 日，但官宣与庆生活动的时间却是 4 月 1 日。为了赶上“愚人节”这个梗，瑞幸将庆生预热提前了将近半个月，这是不是整体策划中的一部分，我们就不得而知了。总而言之，对于“娱乐”营销，买家卖家都开心就好。

紧接着，2024 年 6 月，瑞幸在联名合作方面又开始“出圈”。在许多网友看来，这一次的“玩笑”开得不比前面的“愚人节”那次小，出乎所有人的意料：瑞幸与游戏“猛兽派对”联名推出新饮品轻咖柠檬茶，为此，其还邀请了在热播剧《狂飙》中饰演李宏伟（就是莽村村主任的儿子）的演员阿如那来帮忙推广。

瑞幸请了这么一个“狠角色”来推广新品，这让许多网友一脸蒙圈：“嗯？一晃眼以为自己看错了。”是的，都没有看错。瑞幸这次主打的就是“请最狠的代言，喝最萌的饮料”。难道，瑞幸开始演绎反向代言这部分啦？幡然之下，开始有网友建议库迪去请“高启盛”，建议蜜雪冰城找“刘华强”。

对此，业界有声音说，瑞幸的这波推广有些乱了章法，但在《瑞幸史上最“凶狠”代言，网友：太会选人》一文的作者看来，这是瑞幸在提前押宝。首先，押的是“人缘”的宝。即，作为反派专业户，阿如那极具代入感的演技加上反差的性格是比较有路人缘的。其后，是押“人气”的宝。因为，阿如那在接这次推广的同时还参加了综艺《披荆斩棘的哥哥》，节目在 2024 年暑期档上线。随着节目播出，他的人气也大幅飙升了。

其实，在笔者看来，瑞幸在消费者对代言人产生审美疲劳的情况下，突然来这样的一波反向操作，再一次拉起了新鲜感和话题度。正如《瑞幸史上最“凶狠”代言，网友：太会选人》一文作者的观点：瑞幸的产品代言具备即时性，蹭热度之余，也把握住了合作对象的新鲜感。

这种反向代言其实也体现在腾格尔这一波上。虽然，从年龄和年代上来看，腾格尔与瑞幸的年轻化战略不相匹配，但正是他那亲和的“老顽童”形象，才赢得了年轻人的喜爱。特别是，他用特色歌喉翻唱的那些小甜歌，更是魔性十足，话题满满。

瑞幸的这波反向代言大有一发不可收拾的态势。在 2024 年 5 月，瑞幸一款初代咖啡产品——橘金气泡美式回归。在此款饮品回归之际，瑞幸邀请到演员陈建斌，以“橘妃回宫”为切入点代入“胖橘”的人设视角，品味这款“橘金气泡美式”。

在网友看来，这一次玩的是“橘金”与“四郎”的梗，但只有“甄嬛十级学者”能够意会于心。这无疑让许多粉丝担心瑞幸的代言合作会不会陷入“翻来覆去”玩梗的怪圈。

但在瑞幸看来，就是要通过自带话题梗的明星艺人，来引发消费者热议，从而产出各种衍生内容。进一步提高品牌的传播度，加固瑞幸有趣、年轻的品牌形象。

我们再看看库迪。

2023 年 10 月，库迪官宣范丞丞作为品牌的“潮酷”代言人。其目的就是借助代言人在特定圈层中的影响力，明确品牌的市场定位，吸引目标人群对品牌的关注。进一步彰显自创立之初就提出的“喝库迪，更年轻”的品牌主张。

因此，邀请范丞丞作为代言人，其用意显而易见，就是要结合流行文化和群体偏好，将库迪年轻化、时尚化的品牌定位鲜明地展现出来。进而，为品牌带来年轻化的内涵与形象，吸引年轻人的关注与支持。果然，在宣布代言人人选之后，相关话题的阅读量就达到了数亿，有效地提升了库迪在年轻消费者中的知名度和接受度。

我们一再强调，品牌是战略，既然是战略就应该长期保持不变，以累积品牌的心智影响，累加品牌的美誉度和忠诚度，为品牌的长期发展奠定坚实的基础。对此，库迪始终坚持品牌年轻化战略，坚定不移地走年轻化的品牌发展之路。

2024 年伊始，库迪宣布邀请王一博作为新的品牌代言人。借助王一博在影视、音乐、舞蹈等领域多栖发展的成就，以及在业界备受认可的个人 IP 影响力，以“遵循纯粹初心的多面自我，演绎年轻张力的多重热爱”为内涵，以“年轻就要‘库’”为代言口号，进一步彰显库迪创新进取、修炼内功的品牌发展理念。

据媒体报道，在官宣之前，库迪仅仅是发布了一个代言人背影剪影的预热微博，就轻松拿下热搜第一。官宣前几天，就有粉丝立下“誓言”，要做第一个喝到王一博库迪联名咖啡的人。截至官宣当日（2024 年 1 月 5 日）的下午 2 点，官宣微博点赞已超 50 万，官宣微信阅读量超 10 万，各大城市多个库迪门店出现了接单量爆棚的场景。

1 月 5 日当天，王一博发微博回应：“每一条赛道都追求极致，一杯咖啡同样也是。很高兴成为库迪咖啡品牌代言人，潮酷不被定义，饮出纯粹自我，# 年轻就要库 #，快来库迪咖啡 get（得到）我的主打推荐！”据报道，这条微博的点赞很快就超过了 506 万，官宣微信阅读超 10 万，“库迪王一博”“和王一博一起喝库迪咖啡”等多条话题登上微博热搜。

所有的品牌传播与营销，其终极目的都是实现更好的市场转化。就在官宣新代言人的同时，库迪同步上线了生椰啵啵拿铁、蓝椰啵啵拿铁、粉椰啵啵三款椰系饮品，并推出了相应的营销活动：送周边和大屏打卡。

消费者只需要在库迪咖啡 App 或小程序下单购买活动套餐，就可以获得王一博定制周边，周边包含王一博定制贴纸、酷感小卡和质感小卡。同天，王一博的库迪广告片登陆七个城市的线下商圈大屏，只要打卡就可以参与周边抽奖。

在笔者看来，对于一直在玩“库”与“酷”谐音梗的库迪，王一博无疑是在众多的内娱男明星中最酷的那一个——唱 rap（说唱）、跳街舞、骑摩托车……正如，《库迪咖啡官宣代言人：随机累瘫一个店员》一文所评价的：“王一博靠兴趣爱好直接开辟一个流量明星新‘酷系’品类。”

在这个过程中，还有一个有意思的“插曲”。就是在库迪官宣当天下午，多位网友爆料说，在瑞幸的直播间里出现了一款团购产品，前面竟然加上了一个“摩托姐姐专享”的前缀。而这个前缀，恰恰是王一博粉丝的昵称。这也使得一些不明“真相”的王一博粉丝，误以为是自家明星代言了该品牌就下单购买了这款产品。

不仅如此，“瑞幸摩托姐姐专享”这一话题还一度冲上了热搜第一位。对此，不少博主惊呼：“这是 2024 年第一个咖啡界的商战吗？”“这就是真实的商战吗？”对于瑞幸此举，有网友认为：“这波剑走偏锋的热度不亏。”但也有网友不以为然：“用竞争品牌代言人来做营销不妥。”无论怎样，双方都将代言人的影响力发挥到了极致。

2023 年 11 月 28 日，就在瑞幸官宣易烊千玺为全球品牌代言人后的第二天，星巴克便官宣费翔作为品牌节日快乐大使，并推出新品红富士拿铁和红富士摩卡。同时，还准备了对应的明星贴纸作为产品周边。

在业界看来，这是星巴克在四年后重拾代言人营销策略——2020 年，当时从未有过代言人的星巴克，邀请李宇春作为星善食 GOODGOOD 大使。当年，星巴克中国之所以将有史以来的第一位明星代言人确定为李宇春，主要是出于审慎的态度。

因为，作为全球咖啡领域的代表性企业，品牌形象的长治久安是重中之重，容不得半点闪失。因此，星巴克首先看重的是李宇春的稳定口碑。

出道十多年，几乎没有负面新闻缠身，粉丝结构稳定，这无疑会有效降低合作的风险。

其次，便是国民度高。2005 年《超级女声》横空出世，火爆程度超乎想象。那时候，许许多多此前从未追过星的人，都积极为李宇春投票。而李宇春最初的粉丝，如今也正好成为最符合星巴克调性和诉求的目标人群。再加上这些年作品和人气的积累，李宇春的国民度已经达到了相当高的水平。而咖啡作为高频次消费品，选择具有较高国民度的艺人合作，更有可能达成“1+1>2”的营销效果。

与瑞幸和库迪走品牌年轻化路线不同，星巴克并没有将目标消费者局限在某个特定的年龄阶段，甚至还刻意淡化年龄属性，以实现最为广泛的覆盖。从这次选择费翔作为代言人的策略中，我们便可窥见一斑——前有《冬天里的一把火》，迷倒了当时的无数花季少女，后有出演《封神》纣王，成熟魅力引发大众热议。

再有，就是这次代言的定位：节日快乐大使。正如《瑞幸、星巴克代言人开卷！蜜雪冰城躺枪》一文中所说的：这么一个大叔温柔微笑看着你欢迎你来星巴克，咱就是说不管其他的，光看着就挺乐呵喜庆的，确实很符合接下来的圣诞和过年氛围。

为了营造节日和快乐的氛围，星巴克特意为应时推出的两款产品起了带“红富士”这样喜庆字眼的名字。整个贴纸画风也主打红红火火的喜庆调性。此外，“红富士”系列饮品在杯身设计上延续了冬日红杯的设计风格，为冬日里的消费者送去了温馨暖意。

受到老、中、青三代人喜爱的老牌明星费翔的影响力果然不同凡响。星巴克官方微博上关于费翔制作红富士拿铁的视频，在不长的时间里转发量就达到了 1.7 万。许多费翔的粉丝在社交平台上表示，“要为曾经的偶像买单”“永不塌房的偶像推的饮品也要大胆喝”。

但是，也有媒体指出，因电影《封神》出圈而重新爆红的费翔，舆论声量最大的时间段是在暑期电影上映期间。而时隔半年后，星巴克才官宣其为代言人，反应显然有些滞后了。这表明，在对市场及时反应方面，星巴克还有很大的提升空间。

为配合此次活动，星巴克官方微博显示，消费者在 11 月 28 日至 12 月 4 日活动期间购买一杯红富士拿铁或红富士摩卡即可获得“费翔节日快乐贴”一张；前往指定门店线下正价购买一杯红富士拿铁或红富士摩卡可获得苹果图案袜子一双。

作为星巴克经营中不可或缺，也无可替代的一个重要维度：杯子营销，在此次节日季的系列活动中也同样不能缺席——星巴克首次推出了专属于中国内地市场的，以“冬日精神”为设计灵感的限定设计杯型。

这组红杯不仅在杯身上应用了中国结、剪纸和印章等中式元素，还分别从“织结冬杯”“挥毫暖杯”“剪采雪杯”“信印融杯”四种寓意的角度进行创意。值得一提的是，星巴克特别提供了“小杯型”的选择，一改以往只为消费者提供中杯、大杯以及超大杯选择的做法，这一次的星巴克最大程度地彰显了“举杯同庆”的品牌情怀。

无论是媒介的多元化、信息的碎片化，还是自媒体的风起云涌；无论是泛明星化现象的出现，还是明星影响力周期的日益短促，都使得娱乐明星无论是在号召力上，还是在影响力上，都大幅减弱了。

在这种趋势下，明星的号召力和影响力在不断被分化和更替，以往那种某个明星凭借一部剧家喻户晓的时代一去不复返了。因此，许多明星代言给品牌带来的知名度往往只能覆盖到只属于自己的那部分铁粉，同时也只能延展到当红的那段时期。

与此同时，娱乐明星在品牌信任度上的背书效应也在日益减弱。主要原因有二：

其一，许多新一代的娱乐明星的自身修养严重不足，连自身的正向形象都难以维护和维持，所谓的“翻车”成为普遍现象，人设崩塌的事件此起彼伏，就更别提能够为品牌输出多少背书价值了——也许，这正是瑞幸采取“常换常新，快速迭代”的代言人策略的原因所在吧。

其二，他们对产品的品质和效用的背书，也失去了应有的逻辑支撑。就像某个脱口秀段子所描述的：在一个综艺节目里面，30 多个女明星代言一款叫“贵妇膏”的护肤品。你要是问，姐姐们平时真的用“贵妇膏”吗？那你一定是想多了——你觉得代言电动车的明星平时真的骑电动车吗？你能想象他们家硕大的车库里，全是五颜六色的电动车吗？

综上所述，以频繁更换代言人来持续吸引市场关注，引发粉丝共鸣，借此达到推广产品，促进销售之目的的做法，在未来越来越呈现出熵增效应。在走马灯般的代言人中一旦出现一个重大舆情，就一定会带来巨大的反噬效应。

因此，代言人策略一要审慎，二要适度，三要构建好品牌危机管理的体系，做到有预见、预警和预案。

## 会员营销，体系赋能，管理增效

品牌营销的职责对应的是品牌关系的构建。即，通过品牌营销来构建和强化与用户之间的关系，进而与之建立起从初次购买到重复购买，从长期购买到超常购买的关系。而品牌营销的核心在于对品牌体验的不断优化，通过持续提升品牌体验促进品牌关系的进化。

其中，对会员的管理和维护就显得格外重要。对此，品牌必须要建立起一套完整且高效的会员管理体系，在不断优化品牌体验的基础上，持续增强连接、增进关系、增加效能，实现用户与品牌之间从知名度到信任度，从美誉度到忠诚度的不断提升。

下面，我们从星巴克的会员管理体系创新和瑞幸的会员私域化管理体系两个方面，与大家进行分享和研析。

自 2011 年成立以来，截至 2024 年 3 月 31 日，星巴克的会员体系——星享俱乐部，90 天活跃会员规模已经突破了 2100 万，达到了历史最高点。注册会员总数持续增长，超过 1.27 亿。在 2024 财年第二季度，来自会员的销售额持续增长，占比高达 75%，同样创下历史新高。

市场的竞争就是对用户的竞争，对用户的竞争就是对关系的竞争。对此，星巴克并没有在这样的舒适区中躺平（尽管，星巴克中国在大陆地区的注册会员总数，已经超过了 1.27 亿）。特别是在竞争日益惨烈的中国市场，对用户的竞争已经达到了白热化的状态，各个年龄层、消费圈层的用户，都在被众多的咖啡品牌注视着，吸纳着。

因此，在 2024 年 6 月 20 日，星巴克中国宣布，星享俱乐部会员体系迎来重大升级，全新的星巴克会员体系正式上线，星巴克会员正式进入新的层级。其中包括三大创新：首次增设钻星会员等级；首度“破圈”携手希尔顿集团，共同创新会员体验；首次增设新的星星兑换机制和玩法。

在新增的钻星会员等级方面，星巴克将会在银星、玉星、金星之上，为会员带来更多的“特权”体验。即，在一年中积累100点以上成长值的玉星会员或金星会员将升级到钻星会员，从而开启更多的专门礼物和体验。

例如，钻星会员在生日时将收到特别准备的生日礼物；在啡快点单系统内，钻星会员会拥有专属的快速通道，订单将被优先安排制作，这种“特权”将覆盖绝大多数的门店。尤其在繁忙时段，这会直接免去钻星会员排队等待的时间，既凸显优待，又相当实用。

此外，钻星会员还会享有一年一次的“专属咖啡之旅”，可以独享，也可以与朋友们分享。即，在星巴克臻选上海烘焙工坊，会有咖啡大师专门陪同讲解，让会员现场沉浸式地体验“从一颗生豆到杯中咖啡”的制作过程，还能免费品尝多款工坊限定的饮品和蛋糕，获赠价值不菲的伴手礼。

所有这些，都是为了回报那些已经形成超常购买关系的忠诚用户。因为，他们在原来的体系中，无法获得更多优惠和特殊权益。虽然，这会增加运营成本，但这也正体现了星巴克的诚意与进步。而将那些能够为星巴克带来终身贡献的重度用户筛选出来，更彰显了品牌深厚的心智积淀和雄厚的无形资产。

而与希尔顿集团的跨界互通，则令双方的会员都拥有了更大的消费权益和增值空间。即，通过互通会员资产，星巴克星享俱乐部的会员和希尔顿荣誉客会的会员，可以互相加入对方体系，从而得到更多福利，也能直接加快积星或积分。

在星巴克会员构成中，商旅人士占有很大的比重。因此，这样的合作互通对于他们具有非常实际的意义。比如，星巴克金星和钻星会员会自动获得希尔顿荣誉客会1年的银会籍，从而享受延迟退房等权益；星巴克金星会员90天内入住希尔顿集团旗下酒店达到6晚（钻星会员90天入住3晚），就能升级到希尔顿金会籍，享受免费升房、免费早餐等更多权益。

如此一来，双方用户会籍升级或保级就会变得更容易、更灵活，日常入住和消费回馈也会随之明显提升。而对于那些潜在的会员，较低的会籍门槛，也可以让更多的人能够快速获享高等级会员的权益和礼遇，获得更好的入住及消费体验。

对自身会员资源的使用一直持相当谨慎态度的星巴克，这一次通过提供更丰富和多元化的待遇、权益和体验，实现了进一步提升用户的综合体验，提高会员的消费满意度和品牌忠诚度的目的——在业界看来，这无疑是一次全新的尝试。

这是因为，与以往通过基于上下游关系的平台式合作，打通更多的服务顾客路径的模式不同，这次星巴克与希尔顿的合作是一种全新的“跨业”式合作，在没有业务重叠的前提下，从横向上形成互通，为彼此打开了更为宽广的营销边界，为用户关系的深度融合和固化提供了前所未有的可能性。

这次合作更为深远的意义在于，星巴克的会员权益体系终于走出了自我品牌的范畴，用户可以将“星巴克会员”当成一个标准或身份，来连接和对接其他更为多元化的品牌资源和更为多样化的社会资源。星巴克为忠诚用户带来跨品牌、多场景的福利和体验，同时也打开了多领域、多维度的想象空间和合作前景。如，与航空公司之间的，与音乐或视频平台的，与大型连锁商超的合作，等等。

最后，是在“星星”累积和兑换方式方面的进一步完善。在延续过去的一些机制的基础上，星巴克增加了通过 App 下单并用星礼卡支付，能享受 25% 加速积星的机制。另外，团购券在门店使用核销时也可以积星，做到让会员享受实惠和提升积星两不误。

在使用“星星”方面则变得更加灵活，在原有机制之外，还能兑换到不同级别的饮品优惠券或“专星送”免运费券。同时，还增加了一个抽奖机制，只需要 1 颗“星星”就能参与。而通过“星动市集”和“追星站”活动，则可以用“星星”兑换更多生活小物或者创意周边。

“这是星享俱乐部成立以来最突破自我的一次升级。”正如星巴克执行副总裁兼星巴克中国联席 CEO 刘文娟所强调的：“今天的‘破圈’只是一个开始。未来，我们将继续突破星巴克的生态体系，携手更多志同道合的品牌，打造大家真正喜爱的好礼与服务。”

而我们要强调的是，品牌方的用户权益设计在“看上去很美”的同时，还要从用户的实际需求出发，提升实用性和应用性，将用户权益落在实处。同时，在纵向、横向比较之下，适度降低权益获得的门槛，不要让权益“高高在上”、有却不得、得而不惠。

我们再看瑞幸。

众所周知，会员管理与私域运营你中有我，我中有你。前者直接与用户打交道，后者则是与数据打交道，但是谁都离不开谁，二者对于品牌的经营与运营同等重要。没会员数据，企微私域就是盲人摸象，没企微私域，会员数据就是刻舟求剑。最终的结果，都是找不到、挖不出市场的金矿。

业界有观点认为，瑞幸社群是最难复制的。

早期瑞幸的增长方式是相对激进的，通过品牌广告、明星代言、快速铺店，占领用户心智，用高补贴裂变增长（下单瓜分百万现金、邀请好友拿免单、新人首单免费），来实现用户的快速增长。2020 年陷入财务造假危机后，瑞幸开始通过新的营销策略进行自救。

即，从当初激进的快速拉新转变为私域运营活动，利用私域流量运营重新站稳了脚跟——仅 3 个月便初见成效，迅速完成了会员的原始积累：拥有了 180 万私域用户，其中 60% 为活跃用户；每日贡献直接单量 3.5 万多杯，通过群内信息提醒促单 10 万多杯；用户入群后月消费频次提升 30%，周复购人数提升 28%，月活跃用户量提升 10%。

截止到 2022 年 4 月，瑞幸社群用户数到达 1600 万，且每个月以 60 万的增幅在持续增加。结合 2023 年第一季度的财报数据看，可以推算出社群每日可贡献 40 万—100 万杯，而日均总杯量估计在 350 万杯左右。由此可见，社群已成为瑞幸在 App 和小程序之外的重要订单渠道。

我们可以从以下几个方面来解读瑞幸的私域流量运营：

首先，是三大引流路径。在这个方面，瑞幸很好地解决了微信流量的问题，就是将公域的流量有效地转换到微信及微信群内。

第一个路径就是门店导流。特别是在成功加入万店连锁俱乐部之后，瑞幸便开始充分利用自有渠道来实现二次导流。

其一，在每个门店都开始放置加入社群领券的指示牌，在收银台前也都会有入群的二维码台卡引导，同时店员也会提醒到店用户可进群领券，引导客户加微信入群。其二，将社群与门店位置相结合，基于位置服务推送附近门店的社群二维码，进入附近社群。

第二个路径就是公众号导流。据媒体介绍，瑞幸公众号粉丝超过 3000 万，其中活跃粉丝在百万量级，头条推文的阅读量都在 10 万以上。每天通过不同形式的文案加图片（视频）来发布推文，内容大多结合商品亮点，同时加上福利项来增加用户参与度和活跃度。除了菜单栏上的固定入群按钮外，每周的推文也会设置路径邀请读者加入社群。

第三个路径是小程序下单导流。因为瑞幸线上点单会有比较大的优惠减免券，所以用户基本都是在线上点单。因此，小程序也成为效果较好的引流渠道。通过每天在固定时间内推送主题内容，让用户形成习惯，提升用户与社群的黏性。

下单后取咖啡时，在取餐区可以扫码加入福利社，用户直接扫码之后，手机会跳转进群，用户可以直接领取优惠券福利。

同时，瑞幸还利用企业微信合规的管理工具，发布群公告、群自动欢迎语，在用户进群的第一时间推送相关的内容，吸引用户，让用户及时了解到社群的定位及价值。

值得一提的，是以老带新优惠奖励、持续发放社群福利等机制。即，通过老用户邀请新用户注册，使得新老用户双方都可以获得相应的优惠券。此后，利用新人礼包引导用户第一次消费，通过优惠券促使用户进行社群留存，再通过平台折扣券持续发放，促使用户不断进行复购。

相应的转化路径是通过 App 或公众号中，“我的”界面下方的“邀请好友喝咖啡立减”的入口实现的。即，点击进去可以看到分享任务。邀请第一个新用户注册、完成首单，即视为邀请成功，成功后可以获得一定的饮品抵用券，该券会随着邀请用户数量的增加而递增。

为了引导用户加群，瑞幸针对入群用户设置了专属的组合拳式的群福利：入群立得 1 张 4.8 折券、每日群发 15 元全场抵扣券、超低价促销商品、高于一般优惠券金额的抵用券。除了老用户邀请新用户之外，新用户也可以直接注册，都可以领到 100 元抵用金，下载 App 可以直接领取。

私域社群的日常运营，以发放福利和推荐商品为主要内容，以促进活跃度和提升成交率为目的。

私域社群主要通过以下方式来进行日常运营：第一是推送内容，包括专属的社群特价商品，在推送的文案和图片上，都会重点强调“社群专属”；第二是每日抽奖，每天限量发放 N 张 15 元无门槛抵扣券，以秒杀的形式限量发售大额抵扣券；第三是社群直播，不定期进行小程序的直播活动，将直播链接发布到社群；第四是朋友圈互动，添加首席福利官的微信，可以通过朋友圈看到它发的商品广告。

私域社群在内容推送频次上，也是非常有讲究的。在知乎上，有网友统计出瑞幸在一天之内进行推送的六个时间段。而这些时间段的设置，是基于对所有订单时间段的数据分析确定的。例如，上午开启办公的时间段、下午茶的 2 点半到 3 点半，还有晚上加班或者休息的 8 点钟。

总而言之，私域流量运营就是用户运营，精细化运营是不变的原则。正如《瑞幸咖啡的私域社群，是如何运营的？》一文的作者所指出的，瑞幸在横向上基于地理位置将用户分层，为差异化运营奠定基础；在纵向上基于用户的生命周期，最大化转化用户价值。

特别要强调的是，与用户运营一样，针对不同生命周期阶段选取不同的运营方式，也是私域运营的基础和核心。通过转化、留存、复购、召回、裂变，发挥不同生命周期用户的特长和价值，才可以最大化地实现生命周期总价值。

可以说到目前为止，瑞幸的私域社群在老用户留存和提频，更好地触达用户，提高消费频次这些核心价值方面，做得还是富有成效的，也是值得其他品牌学习和借鉴的。

在这个突飞猛进的时代，快速迭代的传播技术，层出不穷的营销手段，似乎又成了撬动品牌的关键所在。因此，在很长的时间里，在很多品牌方的眼中，品牌就是营销，营销就是品牌。营销似乎成了品牌的底层逻辑，营销也似乎成了品牌的顶层设计。

在这个过度依赖手段，过分倚重工具的潮流裹挟之下，许多企业不重视品牌的系统性建设，轻视自身价值的创造，漠视用户利益的输送，甚至无视品牌的本质与规律，将营销凌驾于消费者关系之上，将方法凌驾于方向之上。

正确的品牌认识论是“一个核心四个基本点”：以不断满足人性需求为核心，以价值、利益、心智和关系为基本点。那么，基于这个底层逻辑，品牌的顶层设计又是什么呢？毋庸置疑，是价值！是通过更新、更优的价值，来为用户输送更多、更好的利益。然后，通过品牌传播对用户心智形成的影响，获得品牌的知名度和信任度，进而与用户形成购买的关系。

接着，才进入营销的阶段。即，通过不断优化包括产品、消费、服务和文化在内的品牌体验，在用户的心智中形成美誉度和忠诚度，进而不断加深与用户的品牌关系——从初次购买到重复购买，从长期购买到超常购买。

什么是营销？营的是价值——卖点，销的是利益——买点。价值才是赋能营销威力的撒手锏，利益才是决定营销成败的胜负手。正因为如此，营销只是手段，而不是目的。

因此，中国的新消费品牌们一定要坚定价值主义理念；丢弃爆款式营销的执迷；要坚持长期主义路线，不仅要扎扎实实做“流量”，更要踏踏实实做“质量”；不仅要倾尽全力打造市场链，更要凝心聚力优化产业链。

否则，再好的营销也是“伪营销”，甚至是“坏营销”。

# 第五章
# 八仙过海，价值永恒

在近几年，咖啡的确很“忙”，阵营也在不断地扩大。据不完全统计，这里面有一众跨界玩票的企业——做能源的、做物流、做服装的、做餐饮的、做食品的、做科技的……专业品牌就更别提了，从现磨的到速溶的，从大众的到精品的，还有茶饮品牌向咖啡发起的集体冲锋……真可谓是八仙过海啊。

## 纷至沓来，凑个热闹，走个过场

在2023年年底和2024年年初，两条与咖啡有关的话题登上了热搜。一个是“ofo戴威二次创业失败”。被千万消费者追讨押金的ofo共享单车创始人戴威，赴美后创办了连锁小型咖啡店About Time Coffee，原本仅有的5家门店，如今有4家显示“已永久关停”。“ofo戴威二次创业失败”等话题随即登上热搜。

另一个是“冻梨咖啡”。随着“南方小土豆”的梗在哈尔滨火了之后，一杯名为“冻梨咖啡”的饮品，让哈尔滨再次火出了圈。这是一家位于中央大街的咖啡店的创意之作，它将东北特产的冻梨，与香浓的咖啡相结合，创造出包含了独特口感和寓意的一款咖啡。

这也许仅仅是“咖啡很忙”的一个小小的折射和投影。

近年来，咖啡市场的迅速扩张催生了一波又一波的跨界浪潮，各领域的企业，特别是那些头部品牌，纷纷投身入局。从最初的品牌联名，到后来的战略投资，已然将咖啡经营视为迎接发展新机遇，探寻经营新路径的重要选择。

其中有老字号的同仁堂、狗不理、全聚德，也有新科技企业小米；有“中”字头的大型国企的中石油、中石化、中国邮政，也有新消费品牌太二；有做服装的李宁和迪卡侬，也有做食品的蒙牛、旺旺和露露，等等。

在听说同仁堂和狗不理也进军咖啡市场时，笔者还觉得无论是中药还是包子，总还是与咖啡一样同属于入口的东西，因此也就没过于在意。之后又听说，中国邮政和李宁也开始卖上咖啡了，再后来，听说就连中石化和中石油也加入了咖啡赛道，笔者便不得不仔细盘点一下入局的各位了。

起初，笔者还将信将疑，于是到“天眼查”一看，果然里面有一则记录：李宁体育（上海）有限公司申请注册“宁咖啡 NING COFFEE”商标。李宁公司官方承认：有计划在店内提供咖啡服务，提升顾客在购物时的舒适度和体验感。

在笔者看来，之所以有这么多的“外行”勇于跨界来到咖啡赛道，从它们自身来讲，主要原因有四点：

一是，咖啡属于日常消费品，市场规模很大，消费频次很高。

二是，咖啡本身的技术含量较少，导致市场的竞争壁垒不高，新的企业进入门槛较低，很容易有新的品牌加入竞争之中。正如《星巴克体验》一书的作者约瑟夫·米歇利博士所说的：“咖啡企业不可能封锁世界优质咖啡的供应，不可能持有重烘焙的专利，也不可能把拿铁从美国普遍流行的词汇中分离出去。谁都可以明天在隔壁开出一家意式浓缩咖啡吧加入竞争的行列中。”

三是，这些在各行业中的头部企业，在渠道终端方面已经具备很大规模的布局。这也就成为中石化和中石油、中国邮政和李宁进军咖啡市场的基点和支点。有了这些原有的终端优势，就会像李宁的品牌主张一样，似乎“一切皆有可能”了。

四是，它们在各自领域的发展都遇到了不同程度的瓶颈，业内资源日益枯竭，市场竞争日益惨烈。因此，试图利用现有的，甚至是闲置的资源，到新的赛道去拓一拓业务，去试一试运气，看能否盘活原有资产，激活新的市场势能，为企业带来新的发展路径。

如上所述，在跨界咖啡的企业中，许多企业拥有庞大的实体店网络。中石油的昆仑好客咖啡依靠自家的加油站及旗下的近 2 万家便利店资源推广自己的咖啡，并把所有的咖啡品类全部打上了“中石油”的字号。而中石化的易捷咖啡也是背靠近 3 万家的易捷便利店，甚至还以汽油型号出品自己的咖啡。

而中国邮政的网点规模更可观。截至 2022 年，全国服务营业网点 5.5 万处，乡镇邮政局所的覆盖率持续保持 100%，全国建制村直接通邮率持续保持100%。还有李宁，截至2024年12月31日，李宁在中国市场的销售点数量（不包括李宁YOUNG）共计6117个。

在入局前的诸多“想象”中，通过利用现有网点开设咖啡店，以低店租和低成本的先天优势，来实现快速的规模化扩张，形成“一拉开架势就是几万家”的格局，肯定是最令商家心动的。因为，“失败了也不会造成重大损失，一旦成功，则可能成为一项回报率极高的投资”。——《概念疯狂的跨界咖啡们，现在怎么样了》一文的作者这样认为。

其实，说来说去，还是有一股“赌”的味道充斥其中。那么，时至今日，这一众“闯入者”，干得到底咋样了呢？

2023年6月，邮局咖啡开始依靠合伙人进行扩张，加盟门槛只要8.8万元。但至今为止，邮局咖啡在营门店也不足百家。“这哪像是咖啡店，分明就是一家文创店”“产品太单一，价格还挺贵”，消费者的吐槽似乎是在告诉我们，跨界经营仅靠邮政的光环和情怀的支撑是远远不够的。

易捷最初先是与瑞幸合作店中店，后又转向与“连咖啡”合作，初衷是主打“加油站+咖啡”的场景，瞄准的是司机们的提神需求。双方曾对外披露计划3年内开设3000家门店。后来，为推动“易捷咖啡”品牌规模化进军加油站消费渠道，双方不仅成立了合资公司，还注册了“易捷咖啡”品牌，并在易捷便利店陆续开店。

尽管，一上来就推出了92#（黑白手冲）、95#（易捷特饮）、98#（经典咖啡）三大系列产品，但在实际经营中，却始终还是红牛的替代品。不久，合作方便退出了双方合资的公司。2022年，中石化又开始与Tims咖啡达成战略合作关系。截止到2023年12月29日，合作1年后的易捷和Tims咖啡也仅仅开出了100家门店。

2017年就成立了的“好客咖啡”，虽然被业界认为，是“中石油卖咖啡，一铺开就2万家”，但在5年的时间里，也只开了200家，仅仅是中石油加油站数量的1%而已。

对此，我们听听中石油的咖啡业务合伙人，“好客咖啡”品牌联合创始人，来自台湾地区的杨富强是怎么认为的：“请问有谁会去加油站喝咖啡？有多少人是只去加油？即便下车，又有多少人是去要收据或发票？即便去便利店，又有多少人只买一些固定的东西？连收银台旁边的东西看都不看。一铺开就有很多生意，这样的想法是‘情绪泡面’。”

因此，他将面对司机出售咖啡定义为：“刚性需求带动非刚性需求”

的生意。其中的含义既耐人寻味，又发人深省。

2023 年 9 月，邮局咖啡官微发布“多店预告”的推文，推文内容显示，邮局咖啡将在广州、天津、重庆等地新开门店。一时间，有关“邮局咖啡终于要动起来了”的言论又引起了许多人的关注，乃至期待。但事实是，从当年的 6 月到 9 月，在全国开启合伙人招募计划的成果，也只停留在新开 10 家门店这个数量上。而邮局咖啡小程序也显示，截至 2023 年的 9 月份，其全国范围内在营的门店也只有 41 家。

这与一年前，邮局咖啡的联合创始人公开宣称的“在 2023 年年初，达成‘百店计划’”的目标还有着一半多的差距。据《多店亏损、开店数量不及预期，邮局咖啡为何没能按理想铺开规模？》一文的介绍，就连在营业的 41 家门店中，还有多店都处于亏损状态。

想当初，作为“国家队”代表的中国邮政，下场做咖啡引起的关注度可谓不小。首店开业当天，就以超高的话题度登上微博热搜，小红书上其官方账号更是一举突破两万点赞。邮局咖啡也是雄心勃勃，为自己制定了一个志存高远的品牌愿景：成为“国民精品咖啡品牌”。

在最初，李宁的宁咖啡和蔚来的 NIO Café，都是想借助“现有门店 / 体验中心的选址逻辑与咖啡店相似，品牌本身的用户也较为年轻，与咖啡消费群体有大量重合，方便冷启动”的既有优势，通过融合咖啡文化，优化店内服务，提升顾客购物时的舒适度和体验感，进而增强品牌的吸引力和消费者的忠诚度。

然而，时至 2024 年第一季度，宁咖啡也只在 5 个城市设有 6 家门店，且均在旗舰店中，其对于提升整体品牌购物体验的影响似乎有限。从微信指数所反映的数据中，我们可以窥见一斑：851 万的李宁的微信指数并没有给宁咖啡带来太多的关注，后者的微信指数为 112，两者之间不仅相差悬殊，后者的热度还处于大幅下降的趋势中——《概念疯狂的跨界咖啡们，现在怎么样了》一文这样介绍和认为。

老字号通过咖啡来实现品牌焕新，讨年轻消费者喜欢已然不是个例了。从同仁堂的“知嘛健康”，到布鞋品牌内联升的“大内 · 宫保咖啡”，从光明食品的“上咖咖啡”，到欧洲经典咖啡“柯菲雪”落户在全聚德（和平门店），再到狗不理集团旗下全资子公司以 600 万澳元拿下了“高乐雅咖啡”在中国的特许经营权……

但结果是，截至 2024 年第一季度，知嘛健康的咖啡 & 养生酒吧在北京也只有 6 家在营门店。这个靠“中药咖啡”出圈的品牌，在仅有 2 家门店时就宣称要“在北京开 300 家咖啡饮品复合店”“规划中的单店营收一年可达千万”，如今看来这个目标恐怕是很难实现了。

新生代品牌也是不甘落后。在线教育平台猿辅导孵化出了咖啡品牌 Grid，该品牌主打单一产地咖啡，定位为快捷的蓝瓶咖啡，并将价格定在 25—35 元，其用意是避开价格战的冲击。但是如此高的价位，在快取方面又与瑞幸和库迪相重叠，其前景也同样堪忧。

量贩零食品牌来伊份，于 2017 年推出现磨咖啡业务，并在 2021 年正式推出咖啡品牌“来咖”（Laicup coffee），还计划未来两年推出独立门店。截至 2023 年 11 月，登陆了 500 多家来伊份门店，与“年底铺设 800—1000 家”的规划相比，也同样是步履缓慢。

而像运动鞋服品牌特步的“特咖啡”、脑白金咖啡等，更是雷声大，雨点小。有的甚至连雷声都不大，完全是一种“虚”张声势的态势。而最新的动态是来自承德露露以“杏仁 + 咖啡”为组合，在 2024 年初推出的新品“杏运大咖”。但目前，“杏运大咖”也只是在露露的淘宝旗舰店中有售。

……

总而言之，还是应了那句话：理想很丰满，现实很骨感。

为什么“骨感”？“骨感”何来？荀子早在 2000 多年前就告诉了我们：“天行有常，不为尧存，不为桀亡。应之以治则吉，应之以乱则凶。”就让我们从品牌之“常”：“价值 – 利益”和“心智 – 关系”来评析一下吧。

毋庸置疑，对于咖啡这种产品，口味和口感是非常显著而重要的价值标准。因此，才会有浓缩咖啡和速溶咖啡之别。我们才会说，产品体验是消费者选择咖啡品牌的重要维度。当初，星巴克前 CEO 霍华德·舒尔茨之所以将意大利浓缩咖啡引进到美国，并大获成功，就是源于浓缩咖啡在产品体验上的“引人入胜”。

渠道终端则不属于产品价值的范畴，而属于消费体验的要素之一，就是便捷。更多的终端势必会为消费者的购买提供便利，这也是星巴克从一开始就在开店这个维度上，不遗余力和强势排他的原因。也是后来的瑞幸试图从门店数量上撕开星巴克“垄断”市场的口子，夺取更多的消费者流量的原因。

但是，消费者购买咖啡终究是为了品尝咖啡独特的口感，乃至品味独特的咖啡文化的。消费便利终究不会成为大多数咖啡购买者最为看重的因素。但是，看遍有关上述品牌进军咖啡市场的报道，几乎看不到他们在咖啡技术和品质上有什么构想，又如何能做到更好地满足消费者产品需求，为消费者输送出更好的利益的相关信息。

就像媒体报道的：很多网友认为邮政咖啡一旦铺开就是全国第一。试问，是终端数量第一，还是咖啡品质和体验第一？中国邮政的网点数量始终是全国第一，那为什么我们寄东西还要找“四通一达”呢？

再说“心智－关系”。品牌心智与关系主要体现在知名度、信任度、美誉度和忠诚度上。知名度简单，通过一定规模的广告宣传以及大规模门店的直观推广，都能够形成一定程度上的广而告之。问题是在信任度上，因为，没有信任度的知名度是无法实现消费者的初次购买的。

首先，无论是同仁堂的养生咖啡，还是两大巨头的石油咖啡，还是狗不理的包子咖啡，以及中国邮政的情景咖啡和李宁的服务性咖啡，都存在同一个问题，即，原先品牌价值与咖啡之间没有强关联，无法让消费者信任——做药做得好的，加油加得好的，包子包得好的，送邮件送得好的，做运动服做得好的……就一定能把咖啡煮得好吗？

就像是，尽管各大传统汽车品牌早就开始推出新能源车型，但时至今日，一提到新能源车，人们还是觉得特斯拉和比亚迪才是其中的顶流。也许咖啡业务本身的门槛不高，但消费者心智的门槛一定是不会低的。没有心智的破防，就不会有关系的牢固。

就像《“李宁”也要卖咖啡？巨头跨界面临三大难题》一文中所介绍的，面对中石油的“120 元 +”石油咖啡，一位茶饮爱好者向媒体吐槽道：“这个价钱我为什么不去喝星巴克，还能买个星巴克的杯子。而且中石油的咖啡真的会好喝吗？”

还有媒体报道：来到邮局，不再寄信，而是坐下来和朋友聊聊天，悠闲地喝一杯咖啡，这当真是前所未有的新鲜体验。不寄信，来邮局干什么？喝咖啡为什么非得到邮局？是好喝啊，还是便宜啊？还有的说：多年来中国老百姓的日常生活和邮政有着密不可分的关系，主打这张“情怀牌”，无疑能成为极具吸引力的噱头。还是前面的那个问题，既然有这么深厚的情怀，那么，“四通一达”又是如何迅猛地发展起来的呢？

中石化自 1983 年成立以来，已经陪伴中国消费者四十余年了。那为什么，易捷咖啡这个曾经的“搅局者”，目前也还主要局限在江苏、北京、上海等地，且门店数量较少，尚未大规模铺开呢？同仁堂更是与国人有上百年的渊源。几年时间过去，同仁堂咖啡也还没走出北京，也没有在市场上掀起更多水花。

还有人说：更重要的是，邮局与咖啡有着文化上的契合点，可以靠“情怀”吸引流量。边喝咖啡边寄信件，在回忆“从前慢”的同时回味着“咖啡香”，是当下许多文艺青年的心仪搭配。到邮局给远方的亲友寄张明信片，再顺便喝杯咖啡，听起来就很美妙。

但请问，有多少的“文青”还在用通信的方式传递情怀呢，他们有多大的概率会去“莅临”邮局这个被“爱情遗忘的角落”？从前慢，真的是“从前慢”，听起来美妙，真的是“听起来”美妙啊。古人说，为赋新词强说愁，现在真的是“为写软文强说好”啊。

我们说，商业的本质是交换——价值与价格的交换，而市场的本质是竞争。那么我们看看这些“闯入者”在价格和竞争层面的表现。以邮政咖啡为例，20 元到 40 元之间的价位根本没有竞争的优势。既有瑞幸、Manner 咖啡、麦咖啡等高性价比的连锁品牌，还有 Tims、Costa 等知名品牌，甚至众多独立咖啡店也是强有力的竞争者。

再往后说，就是以咖啡未来市场规模为由头了。很多相关媒体都介绍说：根据艾媒咨询数据，早在 2021 年，中国咖啡市场规模就约为 3817 亿元，并将保持 27.2% 的增长率，到 2025 年中国市场规模将达 10000 亿元。

但是我们应该明白，做市场不会简单到像做算术题，更不会是排排座位。最终，还是离不开那套底层逻辑：商业的本质是交换，市场的规律是竞争。交换的本质是价值，竞争的规律是利益。没有独一无二的价值，如何能够为消费者带来更好的利益，如何赢得了消费者的心智，又如何与消费者之间构建起供需关系？！如此，再大的市场规模，也终究不会是“你的菜”。

我们还是以邮政咖啡为例，来印证一下上述的认识。

首先，邮政咖啡从门店定位上就给消费者带来了认知的偏差。从外部装修到店内的内饰，以及出售的各类商品来看，邮局咖啡门店很注重突出中国邮政的元素，走的是“文创 + 咖啡”的路线。因此，应该属于“市井 + 亲民”的定位。即，为消费者提供一杯平价的咖啡更为适合。

因为，来自业界的观点是，“精品咖啡追求的是咖啡品质，与邮局咖啡追求的国民感不符，强行融合反倒会毁掉品牌的特色”。但事实上，邮局咖啡的产品却没有显现出亲民的价位——在所有产品中，经典美式的价格最低，一杯 12 元，其余大部分咖啡产品的定价则在 20 元以上。来自大众点评的数据显示，邮局咖啡门店的人均消费在 24 元左右。

再有，门店的调性是偏“精品”的，但出售的产品却并没有像精品咖啡店一样，以手冲和冰滴等制作形式对产品进行分类。产品以传统美式、特调咖啡、茶饮和奶制品为主，手冲咖啡仅有 5—6 款。这与便捷性咖啡更为接近，门店热卖产品前三名分别是“生椰拿铁”“经典美式”和“拿铁”。

“产品没啥特色，种类也不多，价格还比瑞幸贵。我为什么要买？”也许，这的确代表了大多数消费者的看法。“在广州邮局咖啡首店不远处，一位端着‘瑞幸咖啡’的消费者告诉红餐网：平时同事们基本上都是选择瑞幸，既能换着花样喝，也更实惠。”来自央广网的一篇报道这样介绍。

来自“红餐网”的统计显示，在邮局咖啡广州门店中，出售的文创产品数量将近 40 种，比咖啡的数量多出将近一倍。不仅如此，文创产品与咖啡产品还是各行其道，彼此并不能“绑定出售”。文创产品通过中国邮政的官方小程序，由中国邮政寄到消费者手中。

如此一来，喜欢其周边产品的消费者，完全没有进店消费的必要。即便是有人进店看到其周边产品，并对其产生兴趣想要购买，也可能因为现场拿不到这些小玩意，还要去网上购买而扫兴。回过头来再看看，无论是瑞幸还是库迪，将周边产品玩转得花样百出，让自己效益颇佳，就可以充分感觉到，什么叫术业有专攻。

正因为如此，业界和消费者认为，邮局咖啡从产品到定位似乎处于一个非常尴尬的状况。

最后，在门店选址方面，人们一开始都会依固定思维，认为邮政咖啡一定会依靠原有资源开设门店，以实现借助先天优势节约成本，形成强有力的市场竞争力的目的。

然而事实是，邮局咖啡的北京首店坐落在望京小街 SOHO，泉州店开在了红砖古厝的古城里，济南门店则开在了博物馆内……也许是为了抢占更具商业价值的地段，但这样一来，邮局咖啡无疑将自己置于与其他咖啡店相同的竞争起点，完全丧失了先天的优势。

在愈发激烈的市场竞争态势下，邮政咖啡也许意识到了仅靠既有的光环效应，是无法在当下或是未来的咖啡市场立足的。因此，开启了合伙人招募计划，希望以此推动门店数量的进一步增长——让我们拭目以待。

曾经在中国市场上叱咤风云的脑白金，在 2023 年 11 月也以咖啡的名义杀了一个“回马枪”，重新回到了人们的视野中——巨人集团旗下脑白金咖啡首家快闪店，在上海市淮海中路武康大楼邮政所开业。据了解，该快闪店由脑白金与合作伙伴共同打造，为期一个月。正如，脑白金品宣负责人向媒体所表示的，试水咖啡，正是脑白金品牌年轻化的一次新尝试。

值得一提的是，在 2023 年，时尚品牌的咖啡店也时不时地出现在人们的视野中。6 月份，国际奢侈品牌 LV（路易威登）和中国咖啡品牌 Manner 在上海开出联名限时书店；8 月，运动潮牌 Vans 与咖啡店品牌 GREEN HOUSE 在广州开设“GREEN VANS 限时咖啡店”；11 月，眼镜品牌 Ray-Ban 雷朋中国首家品牌体验店在上海市中心淮海路开业，与此同时，全国首家的雷朋咖啡也正式揭幕……

必须要强调，一家长期成功的企业，一定要有底线思维和边界思维。前者代表着品质，后者代表着能力。如何能够正确对待和处理好两者关系？有一个重要的参考维度，就是在针对产品 / 服务的“跨界”中，品质可控的底线与能力覆盖的边界在哪里。

同时出圈跨界做好几件事情，要想将其做得正确，注定是难上加难——你的经验、精力、能力、团队、资金、管理、营销，等等，很难周全，也很难兼顾。因此，我们要强调的是，少即是多，应该专注把原本的事情做到极致。

在以八大要素为核心的品牌系统性建设方法论体系中，规划体系的任务就是要先给“该干什么”“能干什么”和“怎么干”这“灵魂三问”找到正确的答案。进而，为企业的发展方向判定好战略机会，界定好市场的空间，确定好价值的共鸣。

如果，我们将跨界经营视为企业“应该要干”的战略机会的话，那么，下一个命题就是“能不能干”。毕竟，人类对事物的判断、演变和达成都是要有一定的前提的，都是要具备一定的条件的。因此，我们要想正确地找到“能不能干”的答案，就要拿着判定好的战略机会去跟自身的优势和竞争的态势去对标。

所谓的自身优势就是前文所说的：你拥有什么资源，你具备什么能力？所谓的竞争态势就是面对既有的，和将会出现的竞争对手，你如何能让自己特立独行，又如何能让自己脱颖而出。

在笔者看来，多元化跨界经营就像是一位既严格又严厉的老师，为那些也曾叱咤风云的企业都上了一堂令他们刻骨铭心的、生动且有意义的商道大课。当然，先行者们也替无数的后来者们尝了“梨子的滋味”，为他们留下了难得的教训和宝贵的经验。

在今天，我们不难发现，在历经了增量市场下的机会化生存时代之后，面对存量市场下的专业化生存的时代，许多企业已经将“聚主业”这三个字，放在了战略报告大标题的首位。

## 茶·咖不分家，翻墙而过，未必好过

在众多的跨界入局者中，有一个群体比较“特殊”。因为，它们与咖啡是“近邻”，同在一个院子里的隔壁或是对门，是那种伸出腿就能一步跨过来的关系。这就是：茶饮行业。

一直以来，咖啡是咖啡，果茶是果茶，奶茶是奶茶，大伙各守一摊，各行其是，各赚其钱，相安无事。如今，当人们走进一家卖饮料的门店，就会发现，咖啡、果茶、奶茶已经同处一室，不分彼此了。就像奈雪的新店型——奈雪 PRO，咖啡和茶饮就都有售卖。

事实上，“咖啡 + 茶饮”的组合早在 20 世纪 50 年代就已出现。彼时，在香港街头奶茶店热销的“鸳鸯奶茶”，正是以红茶、咖啡、牛奶等比例制成，其新奇的口感被不少追新的年轻人所推崇。2019 年，雀巢咖啡也推出过沁风桃桃、椰香凤梨、冰甜青苹果 3 款跨界果萃咖啡产品。

这是因为，当下的茶饮行业内部竞争日趋白热化，导致其发展增速放缓，各大品牌都迫切需要寻找到新的市场空白点和业务增长点。那么，离上述两点最近的，便是咖啡赛道。正如番茄资本创始人卿永所预判的那样：“国内咖啡赛道的最终规模会超过茶饮”。

根据灼识咨询发布的报告，2022 年，现磨咖啡的行业规模为 1348 亿元，且未来会保持 21.2% 的年复合增长率，要高于现制茶饮 18.3% 的年复合增长率。也有数据显示，在未来的 2—3 年间，新茶饮增速将出现阶段性的放缓，年复合增长率将会调整为 10%—15%。

咖啡赛道的未来价值，还不仅仅体现在自身的增长上。从目标消费人群市场价值的长期性来说，咖啡也是优于新茶饮的。平安证券发布的《新消费研究之咖啡系列报告》显示，在咖啡的用户画像中多为“职场奋战”的青壮年和“多金金领”的中壮年。而在新茶饮的消费群体中，“90 后 + 女性”以及“学生 + 白领”的特征则更为明显。

与此同时，随着饮品市场的边界日益扩大，对口味满足的可能性被无限延展。由此，年轻人在追求新奇个性的驱动下，越发不再满足于传统单一的咖啡或茶饮。另外，年轻人对于茶饮和咖啡的需求并非二选一，而是既喝茶又喝咖啡。

来自中国连锁经营协会发布的报告显示，一方面，一款全新的产品上市后约半个月，各个品牌即可陆续完成类似产品的上线。这意味着茶饮产品的竞争壁垒很低，几乎没有“护城河”可言。另一方面，年轻人追求新鲜的特性，让其在购买选择时没有“排他性”。如果产品不及时更迭出新，很容易被消费者抛弃。

因此，与其将力量全部消耗在全方位、同质化的“内卷战”上，还不如去开辟新的战场，去撬动新的人群，为企业的未来发展寻得第二增长曲线。于是，伸腿即到的咖啡赛道，便成为新茶饮品牌的不二选择。

正如《“茶与咖”融合混战研发新品成每个茶咖老板“必修课”》一文所指出的，新式茶饮赛道红利透支，投资者逐渐将目光转向复购率更高、饮用场景更广的咖啡赛道。茶咖自然成为拓展新赛道和拉拢年轻消费者最好的方式。

其中，最早迈出这一步的，是大名鼎鼎的蜜雪冰城，早在 2017 年就推出了咖啡子品牌“幸运咖”。截止到 2023 年 12 月，全国已拥有 2791 家门店。无独有偶，据壹览商业统计，茶饮赛道中至少有 7 家品牌拥有自家咖啡业务线，其中 6 家都推出了旗下咖啡子品牌。

据 2023 年 12 月发表的一篇题为《11 月，茶饮向咖啡发起了集体冲锋》的文章介绍，蜜雪冰城在 2017 年，创建了咖啡子品牌“幸运咖”；乐乐茶在 2021 年，创建了咖啡子品牌“豆豆乐”；柠季在 2022 年 5 月，创建了咖啡子品牌“RUU COFFEE”；茶颜悦色在 2022 年 8 月，创建了咖啡子品牌“鸳央咖啡”；古茗在 2023 年 3 月，创建了新品“闪萃咖啡系列”；沪上阿姨在 2023 年 4 月，创建了咖啡子品牌“沪咖鲜果咖啡”；茶百道在2023年12月，创建了咖啡子品牌“咖灰”。除此之外，还有CoCo的CoCo café、喜茶的“喜鹊咖”，还有一点点、七分甜也推出自己的咖啡特色单品。

其中，最具代表性的当属蜜雪冰城旗下的幸运咖。在2023年，幸运咖的门店总数就超过了2800家，较2021年增长了四倍多。在激烈的市场竞争背景下，幸运咖将自己的产品价格定位在5—10元之间，以满足价格战的需要，并聚焦下沉市场，以实现在后发之中抢得先机。2023年，幸运咖在下沉市场中的门店率就已经高达61.9%，二线及以下城市门店占比更是达到了81.27%。

2024年，幸运咖大举进军校园市场，并在其官网上喊出“把幸运咖开进每个大学、每个县城、每个城市”的口号。其战略目标就是在平价策略和校园市场的双轮驱动下，先入为主地培养出一批习惯喝幸运咖的学生。以期他们在未来也不会轻易放下幸运咖。

因此，在《聊聊咖啡赛道：为什么我更看好幸运咖？》一文的作者看来，“在咖啡赛道里，谁最会玩下沉？不是瑞幸、库迪，更不是星巴克，而是幸运咖”。其依据便是：幸运咖背靠“雪王”，没有人比“雪王”更懂下沉。正如蜜雪冰城相关负责人曾宣称的：要做的是县城甚至小镇的平价咖啡，复制出一个咖啡版的“蜜雪冰城”。

这似乎并非在“放卫星”。是因为，“雪王”已经为幸运咖备好了一套自建的，且完整的供应链体系，从采购、生产、仓储、物流、销售，每一环都尽在掌握。其结果就是，没有了“中间商”，就不会再有人赚幸运咖的“差价”。

幸运咖对成本的控制，还体现在原材料上。幸运咖与蜜雪冰城在原材料上的重叠，不仅仅体现在像奶制品、水果这样的食材上，在吸管、杯子等包材上，也同样是可以复用的。招股书显示，早在2022年，蜜雪冰城对咖啡生豆的采购数量就达到了5千吨。

体量庞大的规模性采购，必定会带来总成本领先的优势。而背靠这种非同一般的优势，如果能与蜜雪冰城一样做到“高质平价”（以幸运咖的美式咖啡为例，一杯定价仅为5元），幸运咖就一定会比其他茶饮旗下的咖啡品牌更加具有市场的影响力和竞争力。

在门店拓展方面，幸运咖似乎也在沿循着蜜雪冰城的法则与模式，即厚积薄发。蜜雪冰城在十几年的发展过程中，在门店策略方面，都没有以快速突破“万店”为发展目标。而是依照“做强之后再做大”的指导方针，直至近几年才开始加快了扩张的步伐。

但尽管如此，蜜雪冰城依然能够始终保持着60%左右的年复合增长率——做强；时至2023年9月，蜜雪冰城的门店数量已经达到了36153家，登上了中国现制饮品行业的顶峰——做大。因此，单纯以幸运咖当前的约3000家的门店数量，来与库迪的6000多家、瑞幸的万家规模比较，借此来判断幸运咖已经落后了——对于《聊聊咖啡赛道：为什么我更看好幸运咖？》一文的作者来说，他的观点是：“我看未必。”

为什么？因为，这位作者更为看重的是供应链的优势、行业的知名度、消费者的心智，而非单纯的门店数量。的确，没有上述这些品牌的核心竞争力和影响力，再多的门店也只会是门店而已。在中国零售业发展的历史上，勃然疯狂开店后，又忽然出现闭店潮的案例，早已是屡见不鲜。

2021年7月，精品咖啡品牌Seesaw完成了由喜茶领投、老股东弘毅百福跟投的A+轮过亿元融资。公开资料显示，喜茶还投资了咖啡品牌“少数派”。

2022年4月，书亦烧仙草战略投资长沙连锁咖啡品牌“DOC咖啡”，占股23.5%；5月，柠檬茶品牌“柠季”全资控股咖啡品牌“RUU COF-FEE”；9月，奈雪的茶入股咖啡品牌“AOKKA咖啡”，且持股超21.4%。

2022年11月，新茶饮品牌七分甜创始人投资的咖啡品牌Brisky Coffee（轻醒咖啡）首店在苏州开业，单店日均营业额就突破1万元。

2023年12月中旬，茶颜悦色天下粮仓概念店在长沙正式开业，该门店拥有1000平方米的占地面积，是茶颜悦色迄今最大的门店。除了“最大”之外，其旗下的茶咖子品牌“鸳央咖啡”入驻其中，也是一大亮点和看点。

同样是在2023年年底，茶百道旗下的咖啡子品牌“咖灰”首家门店落地成都。其在装修风格上与茶百道完全不同，极简不失韵味，低调不失品位。同时，菜单的选品也很有新意，咖啡的口味区别于传统，既有创意同时也不会过于离经叛道。

店内不仅有“樱桃冷萃”“咸奶萃”“香草荚子拿铁”“岩烧芝士草莓拿铁”等咖啡饮品，还有汉堡、煎饼果子、贝果等主食在售，能够满足早午餐、下午茶等消费需求。尽管有各种差异，但咖灰不会偏离茶百道的经营理念：不用糖浆，只用当季鲜果。

古茗将“榴梿生椰拿铁”“牛油果生椰拿铁”两款果咖产品推向全国近 7000 家门店；在新茶饮品牌益禾堂的菜单中，也出现了“现磨咖啡”这一选项，包括具有益禾堂特色的益杯咖啡、美式咖啡、白椰拿铁等；同为新茶饮品牌的一点点也在门店中上新了红茶拿铁、四季拿铁等产品。

说到茶饮入局咖啡赛道的品牌策略，专注茶饮连锁的年轮战略咨询创始人段北海认为：“手上有钱 + 原有品牌不适合上咖啡，那就再做一个咖啡品牌。如果手上钱不多，老品牌的定位又和咖啡不冲突，那就直接上产品就行了。但总体来说，做新品牌机会更大、成本风险更高。老品牌上新产品，成本更低，机会也有限。”

对于终端策略，笔者认为，茶饮品牌旗下的咖啡子品牌，在市场导入期最为稳妥的方式就是基于原先门店资源，以店中店的模式来完成品牌知名度的积累，待进入市场成长期后，再适时适度地推出独立门店。

在产品销售策略上，《新消费研究之咖啡系列报告》的建议是，咖啡和茶饮搭售为最佳选择。这是因为，两者的消费高峰存在错位，在运营、投资及采购压力增幅不大的情况下，相互搭售可以使两者互为品类补充。以此，在满足顾客多元化需求的基础上，可以提高门店坪效。

总而言之，茶饮与咖啡之间，可以相互渗透，但很难彼此取代。因为，以大范围的渗透实现取代，不仅存在难以有效覆盖对方品类客群的问题，也面临较大的运营管理及成本投入压力。基于此背景，开发或投资新咖啡品牌成为茶饮品牌的最佳选择。

在茶饮品牌向左的同时，咖饮品牌却在向右。或许是出于主动出击，或许是出于被动防御，瑞幸和库迪都不约而同地将目光“反向”到茶饮。

2023 年 3 月，瑞幸推出了“碧螺知春拿铁”。这款以碧螺春为基底，加上略带特殊果味的咖啡，上市首周便实现了 447 万杯的销量，仅次于大单品生酪拿铁首周 659 万杯及椰云拿铁首周 495 万杯的业绩。

2023 年 11 月 22 日，库迪旗下的奶茶品牌“茶猫”就疑似被提前曝光，在小红书账号“Cotti 库迪咖啡 – 招商中心”发布的视频中，就已经有关于 Tea cat 茶猫的品牌设计图、门店物料设计图、菜单以及店型概念图的展示。

果然，2024 年 2 月 2 日，“茶猫”的全国首店在北京合生汇开业。从菜单来看，Tea cat 茶猫共有 5 个系列，26 款产品，所有产品价格均在 16 元，略低于霸王茶姬 17 元的均价，但要高于蜜雪冰城等平价茶饮的价格定位。

由此可见，这一次库迪变得“收敛”了一些，并没有像入局咖啡赛道那样，以“最低价”的姿态强行进入，以最原始的方式开疆破土。不知道是经过咖啡赛道的价格战，库迪变得更加理性审慎了，还是在茶饮赛道上缺了像瑞幸一样，能够让库迪必须去死磕和硬刚的天然假想敌的缘故。

因此，Tea cat 茶猫的入局，会不会将茶饮赛道带到新的一轮竞争中去，我们还得拭目以待。但无论怎样，茶饮和咖啡之间相近的天然属性，使得它们在未来注定会结伴而行，你中有我，我中有你——“茶咖一体化”已是必然的趋势。

在这一趋势下，一方面，新茶饮品牌凭借多年对消费者口味的洞察，及高频迭代积累的研发经验，形成了一整套产品理念，可以助推品牌研发更多咖啡类的新爆品，快速提升品牌的影响力和市场份额，让所谓的第二增长曲线为企业的可持续发展发挥出越来越大的作用。

另一方面，机遇与挑战同在。新茶饮品牌在进入咖啡市场时也注定不会一帆风顺，尤其是在面临咖啡市场中较多的竞争者时。对于想要从咖啡赛道分得一杯羹的新茶饮品牌来说，甚至是挑战大于机会。因此，业界也有观点认为，茶咖的出现或许能在一定时期形成风潮。但后续如何可持续发展仍在考验着每一位从业者。

正如香颂资本董事沈萌的观点：“茶饮新投资咖啡项目，是在当前已经白热化竞争的咖啡市场，以己之短攻彼之长，需要投入更多资源与现有品牌抢夺份额。况且，饮品行业每年都会有各种营销风潮出现，但问题是到底能维持多久，这才是茶咖风潮的关键所在。至少从目前看来，也仅仅停留在流行趋势的层面，并未上升到行业的高度。”

的确，任何品类或是品牌，特别是新品类、新品牌，只有在“价值、利益、心智、关系”这些构成品牌底层逻辑的要素上，突破了相互作用的“临界值”，才会真正让一个品牌突飞猛进和行稳致远。

当然，还有产品创新的问题、产业链支撑的问题，以及市场竞争的问题。特别是当产品创新遇到市场复制的问题时，当产品创新面对消费者并不在意“谁是首创者”，更在意“口感”“价格”时，会不会又回到咖啡或者纯茶饮的业态，也只有未来才能给我们答案。

值得一提的是，就在笔者“沉湎”于茶饮、咖啡、茶咖的你中有我，我中有你时，一位名叫“老生常谭”的博主的观点引起了笔者的关注：瑞幸重新定义了咖饮，而不是咖啡——非常值得我们思考和玩味。

在一篇同题的博文中，博主老谭提出了一系列压抑在胸臆之间，令他“不停思考”的问题：自己的咖啡店为何不赚钱？为何那些大型连锁品牌能够将价格打到 9 块 9、8 块 8？这样杀敌一千、自损八百的操作仅仅是为了占领市场吗？

一开始，他非常不解。直到他想明白了一个问题：“（瑞幸）它们卖的不是咖啡，而是含咖啡因的饮品啊！”在老谭的心目中，咖啡不仅仅是饮品，还是一种文化——小资、精致、品质，抑或是其他……但无论仁者见仁智者见智的答案最终是怎样的，咖啡都应该是一种文化驱动下的生活方式。

那么，8.8 元的库迪和 9.9 元的瑞幸，是有文化的咖啡吗？在老谭看来，答案是否定的。老谭将它们定义为：咖啡饮品。一种在很多人的感受中既解渴，又“真的很好喝”的，能够像老谭一样“三下五除二”就喝完的咖啡饮品。

至于咖啡的味道，按照老谭的话说：真心觉得太淡太淡了，完全没有那种咖啡豆所带来的味蕾体验，譬如有豆香、有回甘……因此，老谭得出了这样的结论：咖啡饮品并不能等同于咖啡，就像奶茶不是茶一样。

咖啡饮品就等于瑞幸，瑞幸就等于咖啡饮品——于是，老谭终于释怀了。为什么能释怀了？是因为，对于咖啡饮品来说，所有的低价都是正常的。因为，咖啡饮品原本就是和奶茶同一个赛道的，与咖啡则是貌合神离。

的确，就像奶茶中的茶一样。那是经过工业生产环节制作出来的茶叶成品，无法像平常的茶叶那样进行冲泡，自然也就无法让你品味到那一缕缕的“茗香”。

你也许会认为老谭在玩文字游戏，但并非如此。对此，老谭特别强调：对于咖啡定义的考究，以及对产品形态的思考，都有助于我们对市场进行更为准确的判断——如果你卖的是咖啡，就无法像瑞幸们一样在产品上实现快速上新。

在市场的竞争中，任何品牌的开创者都巴不得定义一个品类，例如碳酸饮料的可口可乐、儿童乐园的迪士尼、日化产品的宝洁等。而瑞幸，虽然名为瑞幸咖啡，但是它能定义的只是咖啡饮品，而不是咖啡，“毕竟还有一个神一般存在的星巴克”，老谭如是说。

如果说，茶饮的“老大”是蜜雪冰城，咖饮的“老大”是瑞幸的话，那么，咖啡的“老大”非星巴克莫属。因为，咖啡最终要“售卖”的不仅仅是便捷，不仅仅是便宜，而是一种调性，或是一种情调，乃至一种文化、一种生活方式。

因此，老谭最后告诫我们：如果你是一个品牌的开创者，真的要好好思考，你卖的到底是什么？

红餐大数据显示，我国现制茶饮市场规模增速已开始放缓，总体步入成熟期。与其他步入市场成熟期的品牌一样，茶饮品牌也面临着一个发展的命题：朝纵向深耕，还是朝横向拓展？！

横向拓展的模式注定会在给企业带来新的发展机遇的同时，也带来新的挑战。首当其冲的便是——产业链的管理。这是因为，任何业态的最大问题就在于，如何能够提高企业在资源方面的利用率，以及在资产配置，乃至企业经营上的效率。但往往是理想很丰满，现实却很骨感。这一切都是要通过企业强大且专业的管理能力来实现的，不然就是一个伪命题。

《中庸》告诉我们：“中也者，天下之大本也；和也者，天下之达道也。致中和，天地位焉，万物育焉。”企业与天地一样，“适中”才是自身价值体系行稳致远之大本，而不是大而全，“和合”才是企业生态良性发展之大道，而不是上下左右通吃。

在此插播一个真实的“段子”。话说，在北师大校门口的马路边有一位收废品的大哥，他对一群整理空水瓶的学生视而不见，依然在躺椅上，一边喝着茶，一边听着豫剧，一副享受人生的模样。

当这些空水瓶被几个大娘发现，并如获至宝地拖到他这里来卖时，他才懒懒地起身，上秤、付钱，一切如故。当有好事者笑讽他白白将一部分利润拱手让人时，这位大哥不紧不慢地说出了一句令人为之一“震”的话：我是收废品的，不是捡废品的。

在这位大哥的心中，生意无论大小，边界要清晰，要保持。不能为了多赚点钱，就放弃了自己的定位。因此，他不想全产业链通吃，也不想左拥右抱，只管守好自己的本分，守住自己的价值。这就是我们所说的“知止”。正如《大学》中所言：“知止而后有定，定而后能静，静而后能安，安而后能虑，虑而后能得。”

## 速溶咖啡，同质竞争，寻求新突破

这一边，局外者纷纷乘兴而来，那一边，当局者承受着越来越多的挑战、越来越大的压力。有的已是疲态尽显，有的还在苦苦支撑，有的依然砥砺前行，有的已然黯然出局。说到这里，有一个品牌不得不提，就是那个曾经在速溶咖啡的赛道上，横空出世的佼佼者：三顿半。

但是，许多人的共同感受是，已经有很长的时间没有听到，或是看到有关三顿半的消息了。在查找和翻阅了能够找到的信息后，笔者得出了这样的结论：三顿半在同质化的竞争之下，已经失去了曾经的技术优势，发展的势头也被随之遏制了。

曾经三顿半通过冻干工艺，不仅使速溶咖啡的风味大大提升，还能让咖啡粉快速溶于冷水、牛奶等液体。借此，三顿半为自己打开了一道有别于传统速溶咖啡及其应用与消费场景的，风景这边独好的价值大门。

从此，一个以三顿半、隅田川、永璞为代表的新的品类在速溶咖啡的赛道上诞生了：精品速溶。因为，这类产品相对于以雀巢为代表的，传统的三合一速溶咖啡有着明显的体验提升。在这个赛道上，最初的三顿半曾经意气风发，斗志昂扬，是这一新品类当之无愧的代表。

从某种意义上讲，这种变化是划时代的。因为，在冻干咖啡粉掀起浪潮之前的很长一段时间里，速溶咖啡都很少出现产品方面的创新。因此，业内对咖啡故事的热情，一直聚焦在现制咖啡花样不断的搭配、走马灯式的代言以及万店规模的神话上。

这也与速溶咖啡增长相对缓慢有关。综合欧睿、观研天下、阿里等机构的数据，我们可以看到，虽然，作为咖啡行业的“基石”，速溶咖啡占整个咖啡市场规模的比例依旧在52%—92%，而现制咖啡仅占5%—27%。但是，相比于动辄有四五十个点增速的现制咖啡品牌，速溶咖啡还是显得有些暮气沉沉。

而以三顿半为代表的精品速溶咖啡品牌横空出世之后，则开始激发出速溶咖啡赛道的新活力、新发展。必须要指出的是，三顿半的异军突起，还有一个不容忽视的原因，就是一直被消费者津津乐道的产品包装和设计。

自2018年起，三顿半从数字星球杯系列开始，就一直备受年轻人的追捧。明亮简约的纯色小罐设计，颠覆了人们对咖啡包装的认知，焕新了品牌形象的颜值。同时，从1到6的数字序列，更是从对咖啡烘焙的定义上，让消费者的产品体验在一个全新的维度上获得了提升。

在技术、设计之上，便是文化。其中，最具代表性的就是三顿半的环保文化。针对数字星球系列在销量激增的同时产生出大量塑料垃圾的问题，三顿半推出了"返航计划"。即，用户可以将自己喝剩下的咖啡杯退还到三顿半手中，三顿半统一回收用于周边创作。消费者不仅可以因此获得积分，还可以换取用回收物料制作的周边产品，与品牌一起在对环境的保护中收获快乐。

不仅如此，三顿半还利用"星球电台""飞行电台"等App，以及线下出版的《咖啡、街区与对话》杂志，传递正向的品牌理念，讲述正能量的品牌故事，不仅增加了产品的内在质感，也增进了用户与品牌之间的价值共识、心智共鸣与文化共情，乃至行为共振。

在营销方面，三顿半致力于打破传统速溶咖啡领域的沉闷。在产品内容输出上，紧紧围绕自身"精品+便捷"的核心价值，紧跟时代潮流，保持新鲜活力。没有漫无目的为了营销而营销，也没有为了热度去联名。始终以烘托自身的品牌特色，构建不同消费场景下的品牌形象，延展自己的咖啡宇宙为核心目的。

在基于0号产品推出的十几款联名系列中，与全球咖啡品牌田口护、Blacksheep的合作联名突出了精品理念；与KEEP品牌的联名强调了运动便携性；与理想国的文学跨界，更是赋予了其独特的文化内涵——这与单纯的基于热度考虑的联名有本质的不同。

咱们再回到三顿半这个新消费品牌兴也勃然、衰也忽然的问题。在业界看来，问题主要出在了市场竞争和技术壁垒之上。让三顿半起家的是冻干工艺，而这并不属于高科技，是食品工业和医疗行业中极为成熟的技术。只是，被三顿半应用在了速溶咖啡上。

这一点，与福特汽车将流水线工艺转嫁到汽车制造中有某种程度的相似。但同时，又与当年的星巴克"不可能持有重烘焙的专利"同属一类问题。这就是咖啡行业的"特征"之一：不会有完全创新的技术出现，因此也无法构筑起难以超越的竞争壁垒。

三顿半当初的火速出圈与元气森林如出一辙，都是在既有的赛道中，通过品类策略为自己开辟出新的市场空间，在短短的几年时间就打破了传统品牌的市场垄断。但是，在激烈的市场竞争中，先行者们必须要为自己挖掘出一道品牌的护城河。这也许正是“咖啡 + 第三空间”能够支撑星巴克从西雅图走向全世界的竞争价值所在。

很快，在 2019 年，时萃、永璞也相继推出了冻干咖啡粉；2020 年雀巢也推出了首款精品速溶咖啡；瑞幸咖啡等也陆续推出冻干咖啡产品。一时间冻干咖啡成了众品牌争相竞逐的新大陆。随着众多品牌的加入，产品同质化也只是时间问题。

而同质化问题并不只局限在技术这一个维度上。继《咖啡、街区与对话》之后，星巴克推出了第一款杂志《豆子的故事》，永璞咖啡也创办了《岛民月刊》；效仿三顿半的“返航计划”，永璞咖啡从 2019 年起也开始实施“飞碟返航”计划；在短短 3 年内，有近百个品牌都在仿冒星球数字杯的外观。

面对技术上的跟进，设计上的抄袭，内容上的照搬……渐渐地，三顿半无论是在产品上，还是在品牌内容上都已经毫无优势可言，品牌维权却成了三顿半首要解决的问题——《从小众到大众，国产咖啡三顿半的困局》的作者这样认为。

三顿半与其他品牌有的，也只是价格上的差异。据上述文章介绍，在 2021 年，三顿半的即溶数字杯在没有折扣的情况下，一杯在 8 元左右，要远远高于同是精品速溶的永璞和隅田川。与连咖啡更是没法相比，连咖啡每日鲜萃一杯还不到 3.5 元。

正如“传播体操”在 2023 年 11 月 3 日刊发的一篇文章的标题：《三顿半的路已经走不通了》。但是，在该篇文章的作者看来，精品速溶咖啡的“路走不通”远不止因为技术的广泛应用将该品类带入同质化竞争的红海这么简单。在他们看来，有四个方面的问题让精品速溶咖啡面临“四面楚歌”：

一方面，精品速溶咖啡正在遭遇一个正面硬刚的对手，就是瓶装咖啡。因为，随着产品工艺的提升，瓶装咖啡也能提供出不错的咖啡风味体验。这使得精品速溶咖啡之前相较于瓶装咖啡的口感优势已经不复存在了。

与此同时，精品速溶咖啡之前的另一大优势——便捷性，也随着市场的变化而消失殆尽。众所周知，用户对咖啡的口感需求日趋多样化。精品速溶咖啡的品牌们想要更好地满足这种需求，就必然会提高用户冲泡调制的复杂度。如此，不仅减弱了便捷性，还增加了用户花费。

此外，从消费的便捷性看，随着现制咖啡连锁的渗透，以及瓶装咖啡渠道的渗透，精品速溶咖啡的便捷性优势已经大不如前，甚至已经显现出被瓶装咖啡超过的趋势。

更为重要的是，精品速溶很可能只是咖啡消费升级过程中的过渡型产品，它成长于瓶装咖啡体验空缺的窗口阶段。而如今，瓶装咖啡的产品体验、性价比变得越来越好，那么精品速溶咖啡产品也就缺乏用户的购买理由了。

说到三顿半速溶咖啡便捷性的品牌价值，有一条消息与之有关。在 2024 年 4 月，雀巢星巴克全球咖啡联盟宣布，将在 2024 上半年陆续推出星巴克家享系列两大新品：随星杯 2.0 精品速溶咖啡、国产便携条装黑咖啡。

星巴克通过家享系列的产品，将自身的产品应用场景延展到“第三空间”之外，在“品质 + 便捷”的价值诉求和利益输送上，进一步在速溶咖啡的赛道上延伸自身的品牌影响力和号召力，让“星享受”突破时空局限，成为随时随地的一杯“新享受”。

2019 年，雀巢星巴克全球咖啡联盟发布关于星巴克家享咖啡的合作之后，星巴克在速溶咖啡市场上的表现可圈可点。2023 年 9 月，星巴克“随星杯”上新，推出了更适合职场场景的杯装冻干咖啡，包括炭烤杏仁和明亮柑橘两大风味。

2024 年，该系列再次升级，推出 2 颗装和 6 颗装小规格产品供线下渠道分销，以不变的“星级”品质、更适合分享的便携包装、更经济适用的价格区间，全面打通咖啡消费的多场景路径。据媒体报道，2024 年第一季度，星巴克家享咖啡产品在中国市场创造了高双位数的强劲增长。

这首先源于星巴克对品质的坚守。“随星杯”2.0 系列，坚持选用 100% 高品质阿拉比卡豆，保持经典咖啡的风味；在便捷性上，通过超快速溶的冷冻干燥工艺，让随意搭配任意一款喜爱的饮品，随时随地享受个性化的美味咖啡成为可能。

从三顿半开始，精品速溶咖啡的包装环保问题就已经引发了人们的关注和关切。“随星杯”2.0 系列的包装采用了 100% 可回收材料。无论是在产品体验上，还是在环境保护上，都让消费者实现了“咖啡自由”，满足了消费者对于咖啡品质、口感和场景的全面追求。

在三顿半传统优势的赛道上，除了有星巴克的“内攻”之外，还有来自瑞幸、库迪的“外围”，对以三顿半为代表的精品速溶咖啡品牌形成了内外夹击的竞争态势。

一直以来，许多“早八打工人”都选择了以冻干咖啡粉或是咖啡液为主的精品速溶咖啡，以最实惠的方式来承担起每天的“续命”任务。“每天倒牛奶里搅一搅就是拿铁，口味也挺不错，花费也不大”——这是“早八打工人”对精品速溶咖啡的普遍评价。因此，它更适合作为工作时的“口粮”。

的确，这正是新一代的速溶咖啡面市以来，一直主打的营销卖点和利益买点：方便、精致和性价比。正因如此，三顿半在 2018 年上线天猫后，在短短的几个月时间内，就在速溶咖啡，乃至整个咖啡市场中抢得了一席之地。其销售额从千万到亿的大跨越，仅仅用了 3 年时间。2018 年“双十二”期间，三顿半在天猫旗舰店的销量仅次于雀巢。

然而，当现制咖啡赛道的降价潮席卷整个咖啡市场之后，对于那些精品速溶咖啡来说，无论是库迪最初的 8.8 元 / 杯，还是瑞幸的 9.9 元 / 杯，乃至连麦当劳、肯德基也紧随其后加入价格大战，都让它们越来越有种“城门失火殃及池鱼”的感受。

我们一直强调，真正能够让消费者忠诚的不是品牌及其价值，而是他们自身的利益。在自身利益方面，消费者的账是这么算的：三顿半的咖啡粉单杯 3g 的价格为 6—7 元，那么，自制一杯 500ml 的拿铁，连同 10 元的鲜牛奶，成本就绝对不会低于 10 元。

问题是，对于像咖啡这种快消品，任何一个区间内的价格差异，都会给消费者带来完全不同的花费成本。更何况，是那些每天都得靠咖啡续命的“早八打工人”和“学生党”。每天都能收到连锁咖啡品牌的大额券包，这是何等的，难以拒绝的诱惑啊！

就在库迪扬言要将价格战再打上三年的同时，速溶黑咖啡也乘低价之翼，以“便宜大碗”的姿势，俯冲到速溶咖啡的赛场。就是这个一直被列在鄙视链末端的速溶黑咖，也开始以“突袭”和“逆袭”之势，向精品速溶咖啡的地盘发起冲击。

于是，当在短视频平台和社交媒体平台刷到单袋价格低至 3 毛钱的黑咖后，不少人都会果断下单。“反正配料表也干净，0 糖 0 脂，主打一个提神”“咖啡豆品质差别不大，谁价格低我就买谁”——这就是选择“便宜大碗”之黑咖的消费者们的心声。

就这样，在内外夹击、三面围攻之下，精品速溶咖啡失去了往日的声量，衰弱了原有的声势。而“三顿半们不香了”“三顿半的路不通了”的声音，却是一浪高过一浪，渐渐成为业界的普遍共识。而对于市场来说，永远都是不香则弃，不通则痛。

据《9.9 元的咖啡时代，最慌的是“三顿半们”》一文的介绍，来自久谦中台的数据显示，在 2023 年第一季度天猫“冲调咖啡”品类商品交易总额前十名中，三顿半、星巴克、永璞和奈斯派索（雀巢旗下品牌）均呈现下滑趋势，其中三顿半同比下滑 53%，为其中跌幅最大的品牌。

而反观黑咖则完全不同。这一点，从京东超市发布的《2023 年一季度消费趋势报告》中便可管窥一斑：咖啡销量前五的品类分别是速溶黑咖啡、咖啡豆、咖啡液、挂耳咖啡和胶囊咖啡。并且，速溶黑咖啡销量的同比增速高达 110%，而咖啡豆和咖啡液的同比增速只有 76% 和 71%。

第三方平台蝉魔方也曾对 2023 年 3 月份的速溶咖啡市场情况进行过统计，结果显示：10 元以下价格带（商品单价，并非杯单价）的速溶咖啡商品数占比为 8.74%，销量占整个速溶咖啡大盘的 37.29%，销售额环比增长 87.52%、同比增长 23.2%。作为对比，50—100 元价格带的常规精品速溶却出现了销售额下滑，同比下滑 4.46%。

来自艾瑞咨询的调查结果显示，中国人 70% 的咖啡饮用场景是日常学习工作，对咖啡的要求，近六成是解乏解困。而在这样的需求主导下，精品速溶咖啡的精致包装、复杂工艺和各种周边，最终还是要在更实际的性价比面前落为下风。

也许，正是因为上述的问题，在 2019 年前后，三顿半、永璞和时萃分别以不同的方式布局线下——三顿半在大本营长沙开了第一家线下 Demo 门店，在上海安福路开设了首家名为“into the force”（原力飞行）的线下概念店；时萃在深圳开出线下门店，并在两个月内迅速开出 5 家门店；隅田川在上海和杭州也都有快闪店之类的尝试。

世间许多事物都有“围城”效应：一边是传统品牌拼命在做“互联

网 +”，而另一方面，具有天然的互联网基因的新消费品牌，却纷纷“下凡”开起了实体门店，也开始打起了“第三空间”的主意。问题的根本还是在于，以往的核心竞争力已经无法再支撑起这些新消费品牌们的未来发展。

但是，线上的问题未必能在线下解决，没有解决好线上问题的能力，在线下也注定不会让所有问题“迎刃而解”。到目前为止，三顿半在线上的声势依然大于线下；时萃在 2022 年则传出了“十几家线下门店一夜全关”的消息；隅田川门店有大量临期产品打折处理，疑为滞销。此类消息不断被媒体传出。

最终，摆在如今精品速溶咖啡品牌面前的生死命题还是性价比的问题。而现制精品咖啡与传统速溶咖啡之间的空白地带，如今因为被席卷全赛道的低价狂潮所不断挤压，其发展也愈加地进退维谷，上下两难了。

我们欣慰地看到，三顿半作为精品速溶咖啡品牌的领军者，依然没有放弃，没有停下创新的脚步，始终沿着自身价值的路径砥砺前行。2022 年三顿半推出了即溶咖啡液和椰奶等咖啡配饮，在咖啡产品上也囊括了挂耳咖啡、速溶咖啡粉、咖啡液三个大品类。

2023 年的 8 月，三顿半新一代 7.0 产品——数字星球系列（钻石星尘 晶体版），以及限量 1000 份的“钻石星尘 探索纪念”高调登场。据来自三顿半的官方介绍，相比 6.0 版本，这版粉体呈现出了钻石般的光芒，饱满度大幅提升。更蓬松的粉体结构，让其实现了“不搅拌也不会抱团”的溶解效率。特别是，晶体结构的变大，使得“小罐子”的饱满度得到了翻倍的提升。以往那种“小罐子”中只有一半或 1/3 是粉的观感有了根本性的改观。

再有就是对风味的保护。一直以来，三顿半都将风味管理系统视为品牌自己的“护城河”。但是，在工业化生产中，要还原一杯咖啡的风味，绝不只是靠一项冻干技术就能实现的。从豆烘焙、研磨萃取，到干燥粉碎、罐装封口，每一个环节都至关重要。

对此，三顿半为每一款风味都定制了不同产地、品种、处理法的生豆组合；针对每种组合与意象，都定制了专门的烘焙曲线，以更好地激发酸度、甜感和醇苦等风味，最大化地实现对咖啡豆原有风味的保留、保护与还原。

笔者曾经看到一篇文章：《三次进军线下，让星巴克紧张的三顿半如何从“网红”走向“长红”》。通过这个标题，我们能够解读出两个层面的信息：一是，三顿半的发展已经到了能够让星巴克紧张的地步；二是，它必须要面对和解决好如何从“网红”走向“长红”这一发展课题。

第一个信息，似乎有些“标题党”的色彩。从瑞幸 1.0 时代开始，星巴克就不断被当作评价新兴咖啡品牌发展状况的坐标。其实，瑞幸属于“咖啡饮品”，而三顿半属于“速溶咖啡”，这与星巴克以浓缩咖啡为主体的价值定位，尽管有些许的重叠，但还是缺乏充分的可比性。

其实，必须要面对和解决好如何从“网红”走向“长红”这一发展课题才是问题中的关键。

特别是在咖啡行业的细分赛道内卷严重的背景下，对于以三顿半为代表的精品速溶咖啡品牌来说，如何跳出小众基因的局限和增长空间的困顿，在巩固现有行业和市场地位的同时，从万亿市场中抓住新的市场机遇，在价值创新和利益输送的双重维度上，为品牌拓展出新的生存空间和发展前景，是决定未来生死存亡的时代命题。

说到新消费品牌，我们总喜欢称之为“网红”品牌，对它们的横空出世，总是喜欢用“爆红”来形容。但是，爆红的不能称为品牌，长红的才是，就像爱情与婚姻的区别一样。

爱情的本质是强烈的，其规律却是短促的；婚姻的本质是平淡的，其规律却往往是绵长的。于是我们就明白了，世上为什么会有那么多的爱情会与婚姻水土不服，因为它们本不属一物，相生却又相克也就在所难免。

就像是市场上所谓的“爆品”与真正的品牌一样。

“爆品”就像爱情的百米短跑，拼的是十几秒间的爆发力与激情；品牌宛如婚姻的马拉松，拼的是几十公里的坚忍与持久。只有那些在婚姻之后，能迅速、平稳地将爱情转为亲情的，才能最终将婚姻进行到底。因为，亲情是平凡的，也是绵长的，与婚姻的本质和规律相符相融。

品牌与消费者之间，又何尝不是如此。

尽管，在一场咖啡美学的演绎中，三顿半拔得头筹，一举颠覆了之前的塑料包装和笨重铁盒，改用小罐和数字、颜色来区分咖啡粉的烘焙口味、苦味程度。方便之余，这种内核又因具有超级符号般的感官冲击力而深得人心。

但若将数字小罐，这个“超级符号”拆解开来，又不免令人困惑于它的价值几何？阿拉比卡咖啡豆，甚至蜜雪冰城都在用；“冻干技术”也门槛极低，极易群起而效之；数字小罐的包装，也很快被永璞、瑞幸“抄了作业”，只剩下维权这一条路可走。

因此，品牌如果想与消费者建立起长远的关系，一定要具备越来越独特的价值，输送出越来越优化的利益，进而赢得越来越亲密的心智，最终才能构建起越来越长远的关系。由此可见，品牌注定就是长期主义的产物。

## 八仙过海，各显其能，唯文化致远

面对角逐万亿市场的品牌大战，何以制胜？这无疑是深陷竞争乱局中的每一个品牌天天都在思考的问题。对此，星巴克前 CEO 纳思瀚是怎么想的呢？他说：“这是一个竞争激烈的市场，现在的促销力度比以往任何时候都大。你会看到更多的折扣。但最终，我们会提供优质的体验。”星巴克中国的原董事长王静瑛也同样强调：星巴克无意参与价格战，而是专注于实现高质量、可盈利、可持续的增长。

这无疑是星巴克核心价值观中最为重要的两大支点：品质、体验。也是包括咖啡品牌在内的所有品牌，要想最终赢得竞争的两大支点。因为，它对应了品牌认识论的四个基本点：价值与利益的高品质，心智与关系的优体验。因此，星巴克的品牌价值认知是完全正确的。

但问题是，正确的事情都很难。因此，我们才经常这样激励自己：做难且正确的事。正确的事情为何难？是因为，这样的事情往往都是需要人们克服人性的重力而去攀登的。对于商业更是如此。

我们常说，做生意就是人性与人心之间的博弈：从企业来讲，要追求利润最大化，从用户来讲，要追求利益最大化，这是商业的底层逻辑。而企业要想获得商业上的成功的话，其顶层设计一定是：逆自己的人性，顺用户的人心——先利他，后利己，以无私成有私。

如何顺得人心？星云法师曾经说过：给人欢喜，给人方便，给人信心，给人希望——这就是一个人，一个组织，一个品牌的核心价值观，我们称之为“文化”。只有文化的支撑，才能让一家企业及其品牌在品质和体验上实现长远稳定的发展。

据报道，近日有位网友用外卖软件在某咖啡店点单后到店自提，看店里客人不多，且当天的天气偏冷，便想在店里坐一会儿喝杯热拿铁后再离店。而注意到顾客举动的店员出言阻止并告知顾客，若在店里喝这杯拿铁，顾客需要额外支付堂食费。对此顾客提出质疑，自己准备喝的饮品只是自己在外卖平台上下单的，不是喝别人家的饮品，为什么要被商家加收堂食费用。

店员的解释是，因为咖啡外卖价格和堂食价格不一样。

还有两起舆情事件与咖啡品牌相关。据报道，2024 年 6 月 17 日，上海两家 Manner 咖啡门店在同一天内均发生了店员与顾客的争执。在威海路 716 号门店，一名女店员因情绪失控，将咖啡粉泼向一名女性顾客。而在梅花路 1047 号门店，一名男店员与女顾客发生肢体冲突，并扇了女顾客耳光。

这几位店员的做法对不对？尽管，前者有制度在先，后者被许多网友“同情”，但从品牌的角度，以给人欢喜、给人便利的标准来评价，当然是不对的。因为，这样的做法给顾客带来的，只有不悦，甚至是不满，也就谈不上什么上好的体验了——这就是典型的“顺自己人性，逆顾客人心”的做法。

对于处理好店员与顾客之间情绪冲突的问题，星巴克也同样有着宝贵的经验和方法。即，所谓的“拿铁方法”（Latte method）：

- 静静倾听顾客的要求（Listen to the customer）
- 接受顾客的抱怨（Acknowledge their complaint）
- 用行动来解决问题（Take action by solving the problem）
- 向他们致谢（Thank them）
- 耐心解释问题的原委（Explain why the problem occurred）

为了保证店员不会轻易地被情绪所干扰，星巴克非常重视店员情绪的管理，特别是在面对突发情况的时候，最大程度地帮助店员保持情绪上的稳定，其目的就是让店员学会如何更早地洞察到顾客的不满，并有条不紊地执行惯常反应，最终及时有效地化解矛盾，优化关系。

为此，星巴克为店员提供了各种相关的课程，以帮助店员建立起专业应对的能力。其中的“精力管理”课程，就是帮助员工通过饮食、健身和身心调节来缓解压力，在身体、情绪、精神等不同层面进行自我调节和改善，以保持和创造最佳的工作状态。

例如，如何通过了解大脑的物理呼吸，通过禅宗方式练习专注、倾听、静观，从而保持良好的情绪状态。再如，星巴克鼓励伙伴们对顾客要“察言观色”，特别注意寻找顾客的非语言线索，借此及时地了解到顾客的情绪状态与变化，以期在问题出现之前就能够处理好他们的诉求……

也许，有人会说，即便是因此而失去了这一位顾客，对商家也是无关痛痒，不会有太大的损失。那么，我们看看当年的霍华德·舒尔茨是怎么看待这样的结果的。

事情是这样的。在一段时间里，有不少的顾客在评议卡中提出让星巴克提供无脂牛奶。然而，星巴克起初却置之不理。这是因为，在当时的星巴克，提起无脂牛奶就意味着背叛。

背叛了什么呢？背叛了“将正宗的意大利浓缩咖啡带到美国”的初衷。而这，正是星巴克一直在坚守的价值所在——用无脂牛奶冲兑一杯拿铁咖啡，那还是正宗的意大利咖啡吗？

但是，面对顾客的需求，霍华德·毕哈却坚持说：“我们应该给他们（无脂牛奶）。”为此，他与那些自诩为“咖啡原教旨主义者”的同事们发生了激烈“冲突”。这促使霍华德·舒尔茨亲自到一家门店去做“调研”。

当他看到一位刚刚结束晨跑的年轻女顾客，向咖啡师提出“要大杯双份拿铁，加无脂牛奶”的需求被“拒绝”时，他开始动摇了。特别是看到那位女顾客转身去了星巴克竞争对手的门店时，霍华德·舒尔茨开始意识到：对于一个零售商来说，失去一个顾客就是最有力的论据。

在随后的六个月之内，星巴克所有的门店都开始供应无脂牛奶，以满足很多顾客从健康和体重管理角度提出的需求，以顺应在美国兴起的饮用无脂牛奶的新风尚。从那以后，星巴克售出的拿铁和卡布奇诺几乎有一半是用无脂牛奶冲兑的。

一个美国小超市老板算过一笔这样的账：每当我看到有一位顾客从我的超市里气哼哼地走掉，我就仿佛看到至少有5万美元从我的口袋里飞走。在他的评价体系中，一个忠诚的顾客至少会有5万美元的终身价值。

而另外一笔账则是：80% 的业绩来自 20% 的老顾客，维持一个老客户的成本仅为开发一个新客户的七分之一；一个满意的顾客会引发 8 笔潜在的生意，一个不满意的顾客会影响 25 个人的购买意愿；只要顾客留存率提高 5%，就能增加 25%—95% 的营收利润。

要想把每一位顾客都留下，最终是要靠什么？我们还是以咖啡品牌为例：无论是上新，还是周边，无论是代言，还是联名，即便是产业链，无论是上游，还是下游，都无法高筑起牢不可破的市场壁垒，一切都是可复制的、可模仿的、可跟进的，甚至是可超越的。唯有文化才是品牌真正的护城河。

这是因为，以利他为核心的企业文化，以用户至上为核心的经营理念，才是最为正确，同时也是最难的事情。因为，它是反人性的，是必须以智慧，而非本能来驱动的。因此，企业文化才是稀缺的，是难以效仿的，是在利益诱惑、市场竞争，乃至挫折和失败面前，真正经得起考验的。

文化决定了立场，立场决定了方向。方向对了头，速度便有了意义；底层逻辑正确了，顶层设计才会正确；认识论正确了，方法论才会正确。就是我们常说的，先是要做正确的事，后面才是将事情做正确。不正确的事情，再怎么做，也是错误的。

作为一个品牌，只有具备了正确的价值观和立场，才会回归到事物的本质和规律。如此，才能坚守“人本为先”的底层逻辑，才能把握“关系为要”的顶层设计。正如原天猫总裁靖捷曾经强调的：“未来的商业一定会回归到零售和品牌的本质，品牌跟消费者之间的关系是所有业务的基础。”

对于“如何快速提升转化率、客单价、复购频率”，靖捷再次强调：“要彻底解决这三个问题，方法只有一个：系统性构建你的品牌逻辑。”而这所谓的品牌逻辑，就是以什么样的价值，输送出什么样的利益，以什么样的心智，构建起什么样的关系。

其实很简单，销售额 = 访客数 × 转化率 × 复购频率 × 客单价。其中，品牌知名度对应的就是访客数；信任度对应的就是转化率；美誉度和忠诚度对应的就是复购频率，而品牌溢价所对应的就是客单价。因此说，只有拥有很好的知名度、信任度、美誉度和忠诚度的品牌，才会最终与用户建立起从初次购买到重复购买，从长期购买到超常购买的关系。

与下单的顾客被拒之门外相比，在星巴克的门店里，始终“聚集”着不少根本就不下单的“顾客”，这似乎更是一件令人为难的事情。在前不久，这样的“难题”就正好摆在了星巴克人的面前——一家门店被“占领”了，成为围棋爱好者的“天堂”。

事情的原委是这样的。这家星巴克位于上海中潭路地铁站附近，每周一、四、六下午都会有人在这里组织围棋活动。澎湃新闻记者曾特地到这家门店亲访，果然，二楼的大部分座位都被棋友们占据，目测约 30 人，整体还算安静。

从棋友的角度讲，咖啡馆本来就是一个社交场所，允许在这里看书会客、开会工作、相亲聊天，怎么就不允许下棋呢？再说了，店家也没有提前进行相应的告知啊。可以不消费这件事，也不是从棋友才开始的。不来下棋的人，不也一直可以进来白占座吗，还能免费要上一杯白开水呢。

从商家的角度讲，店面是经营的核心资源，特别是对于以提高翻台率为业务导向的餐饮企业，店内空间更是寸土寸金。高租金的经营资源被人们白白占有，无疑给商家带来了或大或小的收入压力。尤其是这种，定期而至的，成帮结队的，大打持久战的，无论怎样对于商家都是欠公允的。

对于这种“客者见仁，商者见利”的事情，如何正确看待，又如何妥善对待，即便是对于行业资深品牌星巴克来说也是一大考验。对此，星巴克的员工并没有予以“劝离”，只是向棋友们提了两个注意事项：一是保持安静，二是尽量能点个单。但尽管如此，也只有一半多的人有消费行为。

当肯德基和麦当劳这样的外来餐饮品牌进入中国内地后，国人们忽然发现了一个在中餐馆中绝不会看到的现象，就是：你可以什么都不点，也可以大摇大摆地出入，还可以旁若无人地占座，不仅没有人制止你，还会有免费的白开水，甚至有试用饮品为你奉上……

的确，无论是最初的肯德基，还是后来的麦当劳，一到中国，它们就将自己做成了“城市大客厅”——路过歇脚的，等人见人的，如厕洗手的，相亲见面的，写作业的，聊事的，乘凉的。这类餐饮店甚至还特意划出一块场地，供孩子们随心所欲地玩耍，没有限时，更没有收费……

对此，中国的消费者一开始是不懂的。难道，这外来的商家脑子都进水了吗？怎么会傻到白白让人家如此明目张胆地占自家便宜？被一直奉为天经地义的商规，怎么就一下子被打破了？如此一来，还怎么提高翻台率，还怎么增加经营收入？

的确，作为餐饮企业，翻台率是最为主要的经营指标，也是经营者极为重视，全力追求的重要目标。但是，翻台率的底层逻辑是什么？是人，是顾客。没有越来越多的顾客，何谈翻台率。因此，人才是生意的底层逻辑，让越来越多的人来，才是生意的顶层设计。

对此，中国的经营者们，似乎懂，又似乎不懂。

笔者就曾在《品牌关键：探寻品牌价值的本原与规律》一书中，表达过这样的“不懂”：中国人连满汉全席都会做，难道就做不好炸鸡和汉堡吗？麦当劳和肯德基已经进入中国市场 30 多年了，如此好的榜样摆在面前，为什么我们至今都没有打造出像它们这样的世界级餐饮品牌呢？

笔者给出的答案是：看来，问题不是出在能力上，而是出在认知上。也就是说，问题不是出在“术”上，而是出在“道”上——出在对商业，对企业，对市场，对品牌的底层逻辑和顶层设计的认知和领悟上。

如前所述，商业的本质是价值与价格的交易，而这种交易的底层逻辑，并不是体现在像“翻台率”这样的维度上，而是体现在“人”这个境界上。因为，价值与价格的交易，实质上是基于“人”的交易，是由“人”主导的交易。

正是基于这样的认知，像麦当劳、肯德基和星巴克这样的外来餐饮企业，才会以开放的姿态拥抱那些“白坐”的人，才会将自己办成了城市“大客厅”，才会在寸土寸金的门店里，为孩子划出一片玩耍天地。

因为，它们深知，乃至坚信、坚守这样的信念：人，才是商业交易的决定性因素，人来了，才是商业转化的前提；源于人，为了人，满足人，才是商业的顶层设计，人来了，业绩的提升才有了可能。即使，有些人是以“白嫖”初衷来的。但只要来了，生意就成功了一半。

在很长时间里，我们都在谈流量经济，为了吸引流量，商家们都使出了吃奶的劲儿，都下了血本。相比之下，“麦肯星”的流量策略，要高效许多，也划算许多。

即使付出了一部分的门店资源，但毕竟人还是实打实地亲临了，感受了，体验了。这要比那些花了大价钱，但也不知道花给了谁，最终连个照面也没打的“流量”，实在得多，靠谱得多。

看来，“麦肯星”们并不傻。不然，为什么“傻”的反而越来越强大，而那些“精明”的却始终望其项背呢？或许，它们比我们自己更能体悟老子所揭示的真谛：反者道之动，弱者道之用。

因此，我们看到，尽管，正如《星巴克的中产滤镜，被大爷大妈亲手打碎》一文中所描述的：冬暖夏凉的星巴克，正从沉浸式办公的工位变成了“人民公园”；尽管，近年来，国人对星巴克的好奇心指数连连下跌；尽管，在社交媒体上，经常看见网友为能否在星巴克里择菜或睡觉而争论不休……

但似乎至今为止，星巴克方面也没有什么“过激”的态度和措施，依然是敞开怀抱接纳所有的人。只是，以不要打扰到其他顾客为原则，在尽力维护着门店的环境体验。面对星巴克开始实行“消费入座”的传闻，星巴克中国公关部有关负责人在接受记者采访时明确表示：公司并没有制定“消费入座”的强制政策，更不会劝离不消费的客人，仅是在桌面张贴了点单二维码，也是为了方便消费者手机下单。只有在有过多的占座，影响到了点单顾客落座的情况下，员工才会出面进行协调，尽量给大家创造一个舒适的“第三空间”。

这背后，就是笔者那本《正确的星巴克：从人本主义到关系法则》的主题：一切以人本主义为底层逻辑，一切以关系法则为顶层设计。说到底，是看谁能够在底层逻辑上“咬定青山不放松”，能够在顶层设计上“任尔东西南北风”。

正如《基业长青》得出的结论：同普通企业相比，真正伟大的公司会采取一种本质上不同的方法思考自身的问题。即，它们有自己的指导理念或精神。正是因为如此，它们才超越了平凡，摆脱了唯利是图的短视行为。

因此我们说，未来对咖啡品牌们的终极考验，是坚守什么样的价值观和立场。最终是要看，在惨烈的市场竞争中，是谁最先开始“算计”消费者？在愈演愈烈的价格战中，是谁最先开始以牺牲品质来应对竞争？在对利润的追求面前，是谁最先开始无视用户的利益？

品牌资产学说鼻祖戴维·阿克曾经指出：“品牌应该被看作是一种财富，就像木材储备一样。如果不考虑未来，把所有储备都耗尽的话，短期效益可能很可观，但财富也在这个过程中遭到了破坏。”

因此，我们至今看到的是，“麦肯星”们还在坚守着，坚持着自己以人为本以及长期主义的品牌文化。即使是遭遇“围店”这样的极端场面，即使是在竞争已至白热化的压力之下，也力争不让之前所储蓄的品牌财富，在短期利益的趋使下遭到破坏。

早在“天天咖啡”的时代，当霍华德·舒尔茨在来自方方面面的质疑声中，与他的同事杰克·罗杰斯，穿过芝加哥拥挤的街道去考察店址时，他就自信地预言：“杰克，从现在开始再过 5 年，从这儿走过的每一个人都会端起星巴克的咖啡杯。”

听罢此言的杰克·罗杰斯看了看自己的老板，笑着说：“你疯了。”

不知，面对今天的星巴克，那位杰克还会对他当年的老板说些什么。而霍华德·舒尔茨要说的却是：“每一次我们在一个新地方开店，总有人预言我们会失败，但到目前为止，他们都错了。”

正如，霍华德·舒尔茨在 2023 年来到中国时所再次表明的态度：“我们在中国以及全球 80 余个国家和地区成功的原因，简单来说，就是人文精神——这就是星巴克的特质。它不是美国的，不是中国的，不是马来西亚的，不是日本的，它是一种普世的情感。”

他一再强调：“正是这种文化创造了这家公司，这是星巴克成功的秘诀所在。增长是充满诱惑的，它会掩盖错误。但你不能仅依靠增长来发展公司。更重要的是，要持续在企业文化和价值观上进行投资。这就是我们成功的原因。”

我们坚信，这也是所有品牌成功的原因。正如霍华德·舒尔茨曾经断言的：“失去了这些，我们将满盘皆输！”

曾几何时，我们曾经为“牙膏口扩展 1 毫米”这样算计消费者的“金点子”拍案叫绝过；曾为“能把梳子卖给和尚”而赞佩不已过；曾为“资本驱动下的疯狂扩张”而摇旗呐喊过；也曾为“公关操作没有替明知故犯的品牌蒙混过关”而扼腕惋惜过……

曾几何时，我们曾经对企业家的“私人飞机和游艇”仰慕过；曾经对那些“以上市圈钱为目的的连续创业者们”钦佩过；曾经对那些“用高杠杆当作自动割草机”的资本玩家羡慕过；也曾经对那些“随着风口高高飞起”的弄潮儿赞叹过……

而如今，曾经的那些、那些的他们，又所剩为几呢？正如《繁花》中的爷叔所说的：“做生意不是要比谁赚得多，是要比谁活得长。不要想着一步登天，要一步一个脚印稳扎稳打……”爷叔在说完这段话后，特意朝着阿宝语重心长地说了三个字：“知道吗？！”这三个字，又岂止是仅仅“问”向阿宝。

因为，的确有很多人是“不知道”的，即使是“知道”的，但也仅仅是“知道”而已，并没有将其转化为自己的信念，坚信之、坚守之、坚持之，直至坚定之。

君不见，在这个过程中有多少的企业，其兴也勃焉，其亡也忽焉，有多少的品牌犹如流星掠过，如烟云过眼。究其根本，他们还是在对本质的认知上浅尝而止，在对规律的遵循上无知而无畏，在对底层逻辑的洞悉上没有刨根问底，在对顶层设计的把握上无法做到高瞻远瞩……

因此，《企业管理》杂志在转发自“砺石商业评论”的一篇文章中，发出了这样的呼吁：中国企业家需要多一些哲学思考——真的是真知灼见啊！

笔者在此与奋战在中国咖啡市场的品牌们共勉！

# 寄语：

## “三品”战略，数字化赋能快消业高质量发展

当下，世界多边经济的趋势越来越明显，给中国企业的品牌化、国际化带来了更多的发展机遇，“创新、升级、转型、求变”成为众产业的共识，越来越多的产业希望通过推动数字技术和实体经济的深度融合，获得发展的新动力，快消品行业亦不例外。

“十三五”以来，我国就紧密围绕增品种、提品质、创品牌的“三品”战略，扎实推进消费品工业改革发展各项任务。工业和信息化部消费品工业司公开征求对《数字化助力消费品工业“三品”行动方案（2022—2025年）（征求意见稿）》（以下简称《征求意见稿》）的意见，为推进数字化赋能“三品”战略深入实施，通过数字化转型推进消费品工业质量变革、效率变革、动力变革，提供了行之有效的行动方案。

《征求意见稿》中称，随着新一代数字技术蓬勃发展，数字经济新动能持续增强，消费品工业亟待通过数字化转型推进质量变革、效率变革、动力变革，释放发展新活力。行动方案的目标是到2025年，消费品工业实施数字“三品”的技术融合应用能力明显增强，消费品领域培育一批新品、名品、精品，品种引领力、品质竞争力和品牌影响力不断提升。

在新时期的“三品”战略中，我们能深刻地感受到，《征求意见稿》的重中之重是要通过数字化赋能“三品”战略的深入实施，促进快消品行业的高质量发展。

无创新，不发展。近年来，中国快消行业着力实施增品种、提品质、创品牌“三品”战略，狠抓改革创新，加快转型升级，践行高质量发展，开启了快消产业发展新局面。在科技飞速发展的今天，数字化创新已成为各大产业突破未来的着力点之一。一些龙头企业更是先知先觉，充分发挥行业领军企业的模范作用，借助数字化加持全产业链发展。

### 数字“增品种”

《征求意见稿》指出，要推出更多创新产品顺应消费升级趋势，培育智慧化的消费品，丰富和细化产品种类，加速新产品开发。并相应地提出创新能力提升工程，开展知识产权服务平台建设。这些无疑与快消行业的新消费、新需求趋势不谋而合。

随着经济社会的发展，消费者的需求呈现差异化和快速变化两个特征。差异化指的是消费者更加注重个性化需求，基于共同兴趣、态度、爱好、价值观，形成了不同的消费圈层，更加注重附着在产品上的情感诉求。快速变化指的是消费者更乐于尝试新鲜事物，为新品牌买单。当消费行为已难以琢磨甚至稍纵即逝，如果不利用数字化来捕捉商业的“短暂时机”，有可能时间这个变量就会给企业一记重拳。如何既能提高产品创新成功率，又能加快产品创新速度，是企业面临的一大挑战。如果企业能有机整合技术、业务、营销、供应链等功能，就有机会针对市场提供新产品或新服务。为此，各企业不断采集分析消费数据，并基于此挖掘用户个性化需求，重构生产组织模式。

### 数字“提品质”

《征求意见稿》中指出，数字“提品质”的路径为“培育一批全生命周期质量管控、需求敏捷感知和产销用协同的智能制造示范工厂，凝练一批解决方案，提升现代化管理水平，提高资源配置和运行效率”。还包括要加强追溯体系建设助力提振消费信心，并提出了质量管控能力提升工程。

在互联网时代下，数字化的表现多种多样，它既可以是一种工具，例如各类分析软件、智能程序，也可以是一种渠道，例如我们所熟知的线上店铺运营或抖音流量推广算法。《2021 中国数字企业白皮书》数据显示，企业利用最多的技术是大数据分析与挖掘，占比 52.3%—76.9%。

为满足不同消费群体的需求，快消品的种类在不断丰富，同时消费升级也对产品品质提出了更高的要求。不少企业已在积极调整顶层设计，从战略层面布局营销数字化转型。

例如将数字化技术导入品控环节，有效打破传统人力监管的低效管理模式、优化生产流程以达到控制成本、控制风险的目的。通过数字化手段优化企业研发、生产、运营、营销等各方面环节，结合大数据挖掘消费差异化触点，多渠道裂变触达消费者。不少企业利用大数据、云计算、物联网、人工智能等数字技术，对数据进行快速收集、存储、传输、处理和应用场景开发，同时充分运用数字化、智能化的思维来审视行业，让数据支撑业务，决策依据数据，使有价值的数据助力企业提质增效。例如在婴幼儿配方乳粉、食盐、肉制品、白酒等行业开展质量追溯体系建设，不少企业重视加强原材料、生产、营销环节数字化溯源，强化全生命周期质量协同管控。消费者可通过扫描产品标识，实现产品的防伪、信息展示，生产过程以及质量的追溯，提振消费信心。

## 数字“创品牌”

品牌是一个企业产品、服务、文化、价值等因素的代表，是企业乃至国家竞争力的综合体现。2017 年 5 月 10 日“中国品牌日”的设立，标志着“发挥品牌引领作用”上升到了前所未有的高度。

随着中国企业的品牌意识和品牌建设能力不断增强，中国品牌正日渐受到国内外广大消费者的喜爱和认可。而随着近年来我国居民人均可支配收入的递增、电商等新业态的发展以及新消费理念的兴起，国内的消费结构正发生着升级转型，也驱动着中国消费品牌向前发展。

眼下，国货消费热潮正持续升温。百度调查数据显示，近 10 年“国潮”的搜索热度上涨超 500%，2021 年国产品牌关注度是外国品牌的 3 倍。根据抖音电商发布的潮流生活趋势报告，2021 年抖音电商国产品牌销量同比增长 667%。在抖音平台销售过亿元的品牌中，国产品牌占据八成；在爆款榜单中，国产品牌的产品占据九成以上。

《征求意见稿》中提出，将借力数字技术打造知名品牌，借势数字化变革趋势培育新锐精品，借智公共服务机构塑造区域品牌新优势。无独有偶，商务部等 8 部门 2022 年初也发布了《关于促进老字号创新发展的意见》，提出推动老字号创新产品服务，支持举办老字号文化创意活动，深入挖掘老字号传统文化和独特技艺，创作富含时尚元素、符合国潮消费需求的作品；推动老字号优质服务走向国际市场，探索在“一带一路”沿线国家和地区举办展会，支持符合条件的老字号企业参加境外专业展会，积极宣传推广老字号品牌。

在这样的时代背景下，越来越多的快消企业意识到讲好中国故事，全面提升中国品牌知名度、美誉度和影响力的重要性。在中国经济由高速增长阶段转向高质量发展阶段的今天，借力数字化，中国快消品牌建设也进入了高质量发展的新阶段。

毫无疑问，随着社会经济的发展，数字化已逐渐渗透到各行各业。数字化与快消业的结合尚有更多有待挖掘与验证的可能性。但毋庸置疑的是，数字化将成为驱动快消品行业高质量发展的原动力，让我们共同期待。

**朱丹蓬**

# 品牌如何行稳致远？

在改革开放浪潮下，中国的企业家凭借过人的胆量、胆识、胆魄，乃至胆略抓住了机会，依靠着本性的驱动和直觉的判断，以及在“术”的层面上的高人一筹，开创了属于自己，也属于时代的一片天地。

如今，在历经四十多年的迅猛发展之后，市场进入了基于存量的横向拓展、纵向挖潜的专业化生存阶段。企业需要以更高的境界来透析当下，剖析问题，以更新的视角来预见未来，校正方向。要从“术”的层面向“道”的境界升华，洞悉本质，把握规律，在恪守中创新，在创新中坚守，让企业走上一条可持续发展的未来之路。

为此，我们需要重新审视，企业的初心与使命到底应该是什么？企业的责任和义务到底是什么？企业的内在本质与发展规律到底是什么？企业家的精神与境界到底是什么？

无论是哪个时代，事物特征和时代特征都是人类事物的底层代码，而做正确的事，将事做正确，都是企业发展的底层逻辑。如何以事物特征的不变来应对时代特征的万变？如何在事物的两面性中把握与解决好对立统一的关系？这些都是摆在昨天、今天和明天的发展命题。对此，我们别无选择，必须要获得本质性的认知，必须要具备规律性的把握。

如果，我们放眼世界，就会发现：尽管同处一个时代，那些传统品牌的生命活力依然在延续，而那些新兴品牌的生命周期却愈加短促。同样，尽管我们不是同处一个时代，似乎又有一只一模一样的大手，始终在决定着我们的发展、我们的未来。正如老子所言：独立而不改，周行而不殆。

直至，一如既往地将我们区分出了等级，检验出了成色。正所谓：天道自衡。

当我们驻足回望，其中的表象是什么，本质是什么，这里面的现象是什么，规律又是什么？底层逻辑是什么，顶层设计又是什么？到底是什么让一代又一代的中国企业的发展之路走得如此艰难？与全球那些前辈企业相比，刚刚度过而立之年的中国品牌，在认知上到底欠缺些什么，在能力上到底缺少了什么？！

恰好，手边有一本时常翻看的经典著作——《基业长青》，于是笔者便基于一己之见，在对照与参鉴中去寻找我们所需要的答案。

《基业长青》是由美国管理学家吉姆·柯林斯和杰里·波拉斯共同创作的管理类著作，于 1994 年首次出版发行。在书中，作者通过在斯坦福大学为期 6 年的研究，依据对 18 个卓越非凡、长盛不衰的企业的深入研析，为那些有志于建立经得起时间考验的伟大公司的人，在底层逻辑和顶层设计层面，提供了基于事物本质与规律的依据与鉴证。

## 如何看待利润与发展的关系？

不少企业之所以选择多元化发展的道路，是源于对大规模的期望以及对高利润的期待。因此，它们往往会在原有的实业之上，开始涉足金融，或收购，或投资，通过资本的杠杆来为自己实现利润的迅猛增长。

对此，我们看看《基业长青》是怎么看待的——“我们从研究中得到的证据表明，从长远来看，那些做出长久贡献的公司能够赚到更多的钱。”也就是说，公司要想挣到更多、更远的钱，一定要让自己能够做出长久的贡献——不能为了获取更多的利润而放弃了不断创造长期的价值!

该书作者在破解“最成功的公司以追求最大利润为首要目的”这个“迷思”时写道：尽量增加股东的财富或追求最大的利润——一向不是那些“高瞻远瞩”公司的主要动力或是首要目标。赚钱只是它们所追求的一组目标中的一项而已。

但在这段内容的最后，作者强调的反而是：“但有趣的是，‘高瞻远瞩’公司要比纯粹以盈利为目标的对照公司赚钱更多。”这倒让笔者想起了老子在《道德经》中所说的那个至理：反者道之动。

在书中，作者以默克公司为例诠释了上述的结论。

默克公司在创立 100 周年时出版了一本名叫《价值观与梦想：默克百年》的书作为纪念。书中阐述了早在 1935 年由乔治·默克二世提出的那些理想：“在（我们）这一行工作的人真正受到了促进医学进步并服务于之的理想的激励。”并一再强调，在这 100 年历史里，默克公司一直被这种理想指引和激励。

最后，“插播”《基业长青》的一个核心观点，即阴阳平衡，保持核心并推动发展。作者特别强调，其中的关键是一个“并”字——

- 保持稳定并善于扬弃

- 尊崇文化并发扬个性
- 传承并创新
- 约束并创造
- 采用系统方法并采用实验手段
- 重视意义并重视成就
- 保持核心并推动发展

但是，在许多企业家或是企业看来，鱼和熊掌无法兼得，在现实中这些“并”是无法实现的，这些常常令人“左右为难”的事情，是无法放在一起相提并论的。

那么，我们看看乔治·默克二世在1950年是如何认识这些“矛盾”的。他说：“本公司同仁所必须遵循的原则，简要地说，就是我们要牢记药品旨在治病救人。我们要始终不忘药品旨在救人，不在求利。”但他同时斩钉截铁地肯定：“……但利润会随之而来。如果我们记住这一点，就绝对不会没有利润，我们记得越清楚，利润就会越大。”

对此，《基业长青》的作者评价道：事实上，默克概述了最为“高瞻远瞩”公司的理念本质，那就是——务实的理想主义。

## 是规模导向，还是价值导向？

有不少企业进入成长期之后，便选择了走规模化制胜的道路。该选择最重要的体现就是企业开始忽视、漠视，甚至无视价值的创新与创造。单纯以扩张的模式，来实现快速扩大规模的目标，最终达到最大限度地占有市场，最大程度地提升营收的目的。

支撑企业长远发展的，是规模导向还是价值导向？在时代变迁面前，企业的核心价值是应该始终坚守，还是可以轻易地舍弃？我们再看看《基业长青》的观点。

在该书的“再版序言”中，作者开宗明义地指出：《基业长青》的内容是关于创建经久不衰的有价值的事物，是关于创建能对其所处时代产生深刻影响的公司的。他们随后强调：假如这种公司不复存在，就可能留下巨大的遗憾，并且还是无法弥补的遗憾。

正如《基业长青》中所列举的那些例证：

没有福特T型车和野马车、波音707和波音747喷气式客机以及美国运通卡和旅行支票、马里奥特连锁酒店，那么当时人们的旅行将会是怎样？如果没有惠普的计算机和激光打印机和 IBM 的 360 系列电脑和 Selectric（电动打字机），当时人们的工作将会是怎样？

如果美国乡间没有沃尔玛商店，没有花旗银行率先大举推广的自动柜员机，没有诺思通对顾客服务标准的影响，当时人们的消费将会是怎样？如果没有通用电气的电灯泡和家电产品，没有思高牌胶带和“如意贴”便条，没有汰渍洗衣粉和象牙香皂，没有摩托罗拉的手机和寻呼机，当时人们的生活将会是怎样？

当然还有，如果没有强生的邦迪与泰诺止痛药和默克制药厂的抗胆固醇药，没有迪士尼乐园和米老鼠、唐老鸭、白雪公主，没有美国都市的高速公路旁万宝路牌香烟特有的牛仔广告板，这个世界又会是多么的不同，又会是什么样的情景？

“无论是好是坏，或长或短，这些公司已经为世界留下了不可磨灭的烙印。”因此，《基业长青》认为“高瞻远瞩”公司的成就绝不只是取得了长期的经济报酬，它们已经融入社会的结构之中。想想看，如果没有它们的产品和服务，这个世界给人的观感会多么不同！

如此说来，伟大的公司要对时代产生深刻的影响，而这种影响形成的前提是“创建经久不衰的有价值的事物”。如此可见，“一直有突出表现”的企业，其需要恪守的“核心价值”，才是那个能够“撬动地球”的永恒支点。

按照《基业长青》作者的话说，他们在整个研究中，都在不断寻找基本的，且不受时间限制的，或许可以跨越时代的根本原则和形态。在他们看来，保存核心和刺激进步——就是其中重要的内核。同时他们坚信，这一点从 1850 年直至 2050 年，也都是同样有效的基本原则。

## 是跃进式发展，还是渐进式发展？

中国的企业在规模扩张过程中，有不少是借助资本的力量大举进攻，一步迈入，甚至是强行进入一些“看上去很美”的领域，以图为企业构建第二、第三增长曲线，确保获得接续的发展，避免单一业务的风险。

那么，一个企业的扩张是应该采取高歌猛进、大步流星的方式，还是采取渐进或演进的小步快跑方式？让我们看看《基业长青》里的“高瞻远瞩”公司曾经都是怎么做的。

先从强生说起。强生最初进入消费产品领域，并不是出于多元化扩张的有意为之。1890 年，强生收到一位医生的来信，抱怨病人在用了某些医疗药膏后皮肤感觉不适。公司的一位主管很快寄去一包用在皮肤上可以让人舒服的意大利滑石粉，然后说服公司在某些产品里附上一小罐滑石粉，作为标准包装的一部分。

这种做法推行了一段时间后，强生惊奇地发现，顾客很快开始直接要求增购滑石粉了。至此，强生下定决心开始研制爽身粉，而应运而生的“强生婴儿爽身粉”产品，在成为世界各地家喻户晓的基本家庭用品的同时，也将强生从外科敷料的 B 端市场“扩张”到了消费品的 C 端市场。

第二个案例是万豪。1937 年，当马里奥特和他的经营团队只是专心执行连锁餐厅扩张计划时，一个新的机会出现了。设在华盛顿胡佛机场附近的万豪第 8 号餐厅，出现了日益增多的“买了正餐和零食就塞进包包、纸袋或随身行李里，然后就去赶飞机”的顾客。

马里奥特先是去拜访了东方航空公司，随后便尝试推出了一种新的业务，由第 8 号餐厅用橘黄色货车，把预先包装好的餐盒直接送到跑道上。几个月后，当这种服务扩大到了美国航空公司的 22 个航班时，马里奥特便开始全力拓展该业务，直至遍布百余座机场。由此，万豪开始将自己的餐厅业务拓展到了空厨服务领域，形成了多样化服务，并借此逐渐转变了公司的发展战略。

再一个案例是美国运通。这家公司在 1850 年创立，开始只是从事地区性快递业务。在 1882 年运通采取了一个渐进式的小小行动，事后证明该行动成了一个战略性剧烈转变的根源——就是为应对市场变化所推出的“运通汇票”。在汇票大获成功后，运通又推出了“运通旅行支票”，创造并拥有了一种新的“国际货币”

这个渐进式的业务拓展，不仅让运通从快递领域进入了金融服务业，最终还让它将自己的业务扩展到了包括销售火车票和轮船舱位以及套装旅游项目在内的旅游服务业。后来旅游服务甚至成了运通仅次于金融服务的第二重要战略支点。

由此可见，许多世界级大公司，其多元化发展最初都是以小幅渐进的方式推进的，然后逐渐发扬光大，直至成为战略性的重大转变。因此，

《基业长青》得出的结论是：企业是逐渐演进的物种。多元化也好，其他方向的战略规划也罢，都不是一个“突变”的进程，也不是一个“摇身一变”的过程。

我们必须要承认的是，对于改革开放以来的第一代中国企业，在较短的发展历程中，因还没能“尝试许多实验”，也就没有形成较为成熟的“基本程序”，也没有来得及做进一步的“修正、放弃或保留”。这些企业正是在这种状态下，匆匆走上了以多元化为核心的规模增长之路。

## 是组织驱动，还是业务驱动？

在中国有不少企业刚刚度过市场导入期或是刚刚进入成长期，便开始选择推行快速发展的战略。随之而来的，便是在加速进程中、在大规模发展中，公司领导层将关注点更多地聚焦在规模与盈利之上，从而忽略了组织能力的建设。

最终，就会呈现出“小马拉大车”的窘态，在快速发展和规模陡增的情况下，在组织管理的整个体系上，都逐渐陷入不适应，相抵触，乃至失控的境地。《基业长青》通过调研发现，“高瞻远瞩”公司的创办人主要致力于建立一个组织，而不只是找对时机，单纯利用一种高瞻远瞩的产品构想打进市场，用一次优秀产品生命周期实现企业成长。

他们往往会采取建筑大师的方法，致力于构建高瞻远瞩公司的组织特质。在这个过程中，他们努力的最大成果不是实质地体现一个伟大的构想，不是表现自身人格的魅力，不是满足个人的自尊或累积个人的财富，他们最大的创造物是公司本身及其组织所代表的一切。

因此，《基业长青》的作者旗帜鲜明地提出了一个重要的观点——公司才是终极的创造。在他们看来：

> 休利特和帕卡德最终的创造品不是声音示波器，也不是袖珍计算器，而是惠普公司和惠普风范；井深大最伟大的“产品”不是随身听或特丽珑电视机，而是总是设法将一个人最好的东西引导出来的索尼公司；沃尔特·迪士尼最伟大的创作不是《幻想曲》或《白雪公主》，也不是迪士尼乐园，而是拥有能让大家产生快乐的神秘能力的迪士尼公司。
>
> 沃尔顿最大的创造不是沃尔玛的理念，而是一个能够自行进

化和变革的组织；保罗·高尔文的天才不在于他是杰出的工程师或发明家，而在于他巧妙地创造和塑造了一家在工程方面具有创新能力的摩托罗拉公司。

我们说起多元化的规模式发展，就绕不开通用电气，说到通用电气，就不能不提大名鼎鼎的杰克·韦尔奇。但是《基业长青》提醒我们不要“忽略核心重点”——韦尔奇是在通用电气内部成长的，他是通用电气这个组织的产物。他的成功离不开他根植于一个优异的组织架构。

故笔者在此将《基业长青》中的“建议”转述给那些正在高速发展中的，或是即将迎来高速发展的中国企业：“我们请你考虑要做这样的重大转变，要把公司本身当作最终的创造。”

因为，所有的产品和服务乃至伟大的构想，无论多么高瞻远瞩，终究都会过时，所有的企业领袖，无论多么有魅力和能力，最后都会离去，唯有组织的力量能超越一个一个的优秀产品和一位又一位的卓越领袖，甚至是一个个曾经的时代。

唯有具有高度适应能力的组织，才可以在一代又一代的人中间流传致远，唯有由底蕴深厚的核心价值所构成的“精神传统”，才可以让企业永远保持旺盛的创造力，让品牌通过持续创新来应对时代的挑战。

## 应变中是变，还是坚持不变？

什么是公司无论是在高速发展的阶段，还是遭遇挫折的危急时刻，都始终不能改变或放弃的东西呢？我们还是从《基业长青》中去寻找答案。

井深大于 1945 年在战后废墟中创立了索尼。面对万事开头难的千头万绪，他做出了在《基业长青》作者看来是“企业家罕见的事情”：替自己新创的公司制定一份公开的“说明书”，来表明创建公司的目标：

构建一个工作场所，让工程师能够感受科技创新的欢乐，让他们了解自己对社会的使命，并心满意足地工作；动力十足地参与科研活动以及用生产来复兴日本和提升国家文化的行动；将先进科技应用在公众生活中。

1976 年出版的《索尼之梦》的作者尼克·莱昂斯在书中指出，这份说明书里所体现的理想“在过去 30 年来一直是索尼的指导力量，即使在索尼以极为少见的速度成长时，也只有少许的修正”。

就在井深大写下这份说明书的 40 年后，时任索尼 CEO 的盛田昭夫将其称为“索尼的先驱精神”，并给予了由衷的赞叹：“索尼希望借助进步造福全世界，始终做未知事物的探索者。索尼永远尊敬和鼓励个人能力，这是索尼的活力。”

企业在价值观方面的定力不仅仅要体现在顺风顺水的高速发展中，也一样要体现在遭遇危机的发展低谷时。

在20世纪80年代初期，福特在日本竞争者的一再攻击下，遍体鳞伤，赤字累累，形势江河日下。此后，管理层所做的最重要的一件事情，就是暂停下来，澄清公司经营的指导方针。研究福特80年代转危为安并著书立说的罗伯特·舒克说：“目的是要创制一份清楚陈述福特公司立场的声明，讨论过程……常常像大学里的哲学课，而不像业务会议。”

在《基业长青》的作者看来，这个过程不是在为福特创造全新的理想，而是在替长期以来已经沉睡的理想再次注入生机。这个理想亨利·福特早在1916年就提出过：让更多的人买得起，享受使用汽车的乐趣，让更多的人就业，得到不错的工资。

对此，亨利·福特说：“这是我一生的两个目标。”

星巴克也有过类似的经历。

在1994年，前后遭遇两次巴西霜灾，原材料价格一路狂飙，经营成本陡增的情况下，星巴克依然决定以极高的价格买进数千袋哥伦比亚咖啡豆，总价高达数百万美元，以确保星巴克始终能够以最高端的咖啡豆来保障产品的品质，以践行他们的承诺：我们一直追求品质，并将永远如此。

在2008年，为了更大的销售增长，星巴克快速扩建门店，以至于选到不合适的位置，并且没有对新聘请的咖啡师进行足够的培训，最终造成饮品质量大面积持续下滑。当顾客对品牌的依恋和信任被肆意破坏之后，巨大的经营危机随之而来。

霍华德·舒尔茨的应对是——让7100家星巴克都关上了大门，在接下来停业的3小时里，135000名咖啡师重新接受一次培训。这次培训的目的只有一个——重返高标准，去完善那些顾客看不见，但体验得到的环节。虽然，这对于星巴克来说，意味着需要承受600万美元的损失，意味着会有来自媒体、竞争对手等各个方面的质疑和压力，但霍华德·舒尔茨对此义无反顾。

值得一提的是，即使是在这一年遇到巨大危机和亏损的时候，尽管很多股东强烈要求公司削减员工的医保开支，但是，霍华德·舒尔茨始终没有改变在接手星巴克之初的决定：哪怕是兼职的伙伴，也要让他们享受到医疗保健福利。

所有这些都是源于领导者坚持践行星巴克的使命宣言：激发和孕育人文精神，从每个人，每杯咖啡，每个街区开始。

用《基业长青》作者之一的杰里·波拉斯的话说："真正伟大的公司所采取的是一种在本质上完全不同的方法思考自身的问题，亦即所谓的指导理念或精神。正是因为如此，它们才超越了平凡，摆脱了唯利是图的短视行为。"

他的这种观点在后来的研究中得以证实："我们的研究显示，'高瞻远瞩'公司之所以能够奋勇前进，根本因素是在于指引和激励公司上下的核心理念，亦即核心价值和超越利润的目的感。""这种理念对于'高瞻远瞩'公司，在很长的时间里一直都是相当固定的。"也正是这种理念才帮助那些"高瞻远瞩"公司成为"兼容并蓄胜过非此即彼"的典范。

在《基业长青》所做的详细配对分析结果中，18 家公司中有 17 家"高瞻远瞩"公司都主要是为理念，而不纯粹为利润目标所驱动，这种不同是"高瞻远瞩"公司与对照公司之间最显著的差异之一。

最后，当我们以《基业长青》的"并"字诀，来反观我们曾经在市场大潮中沉浮的中国品牌的先行者，来启迪正在让中国品牌赢得更大尊重的后来人的时候，我们就会领会到企业长治久安、品牌行稳致远的真谛：

> 在保持稳定中扬弃陈腐；在尊崇文化中发扬个性；在传承中创新；在约束中创造；在重视意义中重视成就；在保持核心中推动发展。

而在其中，有一个重要的前提就是：一定要拿着新的战略方向，甚至是那些"胆大包天"的目标，去与曾经驱动和指引企业出发和前行的那些核心价值理念去对标，进而判定一下我们该不该做，能不能做：

> 波音在研发 747 时，有没有忘记要"珍视产品安全，应用商用客机历来保守的安全标准、测试和分析"；迪士尼在制作《白雪公主》、兴建迪士尼乐园时，是否仍然能恪守"极为重细枝末

节”的核心理念；默克在每一次突破性创新的时候，是不是将“发挥想象力”进行到底；通用电气在多个领域追求数一数二的地位时，是不是还在以“为生活带了好东西”为目标；摩托罗拉在追求自己选择的巨大挑战时，是不是“放弃了个人尊严和尊重个人”的基本信念……

任何一家公司在“刺激进步”时，都应该小心地保存自己的价值核心。任何一个组织，在日夜兼程的跨越中，都不能将自己的灵魂抛在身后。立足不变而应对万变，既是人们的立世之道，也是企业的发展之道，更是品牌的制胜之道。

这是人类事物辩证统一的本质所在，是对立统一的规律所在。因此，也是企业或企业家们，乃至所有的品牌，应该为之追求的至高境界所在。

**关键**

# 后记：在“梦想”中进步

在“关键品牌研究所”公众号上有一个板块，名字叫作“品牌百问”。从2022年4月8日到2024年6月23日，“品牌百问”整整陪伴了大家两年多的时间。想当初，刚有这个想法时，笔者还在是搞50期，还是100期之间犹豫不决。但，最终还是决定迎难而上。不是有那句话吗：人就应该有点梦想，万一实现了呢？！

从开始有想法到动笔，《咖啡很忙：角逐万亿市场的品牌大战》这本书的创作，也同样经历了上述的心路立程。好在有朱丹蓬老师这位中国食品产业资深分析师的加持，才让笔者彻底有了底气，最终下定了写作的决心。

时至今日，又一个“小目标”实现——感谢缘分，欢喜遇见。

感谢财经头条智库特约研究员、总裁读书会广州读享空间领读人——陈航老师，他就像是一个“月老”，让笔者能够与扬名已久的朱丹蓬老师有缘联袂，一起为大家呈现出这部全景式展现咖啡市场的历史演变以及深层次解读品牌竞争的底层逻辑的作品。

人的确应该有点梦想——而振兴中国品牌，让中国品牌赢得世界尊重，则是我们共同的梦想。值此书付梓之际，让我们共同祝愿：梦想成真的那一天，不会太遥远——中国品牌，未来已来！

关键

2024年7月8日